# Vida y milagros de la crónica en México

SARA SEFCHOVICH

# Vida y milagros de la crónica en México

**OCEANO**

VIDA Y MILAGROS DE LA CRÓNICA EN MÉXICO

© 2017, Sara Sefchovich

Diseño de portada: Cristóbal Henestrosa
Fotografía de la autora: Carlos Martínez Assad

D. R. © 2017, Editorial Océano de México, S.A. de C.V.
Eugenio Sue 55, Col. Polanco Chapultepec
C.P. 11560, Miguel Hidalgo, Ciudad de México
Tel. (55) 9178 5100 • info@oceano.com.mx

Primera edición: 2017

ISBN: 978-607-527-382-2

Impreso en México / Printed in Mexico

*Para Rogelio Villarreal, por su apoyo y su amistad.*

*Y para todos y cada uno de quienes forman el maravilloso equipo de Océano, por lo mismo.*

*Hijos pródigos de una Patria que ni siquiera sabemos definir, empezamos a observarla.*

RAMÓN LÓPEZ VELARDE

# ÍNDICE

# ¿POR QUÉ LA CRÓNICA?

*La preferencia no tiene más justificación que la subjetiva.*

Max Weber

## 1

La crónica es lo mejor de la literatura mexicana.

Ésta es, sin duda, una afirmación arriesgada. Pero allí están los textos para dar fe de su verdad.

Nuestra literatura tiene grandes (enormes) poemas, novelas y cuentos. Pero, como conjunto, la crónica es el género de más calidad, originalidad e innovación. Y es, además, el que le habla mejor que ningún otro a los mexicanos, porque recoge y representa lo que compone lo esencial de su cultura.

## 2

Lo es, ante todo, por sus afanes: porque se propone dar fe de lo que sucede, pero también entenderlo. Como afirma Hermann Bellinghausen: "No es ningún ejercicio de contemplación piadosa, sino nuestra oportunidad para saber qué pasa".[1]

Qué pasa y cómo pasa. Y quiénes somos los que lo hacemos suceder.

Lo es, también, por los temas que aborda, que conforman un amplio registro de lo social, lo político, lo económico, lo cultural, lo histórico y lo presente, lo nimio y lo trascendente, lo cotidiano y lo excepcional. Lo es, además, por su "ser literatura", pues es suya la voluntad de estilo, "de escribir con las palabras adecuadas para el tipo de realidad", como afirma José Joaquín Blanco.[2] Y lo es, en fin, por su capacidad crítica y su posición moral. No son textos que chorreen moralina ni que pretendan imponer modos de pensar o de vivir, pero son, en todos los casos, lecciones de moral puesta en práctica, aun en los ejemplos que pudieran parecer más frívolos.

## 3

México es un país que se ha pasado su historia descubriéndose, explicándose, tratando de entenderse. La literatura y la filosofía buscan nuestra identidad, tratan de comprender quiénes somos y cómo somos, de encontrarle (o darle) sentido a la historia y conciencia a la actualidad. En ese que ha sido un repetido, infinito proyecto, se han quedado las energías de los pensadores, los escritores y los artistas mexicanos.[3] Todos nuestros productos culturales apuntan a ese mismo objetivo de manera persistente: los filosóficos y los literarios, los artísticos y los políticos, los cuales, como afirma José Luis Martínez, se inclinan "insistente y tenazmente, a explorar una sola interrogante: la realidad y la problemática nacional": "El tema constante será México, México en su totalidad o en algunos de los asuntos que interesan, su historia, su cultura, sus problemas económicos y sociales, sus creaciones literarias y artísticas, su pasado y su presente", y agrega:

> Las reflexiones de carácter moral o religioso, tan frecuentes en el pensamiento francés, las de carácter metafísico que prefieren los ingleses o los alemanes, no parecen tener campo en las mentes de nuestros ensayistas, otras son sus preocupaciones. Tampoco la teoría, la divagación

intelectual, el solaz gratuito estético o intelectual. Estamos demasiado atareados con saber quiénes somos y qué hacer de nosotros mismos a futuro. Estamos demasiado ocupados haciendo nuestras revisiones de carácter cultural, histórico, filosófico, económico y social, queriendo entender nuestros grandes conflictos del pasado y nuestra identidad.[4]

# 4

La crónica nace de:

- la fuerte tradición oral y al mismo tiempo, el alto valor que se le da a la palabra escrita;
- los persistentes deseos de las elites por modernizarse (lo que se entiende como estar al día con los países occidentales en cuanto a pensamiento, formas de cultura, patrones de vida y métodos de trabajo), que nos han obsesionado desde fines del siglo XVIII, y al mismo tiempo, los deseos de conservar las cosas, de no cambiar, de seguir siempre la tradición (el edén pueblerino de que hablaba López Velarde);
- los afanes totalizadores, el deseo de abarcarlo todo y al mismo tiempo el apego a lo concreto e inmediato, a lo tangible;
- el gusto (aprendido de los españoles) por el costumbrismo: "La forma breve, la descripción de la vida colectiva a través de tipos genéricos, la utilización de los espacios que representan actitudes psicológicas de carácter social: el café, el jardín público, el día de fiesta, la calle, la romería"[5] y, al mismo tiempo, el gusto por el realismo, ese querer copiar casi fotográficamente lo que sucede y ese querer que la escritura nos lo entregue de la misma forma en que lo vemos, conocemos, experimentamos. Como diría Coleridge, volvernos uno con el objeto, hacer del objeto uno con nosotros;
- la sensibilidad romántica: "La rebeldía, la sinceridad, el subjetivismo apasionado, la elocuencia quejumbrosa, la improvisación",

escribió José Emilio Pacheco,[6] y, al mismo tiempo, la tradición católica que apela a conmoverse con el sufrimiento, a "amar a los seres desgraciados y odiar a los satisfechos de la vida", como decía Julián del Casal;

- el afán de educar. La literatura mexicana, dijo Rosario Castellanos, nunca ha sido un pasatiempo ocioso, alarde de imaginación o ejercicio de retórica sino un instrumento para captar nuestra realidad y conferirle sentido y perdurabilidad.[7] En ella lo estético, lo filosófico, lo sicológico y lo narrativo estuvieron al servicio del conocimiento de la historia y la sociedad. A los escritores les interesó menos entretener que educar, menos la forma y más el contenido. Por eso nunca se limitó a retratar y siempre asumió un compromiso;

- la fuerza de la tradición liberal, la del "escritor popular" que quiere conseguir "el distanciamiento irónico de las obsesiones conservadoras, la sonrisa ante las tonterías de la solemnidad";[8]

- la moralización constante, permanente (abierta o entre líneas), pues siempre fue, y sigue siendo, una conciencia crítica.[9]

## 5

Encontramos crónicas en todas las épocas de la historia mexicana: en la prehispánica, durante la Conquista española, en las tres centurias de la Colonia, en tiempos de la Independencia y durante todo el siglo XIX, en la época de la Revolución, a lo largo del siglo XX y en lo que va del XXI, y las encontramos por igual en los momentos de estabilidad que en los de crisis.[10]

De hecho, me atrevería a decir que la literatura mexicana funciona toda ella como crónica. Por igual una carta de Hernán Cortés que un poema de Bernardo de Balbuena, un recuerdo de Guillermo Prieto que una novela de Rafael Delgado, la descripción de una calle de Luis González Obregón que el recuento de una cena de intelectuales de Alfonso Reyes, los intentos de comprensión del indio de Ricardo Pozas que los análisis de tipos urbanos de Carlos Monsiváis: todo apunta a cumplir con los objetivos y funciones de la crónica. ¡Hasta las canciones y poemas!, pues como escribe Jacques Lafaye: "El corrido es el retoño americano del romance español, que reúne el soplo épico y lírico de la nación mexicana y hace evidentes los temores y las aspiraciones del alma nacional".[11]

Dicho de otro modo: que no hay fronteras de género claras y definitivas: los textos de José Joaquín Fernández de Lizardi y Vicente Riva Palacio, Mariano Azuela y José Revueltas, José Emilio Pacheco y José Joaquín Blanco son, además de lo que se proponen, también crónicas. Y las crónicas de Bernal Díaz del Castillo, el Duque Job y Elena Poniatowska son, además de lo que se proponen, novelas y poemas.

## 6

Por supuesto, ha habido cambios en la crónica a lo largo de la historia: el modo de escribir de Bernardo de Balbuena no es como el de Salvador Novo, el de Guillermo Prieto no es como el de Carlos Monsiváis, el de Manuel Gutiérrez Nájera no es como el de Juan Villoro. Las crónicas son diferentes en su manera de narrar, cada una de acuerdo a la elección del autor, pero también a las posibilidades de su tiempo: las convenciones lingüísticas, retóricas y estilísticas, el destinatario imaginado o deseado, el grupo social que se retrata, el objetivo que se propone.

En cada momento histórico, la crónica participa en el conjunto de formas culturales —imágenes, representaciones, símbolos, ideas— y, necesariamente, de lo que puede y debe ser dicho y del cómo, así como de lo que no se puede decir y de lo que ni siquiera se puede imaginar.

Unas veces parece lógico que se hable de los ricos y sus ocupaciones, y otras se espera que hable de los pobres y sus tribulaciones; a veces que se haga denuncia social y a veces que lo importante sea lo frívolo; tiempos en que se escucha al otro y tiempos en que sólo se escucha cada quien a sí mismo;[12] momentos en que la vida cotidiana no interesa, y momentos en que eso es precisamente lo que se busca recoger.

Y más todavía: no sólo el tipo de sujetos y de objetos que se observan y se escuchan, sino la manera misma de observarlos o escucharlos y hasta la concepción de la sociedad (como estática o dinámica, como justa o injusta), pues la crónica hace evidentes las concepciones mentales de cada época, la sensibilidad, la estética e incluso las concepciones éticas y morales que la presiden y marcan.[13]

Lo mismo sucede con las formas y estilos, los tonos y acentos. Hubo tiempos en que dominó el hispanismo costumbrista de un Prieto, y tiempos en que fue el afrancesamiento elegante de un Gutiérrez Nájera; unos en que privó el estilo ligero de un Novo y otros en que lo hizo el analítico de un Monsiváis; épocas en que la ironía está presente y épocas para la solemnidad; momentos en que se vale demostrar erudición y momentos en que la ignorancia está de moda (y hasta la estupidez, sea real o fingida); tiempos de retórica elegante y tiempos de lenguaje coloquial; épocas en que se pretende sinceridad y épocas en que importa más el artificio. Son, diría Susana Rotker, cortes epistemológicos que evidencian momentos ideológicos.

Pero lo que se ha mantenido sin cambios son dos aspectos: la intención del texto y su función social.[14]

Por igual Díaz del Castillo que Prieto, Novo que Monsiváis, Gutiérrez Nájera que Villoro, tuvieron la voluntad y el propósito de recoger y reproducir lo que veían y de criticar y moralizar. Algunos con la suavidad de Amado Nervo, otros con las asperezas de José Joaquín Blanco, unos con la solemnidad de Cristina Pacheco, otros con la frivolidad de Guadalupe Loaeza.

## 7

¿Por qué entonces, siendo la crónica el gran género de la literatura mexicana, el más cultivado y el más leído, es el menos estudiado? ¿Por qué hasta muy recientemente nunca se le consideró importante, al contrario, se le tomó por menor, sin el prestigio de la poesía, la novela, el ensayo o incluso el cuento y el teatro?

Puede ser que esto haya sido así porque en su mayor parte, las crónicas han aparecido en publicaciones que mueren al día siguiente como periódicos o revistas y no en los sacrosantos y prestigiados libros. O quizá porque sus propios autores no le dieron importancia: Gutiérrez Nájera decía que escribía para llenar el espacio en los diarios, otros aseguraban que lo hacían para llevar el pan a su mesa y Novo consideraba que sus escritos en los diarios eran prostitución.

Cualquiera que haya sido la razón, el hecho es que eso fue, precisa y paradójicamente, lo que le dio al género su gran libertad, pues no tuvo que aceptar las modas temáticas o estilísticas ni las imposiciones de los editores o del mercado, no se planteó problemas de trascendencia (al contrario, parece un género abocado a la inmediatez), de dogmas culturales, artísticos o ideológicos, y fue suya tal amplitud de posibilidades y tal flexibilidad, que terminó por conseguir, tanto formal como temáticamente, ser el género que mejor les permite a los escritores decir lo que quieren decir y del modo como lo quieren decir. El resultado es que son textos siempre frescos, siempre fluidos, siempre amenos, incluso cuando sus temas no lo son, como sucede con las crónicas actuales.

Y para los lectores, esa libertad significó encontrarse al mismo tiempo con el "retrato" de la realidad y con la agilidad del relato bien escrito. Porque en la crónica, la palabra es información y es arte, es objeto para el saber y para el placer. Y por ello se convirtió en el género más frecuentado en la literatura mexicana, el que más se lee: "Es la práctica escritural más popular, rica y duradera", afirman Ignacio Corona y Beth Jörgensen,[15] y el que "tiene más autoridad en la cultura".[16]

19

# LA CRÓNICA Y LAS DUDAS

*Es necesario antes plantear que respon-*
*der preguntas.*

H. R. TREVOR-ROPER

## 1

Hasta hoy, no se ha podido definir a la crónica, a pesar de que muchos se han esforzado por hacerlo. Pero seguimos buscando, empeñados en encontrar una manera de aprehender y abarcar este género tan elusivo.

Quienes se han dado a la tarea de estudiarla, le dan vueltas: desde el origen de la palabra (que tiene que ver con "el registro de lo que acontece en el tiempo") hasta el origen del género (que la mayoría está de acuerdo en situar en los cuadros de costumbres en Inglaterra escritos por Addison y Steele y en Francia por Étienne y continuados en los españoles Larra y Mesonero Romanos; y entre los latinoamericanos por Ricardo Palma y Clorinda Matto de Turner; en México José María de Heredia empezó en el siglo XIX a hablar de música y teatro y algunos estudiosos del género las consideran las primeras crónicas);[1] desde el tema que se elige hasta la manera de escribirlo o el lenguaje que se emplea; desde sus objetivos hasta las funciones que cumple, pero de todos modos no aciertan a dar con aquello que la define y que hace que un texto sea crónica.

Y sin embargo, podemos distinguir una crónica cuando nos topamos con ella: la reconocemos. Y es que, como afirma E. H. Gombrich, lo que parece obvio no necesariamente es simple de explicar y menos aún de definir.[2]

**2**

Quienes se esfuerzan por encontrar una definición, buscan primero en el tipo de cosas que narra la crónica: que si los sucesos de la vida cotidiana (o, usando las expresiones de Ricardo Palma "las prosaicas realidades"[3] y de Marcelino Menéndez Pelayo "el polvo que parecía más infecundo"),[4] o los momentos excepcionales (dice Aníbal González que aunque suene paradójico, los modernistas "lejos de seguirle el paso al acontecer diario hicieron todo lo posible por ignorarlo");[5] que si el retrato de las personas o el de los paisajes y entornos; que si las tradiciones y costumbres o las novedades; pues como decía Urbina, la crónica permite transformar cualquier cosa en un tema válido.

Dicho así parece sencillo y claro. Pero no lo es. ¿Se refiere la crónica a lo serio o a lo frívolo (pues crónica son tanto los retratos de la pobreza de José Tomás de Cuéllar como un texto de Artemio de Valle-Arizpe sobre los placeres de la buena conversación)? ¿Se refiere a lo social o a lo individual? ¿A lo positivo o a lo negativo —"escabroso", como le llamó alguien en el siglo XIX— entendidos estos conceptos según las convenciones de cada época? ¿Se refiere a lo que está sucediendo o a lo que ya pasó? (Y en ese caso ¿qué diferencia hay entonces entre crónica e historia?)[6] ¿Quien la escribe tiene que haber vivido lo que relata o no? (Si alguien describe en el siglo XX la Plaza Mayor de la Ciudad de México en la era colonial ¿está haciendo crónica?) Y ¿tiene que haber sido participante directo o testigo? (Y en ese caso ¿qué diferencia hay entre reportaje periodístico y crónica?)

De modo, pues, que a la crónica se la puede confundir con el ensayo, el testimonio, el diario, el reportaje periodístico, el estudio histórico o antropológico, el social o el cultural.

Ejemplos de esta confusión hay muchos: ¿Son crónicas o son estudios de sociología *Tepoztlan, A Mexican Village* de Robert Redfield de 1930, o *Chamula: un pueblo indio de los altos de Chiapas* de Ricardo Pozas de fines de los años cincuenta, o *Los hijos de Sánchez* de Oscar Lewis y *Los indios de México* de Fernando Benítez de los sesenta, los escritos sobre Chiapas de Hermann Bellinghausen de los años noventa? ¿Es crónica o es historia lo que escribieron Carlos María de Bustamante y José María Roa Bárcena sobre la invasión norteamericana a México en 1847, *1915* de Manuel Gómez Morin sobre la Revolución o *La frontera nómada* de Héctor Aguilar Camín? ¿Es crónica o es relato de costumbres sociales lo que hicieron Amado Nervo, Luis G. Urbina, Manuel Gutiérrez Nájera? ¿Es crónica o es novela lo que hizo José Tomás de Cuéllar en *La linterna mágica* o lo que hizo Armando Ramírez sobre Tepito o Carlos Montemayor en *Guerra en el paraíso*? ¿Es crónica o es testimonio *La herida de Paulina* de Elena Poniatowska? ¿Es crónica o es biografía *Las glorias del Gran Púas* de Ricardo Garibay? ¿Es crónica o es periodismo *Oaxaca, la primera insurrección del siglo XXI* de Diego Enrique Osorno? ¿Dónde colocar las crónicas sobre economía, las de teatro, artes plásticas, literatura y cine? ¿Y dónde colocar las que relatan no sólo la obra sino también la vida de los artistas como las que se han hecho sobre Diego Rivera y Frida Kahlo? ¿Es crónica de arte, de costumbres, de sociedad o de celebridades?

¿Y dónde queda la poesía? ¿Acaso un poema como éste de Juan de Dios Peza no es crónica?: "Cuando tú sales con prisa/de un baile, al rayar la aurora/¿no ves con desdén y risa/a la anciana rezadora/que a tales horas va a misa?".[7] ¿Acaso no es una descripción precisa y que como escribió un crítico "da el ánimo exacto"? Pero en ese caso, el conde de Buffon, aquel botánico francés que en el siglo XIX hacía retratos de la naturaleza con lenguaje poético y con inspiración, ¿se podría considerar crónica?[8]

Y para complicar más las cosas, ¿tiene toda la crónica que ser escritura? ¿Dónde quedan entonces la pintura y la fotografía, la música y la arquitectura, que "también son un texto", como dice Asunción Lavrin,[9] o crónicas con otros lenguajes? ¿Dónde quedan José María Velasco, Joaquín Clausell y J. M. Rugendas? ¿Y Diego Rivera que pinta a los indios, campesinos, obreros, políticos, ricos, burócratas, artistas de cine? ¿Y los fotógrafos que retratan los rostros y cuerpos de la ciudad y del campo, los paisajes, los acontecimientos y sucesos más diversos? ¿Y qué decir de una obra musical como *Metro Chabacano* de Javier Álvarez que recoge y recrea los sonidos de esa estación del transporte colectivo, o *Dolor en mí* de Rodrigo Sigal que recoge y recrea los de un panteón? ¿Puede considerarse crónica al mapa de grupos étnicos y artesanías mexicanas de Miguel Covarrubias? ¿Y a los narcocorridos que están haciendo evidente una situación social?

## 3

Lo anterior sólo para mencionar algunos de los problemas que presenta querer definir a la crónica a partir de su tema. ¿Se resolvería el problema si la definiéramos a partir de la forma de narrar, que según Salvador Novo es lo más importante en este género?

Sólo que eso tampoco es fácil. José María Arróniz afirma que la crónica es una pintura que pone la máxima atención al detalle, pero entonces ¿no valen las generalidades, los trazos anchos al modo de Guillermo Prieto y Carlos Monsiváis? Según Manuel Gutiérrez Nájera, son escritos sencillos, hechos al correr de la pluma, pero entonces ¿no valen los textos complejos que requieren una lectura muy concentrada y muchos conocimientos como los de José Joaquín Blanco? Y según Ignacio Manuel Altamirano, son textos que tienen que ser costumbristas o por lo menos realistas, pero entonces ¿no cabe la vanguardia y la experimentación como las que hacen algunos cronistas del modernismo o de fines del siglo xx?

## 4

A lo anterior se le agregan otros problemas que tienen que ver con cuestiones ideológicas. ¿Tiene que estar la crónica de eso que algunos llaman "el lado correcto de la historia"? ¿Y cuál es ese lado?

Hubo tiempos en los que recoger la vida y el lenguaje de los pobres era el sentido y objeto del género, como sucedió con José Joaquín Fernández de Lizardi y Guillermo Prieto en la primera mitad del siglo xix y otra vez a fines del siglo xx con Carlos Monsiváis y Elena Poniatowska, pero hubo tiempos en que eso no interesaba y se prefería que la crónica relatara a los ricos como hicieron Manuel Gutiérrez Nájera y Salvador

Novo a principios del siglo xx y de nuevo, a mediados de esa centuria, Agustín Barrios Gómez, Enrique Castillo Pesado y Guadalupe Loaeza. Hay crónicas que se ponen del lado del patrón, del lado del gobierno o del lado de una iglesia y otras que se colocan en apoyo a las rebeldías y oposiciones. Hoy consideramos crónica a la que defiende "buenas" causas, pero esto presenta problemas, pues podemos entenderlo según la moda ideológica del momento de su creación o del de su lectura, y además ¿implica que deben desecharse las que no siguen esa moda cultural?

Y más todavía: ¿Quién determina qué es lo bueno y qué es lo malo en el tema que se elige, en la causa que se defiende, en la postura ideológica y la posición moral que se asume, en la escritura que se emplea? ¿Son acaso los propios escritores y los grupos que los rodean? ¿O los medios de comunicación y las empresas editoriales y comerciales? ¿O es el público lector?

**5**

Y las preguntas siguen. Por ejemplo, respecto a la escritura: ¿Puede cualquier texto considerarse crónica aun si recurre a convenciones estilísticas o lingüísticas diferentes de las aceptadas? ¿O exigimos un cierto tipo y modo de escritura que la haga digna de ese nombre?

Recordemos que la escritura de Fernández de Lizardi y otros escritores del siglo xix se consideró de "mal gusto" por críticos literarios de su época, que calificaron a sus textos de "ramplones" con "signos de chabacanería", "sarta de refranes y dicharachos de bodegón".[10] Y al contrario, esos escritores consideraban que "la lengua fina" —la pulida, peinada y académica— no servía para expresar lo que querían decir, pues llevaba implícitos los valores exquisitos y aristocratizantes y, por lo tanto, era necesario pasar a una que incluyera los giros y modismos del habla popular.

Entonces, si se hiciera caso a este tipo de consideraciones, ¿cuántas crónicas y a cuántos cronistas tendríamos que eliminar de nuestra consideración?

## 6

Los problemas aún no terminan: ¿A quién van dirigidas las crónicas? ¿A quién le cuentan los cronistas lo que cuentan? ¿Relatan a los de abajo para consumo de los de arriba? ¿O a los de arriba para su autoconsumo? Porque sabemos que esa entidad difusa llamada el público (o el pueblo o la gente o los ciudadanos o los lectores) no puede adquirir libros y revistas y muchas veces, aunque pueda, ¿ acaso le interesa leer los "papelitos brillantes" —como le llamaba alguien en el siglo xix a la crónica— o ese "hacer arte con la desgracia humana", como le llama hoy un crítico literario?[11]

## 7

Y la pregunta no es sólo para quién, sino también para qué: ¿Para qué recoge el cronista lo que recoge, para qué lo escribe o retrata o pinta o musicaliza? ¿Para entretener y divertir? ¿Para educar? ¿Para obligar a los lectores a pensar? ¿Para convencerlos de algo? ¿Para vender y ganar dinero o fama? ¿Para cambiar el mundo?

## 8

Las respuestas a estas preguntas a veces existen, otras no. O las que tenemos a veces satisfacen a los escritores o a los lectores o a los estudiosos y otras no.

La única conclusión innegable es que estamos frente a un género del que lo menos que se puede decir es que es elusivo.

26

# La crónica y las certezas

*Lo que parece obvio, no NECESARIA-*
*MENTE es simple.*

E. H. GOMBRICH

1

De modo, pues, que necesitamos una definición. Curiosa cosa insistir en definir al género cuando desde los años sesenta del siglo pasado se está debatiendo la existencia misma de los géneros,[1] ya que, como decía Jacques Derrida, las definiciones siempre se ven minadas por la naturaleza subversiva propia de la escritura, que hace muy frágiles esas divisiones.[2]

Pero henos aquí insistiendo en encontrar una, que sirva para todas las maneras que existen de hacer crónica, que la separe de otros géneros y que, además, y por si lo anterior no fuera ya suficientemente difícil, que no le quite su riqueza y complejidad o, dicho de otro modo, que no la encasille, ni la limite, ni la domestique.

Por eso para hacerlo, convendría recurrir como punto de partida a una propuesta darwinista: aquella que sostiene que la crónica existe porque sirve a la necesidad humana de conocer y entender lo que nos rodea (lo que vemos, olemos, sentimos y tocamos que, decía Leonardo da Vinci, es lo que permite alcanzar el conocimiento, la gnosis), así como a la necesidad humana de contárselo a los otros (pues narrar es una de las formas fundamentales en que el ser humano le da sentido a su experiencia, dice Paul Ricoeur). Conocer y contar, pues, son necesidades humanas, hecho ampliamente documentado en las más diversas culturas. Y éstas son las motivaciones que explican el surgimiento, existencia y permanencia de la crónica.

De esto deriva que se trata de un género que se ocupa de (o sea, que su objetivo es) observar y escuchar (hacer etnografía), averiguar (hacer sociología y sicología), desenterrar (hacer arqueología), recuperar (hacer historia), describir (hacer fisiología) y transmitir (hacer narrativa).

Se trata pues, de un género que es, antes que otra cosa, un proyecto ambicioso, un sueño que podríamos calificar de romántico, en el sentido de que apunta a captar totalidades y tendencias.[3]

Ahora bien: ¿qué es lo que recoge y transmite la crónica?

Según Susana Rotker, "la vida entera", o como dice Aníbal González, "el torrente bravío de los acontecimientos humanos", o como afirman Corona y Jörgensen, "todos los aspectos de la vida cultural, política y social", o como dice Linda Egan, "tomarle el pulso a la sociedad".[4]

En otras palabras: lo que llamamos "la realidad", que se compone de la vida diaria y también de los acontecimientos excepcionales, de la historia y también del presente, de las tradiciones y costumbres y también de lo nuevo, de lo superficial y lo profundo, de lo serio y lo frívolo, de lo sencillo y lo sofisticado, pues todo cabe en la crónica y todo puede ser crónica.

Para cumplir con esa función, la crónica dispone de todas las formas de representación: la palabra, la imagen, el sonido, los objetos, los movimientos. Por eso hay crónicas escritas y crónicas pintadas, crónicas en fotografía y cine, en música y danza.

Podemos entonces afirmar que la palabra *crónica* se refiere a un discurso,[5] que se concreta en un texto,[6] que pretende registrar todo lo que compone la vida, y en el que pueden estar presentes todos los lenguajes y todas las formas de organizarlo, estructurarlo y construirlo.

Ahora bien: esta definición hace que el objetivo sea en sí mismo imposible de cumplir, por su amplitud y complejidad, lo que obliga al cronista a seleccionar, de entre todo lo que sucede, aquello que él quiere transmitir. Y lo obliga también, para poderlo transmitir, a acomodarlo y a darle un orden. Y, al hacer esto, necesariamente ya está reconstruyendo lo que va a mostrar.[7] De modo que la crónica no es la transmisión de la realidad, sino la reconstrucción de esa realidad mediada por quien la realiza.

Esto de "mediada" significa que la reconstrucción necesaria e inevitablemente se lleva a cabo dentro del marco de:[8]

- el automatismo de la percepción, pues existe una cierta forma de conectar los elementos que vemos, escuchamos, olemos, tocamos, que es previa a la voluntad e incluso a la conciencia y que depende de factores que van desde la época y el lugar en que esto se hace, con sus modos de pensar y sus convenciones, categorías mentales, universo de significados, sistemas de razonamiento, tipos de pensamiento, formas de sensibilidad y modalidades de acción[9] (Dominick LaCapra le llama contexto y esto vale para lo social tanto como para lo literario),[10] hasta el hecho de que ella siempre se da en conjunto, es decir, no se produce con elementos individuales. A ello se agrega además la imaginación, ingrediente que E. H. Gombrich afirma que es fundamental para el procesamiento de la información (de hecho, dice, es imposible hacerlo sin él), pues la evidencia visual "nunca viene limpia sin mezclarse con la imaginación".[11] Y se agregan también la propia estructura mental que es la base adquirida de las formas y valores con los que se mira y aprehende al mundo (los viejos conceptos de la filosofía alemana como *Weltanschauung* o visión del mundo y *Zeitgeist* o espíritu de los tiempos, que usaron para sus explicaciones György Lukács, Yuri Lotman y Ernst Hans Gombrich, y que hoy llamamos Cultura —con mayúscula para darle su carácter amplio)—,[12] así como la posición ideológica asumida y voluntaria (el mundo que quisiéramos ver, el mundo ideal del que hablaba Julio Torri, el del deseo de que hablaba Sigmund Freud), más la capacidad, educación y cultura —con minúscula— personales, es decir, "lo que sabemos";[13] todo lo cual se "moviliza" en cada una de las situaciones;

- el análisis e interpretación de lo percibido, que no es otra cosa que una asignación de sentido, que se da a partir del saber de quien realiza la operación, con lo cual, como quiere Fredric Jameson, se consigue re-inscribir al discurso;[14]
- las posibilidades propias del medio elegido, sean palabras, sonidos, imágenes, objetos, movimientos, que son muchos, por la polisemia y la carga semántica misma del —de los— lenguaje —s—, cargados de por sí de propiedades representativas, poblados, como decía Mijaíl Bajtín, con los usos que otros les han dado y con "las intenciones de otros",[15] lo cual conforma, como diría Oswald Ducrot, todo un código de relaciones humanas,[16] pero también de ambigüedad.[17]

Pero si hacer crónica depende de la voluntad explícita de quien la hace y si el medio que elige para hacerlo también depende de dicha voluntad, no sucede así con aquello que se mira o escucha (ni con aquello que no se ve o no se oye), pues eso depende de las posibilidades mentales, que a su vez dependen de los tiempos históricos y culturales que marcan y delimitan dichas posibilidades y establecen los horizontes posibles temáticos, formales y discursivos así como también los de significación y de sentido.[18]

El objeto crónica se constituye como tal en una situación social específica y el autor es un sujeto epistemológico que es agente de las fuerzas históricas y culturales y de producción de sentido colectivo, dice Walter Mignolo.[19]

De la misma manera, esas situaciones determinan lo que las sociedades pueden (están en capacidad de) leer (recibir) en cada momento: lo cultural y mentalmente posible en los distintos tiempos históricos y culturas,[20] que se comparten socialmente y conforman un "fondo común de verdades" como decía Gabino Barreda,[21] y que establecen no sólo los horizontes de la significación, sino incluso los de lo posible. Si el discurso construye sentido es precisamente porque se inscribe en el proceso social de producción discursiva y remite a un sistema de representaciones y valores preexistente cuya articulación es compleja y contradictoria, como afirma Gilberto Giménez.[22] Antonio Gramsci diría que son los valores hegemónicos de que está penetrada la sociedad como fenómeno colectivo y no individual.[23]

Claro que el riesgo de hablar así es que podría parecer que los autores sólo tienen que hacer evidentes esas estructuras y que el autor es quien menos tiene que ver con el producto artístico llamado crónica. Pero no es así. El trabajo creativo consiste, como ha señalado Octavio Paz, en la transmutación de lo anterior hasta convertirlo en literatura, en arte.

Dicho de otro modo, que si bien la situación cultural y mental de la época es la que determina lo que se puede hacer ("esa conciencia histórica, esa certidumbre de entrar en un sistema que me precede", decía Xavier Villaurrutia),[24] la apropiación y transformación se producen a partir de lo que cada cual puede con su talento particular, sus saberes y sus capacidades. Y esto hace toda la diferencia. Porque como dijo Ferdinand de Saussure, el lenguaje está allí, igual para todos, pero es obvio que cada quien lo usa de manera distinta, que no todos tenemos la capacidad de usarlo de la misma manera.[25]

Por eso no todas las crónicas son lo mismo, por eso hay algunas que tienen una gran calidad artística y otras que no, algunas que escogen temas más interesantes o novedosos que otras, algunas que nos divierten o enseñan o conmueven más que otras, algunas que transgreden los límites de lo conocido o aceptado en ese momento y aportan temas, ideas y formas estructurales y lingüísticas originales o usan de manera más interesante las que conocemos y otras que no lo hacen. Los saberes, las capacidades y los talentos individuales pueden llevar las cosas hasta lugares antes no imaginados, expresar inquietudes y hacerlo de maneras que todavía no se inventan o que no tienen todavía nombre.

A partir de lo anterior, van unas primeras afirmaciones sobre la crónica:[26]

1.  Que se trata de un medio público de reflexión cultural, social, histórica o política.[27]
2.  Que puede tener diferentes propósitos, modos, alcances y rigor.
3.  Que puede ser sobre todo tipo de temas, disciplinas, asuntos y materias: teorías, filosofía, historia, literatura, arte, vida coti-

diana, sucesos raros o excepcionales, paisajes, sitios, personas, efemérides, intimidades, deportes, policiacos, luchas sociales, memorias, divagaciones, meditaciones, y un largo etcétera.

4. Que puede hacerse desde cualquier perspectiva ideológica y ética.

5. Que puede ser de profundidad y trascendencia o trivial y superficial.

6. Que puede tratar cuestiones o aspectos nuevos o bien los ya conocidos e incluso trillados.

7. Que los puede tratar desde muchos ángulos o desde uno solo.

8. Que puede ser resultado de una participación directa en los eventos que se relatan o de haber sido testigo de ellos o de conocerlos por relatos de terceros, que a su vez hayan o no sido participantes o testigos (de todas maneras, y volveré sobre esto, el cronista es siempre, aunque participe, un observador/escuchador, esto es una característica del género).

9. Que puede seguir un método erudito y severo o uno de ingenio y divagación.

10. Que puede tener pretensión de objetividad o de plano asumir su subjetividad (aunque también, y volveremos sobre esto, la pretensión de objetividad vale incluso para cuando se apela a la subjetividad).

11. Que la presentación puede ser exhaustiva o parcial, sistemática o dejando que el azar haga lo suyo.

12. Que puede tener objetivos diversos: de conocimiento y didáctico, puramente estético y contemplativo, de hacer conciencia e incluso de participar en el cambio del mundo.

13. Que puede o no dar abiertamente una opinión o juicio de valor o una interpretación.

14. Que su extensión puede ser muy variable, desde unas cuantas líneas hasta centenares de páginas.

15. Que puede ser en cualquiera de los lenguajes, formas, estructuras, estrategias textuales y retóricas que existen o en unos nuevos que los modifican o que incluso rompen con aquéllos.

## 2

Hasta aquí, y de acuerdo a lo antes dicho, nos encontramos con que la crónica puede ser todo y con que todo puede ser crónica, o, como afirma José Joaquín Blanco, que la crónica es una bolsa grande en la que cabe todo.[28]

Para salvar el escollo que significa una caracterización tan amplia (la cual además confunde y traslapa a la crónica con otros géneros) tendríamos que precisar más.

Esto puede intentarse así: dado que estamos frente a un objeto con dos sujetos involucrados, el que lo hace (el productor, el creador, el autor) y el que lo recibe (el destinatario, el lector, el consumidor), podríamos considerar que un texto es crónica o bien cuando el autor así se lo propone (y lo afirma), o bien cuando el receptor así lo considera. Entonces resultaría que si el escritor nos dice "esto es una crónica" lo aceptaremos como válido. Y lo mismo sucede si el lector así lo acepta.

Esto, sin embargo, presenta problemas. Primero, porque, por extraño que parezca, el autor no es el más calificado para saber lo que está creando, y esto en razón, como dice Paul Smith, de que él ocupa posiciones múltiples en su propio texto (testigo, recolector de información, autor, narrador, personaje, son sólo algunas) y muchas veces éstas son contradictorias: una cosa es lo que ve y escucha que sucede y otra lo que quisiera, una lo que le gustaría hacer y otra lo que realmente puede hacer, una lo que cree que hace y otra lo que efectivamente resulta.[29] A ello se le agregan otros problemas como las decisiones que toma por las presiones de sus jefes, de los editores y vendedores, de las modas y el mercado.

Y lo mismo sucede con el receptor. Aunque Julio Torri considera que un texto es crónica cuando el lector así lo lee, debemos tener en cuenta que también la lectura está sometida a los saberes, capacidades y limitaciones propias de cada lector particular (incluido el editor que es un lector con intereses concretos), así como a las presiones de las modas y el mercado.

Linda Egan quiere evitar el problema, proponiendo que intención del autor y expectativas del lector se consideren factores complementarios para constituir el género. Así resultaría, como dice Barbara Foley, un contrato implícito entre el productor y el receptor para aceptar que un texto es o no crónica.[30]

Me parece que esto, sin embargo, no resuelve el asunto y no ayuda a hacerse de una definición, porque el dicho contrato está también sometido a los mismos factores ya mencionados.

Entonces, la pregunta debería ser menos qué decide quien produce la crónica (autor y editor) y/o quien la recibe y más bien debería ir por el lado de eso que Umberto Eco y Walter Mignolo han llamado "la intención del texto".[31]

Por intención del texto me refiero al proyecto del propio texto, mismo que se expresa a través de un conjunto amplio, coherente e integrado de "estrategias discursivas": componentes lingüísticos y estilísticos (lexicales, sintácticos, semánticos, retóricos), modalidades de la enunciación, recursos productores, modo de estructuración. "El texto —dice Umberto Eco— no es un paseo en el que el autor pone las palabras y los lectores el sentido",[32] sino que ellas conforman un universo total que guía (impone, dice con más contundencia Fredric Jameson) la lectura. Cada discurso construye su sentido a partir del hecho de que no está conformado por enunciados aislados sino por la unidad de la lógica discursiva y que ella necesariamente produce una cierta lectura.[33] Por eso Jonathan Culler dice que la semiosis no es ilimitada.[34]

## 3

Se ha dicho ya que la crónica se propone recoger y transmitir eso que se llama "la realidad".

Sin embargo, el concepto de realidad es problemático, ya que, para algunos, se refiere a aquello que existe independientemente de quien lo mira o escucha y para otros no existe más que a través de la palabra, dado que así es como vemos, captamos y entendemos, con el lenguaje como mediador necesario e inevitable para percibir el mundo.

Hay aquí, entonces, un primer problema que parece irresoluble. Y para saltar este escollo, Barbara Foley prefiere usar el término "referente" y Thomas Lewis opta por separar "la cosa en sí" de "la cosa para nosotros".[35]

El hecho de que aquello que se recoge necesaria e inevitablemente tiene que ser seleccionado, ordenado y reconstruido (ya se dijo arriba, no sólo por la vastedad del objeto mismo que impediría aprehenderlo en toda su amplitud y complejidad, sino porque la realidad se nos aparece como desestructurada e indeterminada, por lo que el cronista se ve obligado a darle una forma, una estructura e incluso una jerarquización),[36] significa, como apuntó Robert Scholes, que ya no estamos ni siquiera en el terreno de la re-construcción sino de plano en el de la construcción. Y por lo tanto: "La realidad no se puede decir sino solamente construir versiones sobre ella".[37] De modo que la crónica, aunque se propone recoger y transmitir la realidad tal cual es, no puede hacerlo dado que necesaria e inevitablemente tiene que construir una versión sobre ella.

Y esta versión necesariamente ya es ficción. Esto es inevitable.

Pero lo que complica aún más el asunto es que es una ficción que pretende no serlo,[38] e incluso hasta pretende ser factual. Pues el discurso de la crónica está construido sobre la voluntad y pretensión de mímesis, es decir, de relatar exactamente lo que ve,[39] apelando, como diría Roman Jakobson, al aspecto comunicativo[40] por encima del poético, para dar la impresión de que no es su objetivo trabajar "artísticamente" con el lenguaje, sino usarlo para otro fin, que es el de "decir algo",[41] apelando a una lógica denotativa más que a una connotativa o simbólica, pretendiendo ser puramente descriptivo y no interpretativo, diríamos siguiendo a Mónica E. Scarano,[42] y separando, como quería Gérard Genette, a los "relatos de acontecimientos y a los relatos de palabras".[43]

El secreto para hacerlo consiste (a contrapelo de lo que tradicionalmente nos dicen) en usar como materia aquello que ya conocemos y nos es familiar.[44] Esto voltea completamente la noción comúnmente aceptada de lo que es la crónica, para en su lugar afirmar que lo que ella nos entrega no es lo que estaba oculto ni lo silenciado ni lo desconocido, sino por el contrario, lo conocido.

Dicho de otro modo, que la crónica parte de, apela a y llega a lo conocido, lo familiar, y esto es lo que le da su "efecto de verdad".

Lo anterior se refiere tanto al tema como al modo de escritura, pues como escribe Umberto Eco: "El autor del discurso y el decodificador entenderán lo mismo porque se remiten a un código familiar, uno que ya conocían antes de recibir el mensaje",[45] de modo que "reconocer el código es reconocer el significado del mensaje",[46] porque la forma de funcionar del discurso como código cultural "sujeta al sujeto" obligándolo a seguir sus reglas. De esta manera, el discurso le reinserta su carácter de realidad conocida, que le da, paradójicamente, su carácter de verdad.

Lo anterior es posible por "el hecho indiscutible de que los humanos pensamos en términos de identidad y similaridad", dice Eco.[47] Y en efecto, Thomas Kuhn afirma que así funciona la mente humana, buscando que las cosas nuevas se parezcan a las conocidas.[48]

En resumidas cuentas: que la crónica parte de un deseo de recoger la realidad, pero termina siendo "un discurso de representación que evoca un universo de apariencia sin dejar de ser una construcción semiótica".[49]

Y que (al contrario de lo que se cree) aquello que recoge es lo conocido, lo familiar para el lector. Debo recalcar la importancia de estos dos elementos pues constituyen la esencia del ser de la crónica. Todo esto paradójicamente, y por efecto de lo que podríamos llamar con Erving Goffman precisamente "efecto de realidad" o de verdad, nos lleva de regreso (pues de allí se partió) a la realidad.[50]

**4**

De lo anterior resulta evidente que las estrategias o procedimientos de representación,[51] o "mecanismos representacionales",[52] son los que sirven para conseguir el objetivo de la crónica.

Éstos son específicos del género y tienen que ver con:

- la forma en que el autor y el narrador se hacen presentes en el texto, como si fueran uno y lo mismo y sin desaparecer nunca de la vista del lector;[53]

- la posición que ambos ocupan en el texto como si "solamente" recogieran y transmitieran (transcribieran) lo que es, sin mediaciones y de manera directa, ("el monologismo como característica del discurso de la crónica", diría Ignacio Corona),[54] lo cual se constituye en promesa de objetividad y neutralidad, de factualidad;[55]

- la relación no ambigua que se establece con el referente. Como ha mostrado Barbara Foley, son textos asertivos (un carácter que otros géneros no tienen), de modo que la mímesis se realiza por dos vías: la que Wolfgang Iser llama "presuposición de verdad"[56] y la existencia de afirmaciones directas y asertivas de verdad,[57] las cuales, por lo demás, no tienen que comprobarse (como sucede en el ensayo científico) y en las que importa menos si el dato o situación concreta son reales y más la afirmación de que lo son. Es importante aclarar que no se trata de una cuestión de mayor o menor exactitud en la reproducción de la realidad —lo cual, por cierto, ¿cómo se mediría?—, sino de un modo de afirmarla. No es, pues, asunto de grado sino de tipo, de estrategia narrativa, cuyo resultado es que en la crónica hay una supuesta transparencia mientras que en la novela hay una decidida y buscada opacidad;

- la inmediatez del acto narrativo que le da un aire de autenticidad;[58]

- el hecho de que no hay diseminación del sentido, es decir, que al contrario de una novela o poema, en la crónica todo apunta a un discurso unívoco cuyo objetivo es uno solo y muy concreto.[59] Dicho en otras palabras, que la crónica da un efecto de no pretender ir más allá en sus significados (lo cual sabemos que no es posible, pero es una intención del texto lograr el efecto), sino de apuntar a uno solo concreto;

- la forma de construcción del discurso: contigüidades argumentativas y enunciativas, secuencias, metáforas y metonimias, así como inclusión de otros discursos en contextos nuevos (desde los de la política hasta los de la fotografía);

- el lenguaje empleado. Siendo que el lenguaje siempre y por definición es artificio, en la crónica parece no serlo, y eso es posible por la supuesta objetividad del lenguaje descriptivo que se basa en el hecho de ser un "lenguaje de código realista",[60] lo cual se logra por estar atravesado por lo que Yvette Jiménez de Báez llama "marcas de oralidad". Es decir, que en su gramática, retórica, sintaxis, estructuración e incluso ritmo, el lenguaje de la crónica pretende ser el de la coloquialidad (Manuel Gutiérrez Nájera decía "son escritos al correr de la pluma, casi hablando" y Aníbal González afirma que se trata de un género "menos macizo, menos enciclopédico"), y pretende de esa manera expresar el orden conocido del mundo, con lo cual su referencia parece más directa y menos mediada;

- eso contribuye a lograr, parafraseando a José Luis Martínez, "una peculiar forma de comunicación cordial de ideas".[61] La palabra *cordial* es clave y establece la diferencia entre la crónica por un lado, y por el otro el ensayo y el relato de ficción. Porque cordial no significa que sea amena o ligera (puede o no serlo), sino que tiene que ver con su capacidad de comunicar, de decir algo que apela a lo emocional. Por lo demás, el tono cordial es lo que distingue a una crónica de entre los escritos siempre graves de la mayoría de los escritores de ficción y ensayo, así como de los académicos. La crónica tiene, porque así se lo propone, una ligereza en su forma de relatar (aunque lo que cuente sea muy serio), que obtiene precisamente por el hecho de ser un género que recrea la oralidad y las imágenes en su primera y más inmediata impresión.

Todo lo anterior —que como se dijo son las estrategias de construcción del discurso de la crónica— está presente a través de marcas[62] en el texto, que, en el caso de la crónica, son "marcas de realismo", como les llamó Paul Ricoeur, o "marcas de la escritura de no ficción", como les llama Beth Jörgensen con mayor precisión.

El resultado es que en el texto se conjugan el "qué se dice" y el "cómo se lo dice", por una acción metacomunicativa automática e inevitable, tal que el lector "empodera de realidad" (si usamos la expresión de moda) al discurso, o como dice Barbara Foley, le atribuye el contenido conceptual de verdad y "su fuerza reside en esta construcción".[63] Y entonces, lo importante es que, como dice Umberto Eco, "una vez que se echa a andar el mecanismo de esta lógica ya no se le puede detener".[64]

## 5

Lo afirmado hasta aquí es válido para la producción textual y discursiva de la crónica y lo es también para su recepción:

- porque el receptor comparte con el texto "los supuestos mentales y lingüísticos" (lo conocido, lo familiar de que hablamos antes, que no se refiere a compartir visiones del mundo ni a estar de acuerdo con ideas sino a compartir paradigmas);
- porque el receptor re-configura el mensaje (lo "procesa cognoscitivamente", diría Teun A. van Dijk),[65] para que quepa en el esquema que conoce y puede manejar. En este sentido es que afirmamos que la recepción "es un acto constructivo, no sólo receptivo ni sólo analítico";[66]
- porque las estrategias narrativas empleadas por la crónica la hacen aparecer como un género inclusivo con las siguientes características:

  ◇ horizontal y accesible (democrático, dice Linda Egan), antítesis del autoritarismo de la poesía, la novela o el ensayo que no dejan (aunque pretendan que sí) entrar al lector;
  ◇ penetrado de "resonancias humanas" (como diría José Luis Martínez) y de un "matiz emocional" (como diría Agustín Yáñez), ya que la crónica apela a lo emocional y no a lo intelectual;

◇ abierto y sin resolución, tal como sucede con el mundo que se conoce. A diferencia de la novela o el poema, que crean un universo cerrado propio, el de la crónica no es ni puede ser cerrado ni completo en sí mismo, en la medida en que lo que se supone que hace (aunque sabemos que no es así ni puede serlo) es solamente recoger y transmitir el mundo que ya existe, el cual no está terminado y del cual no conocemos su dirección ni sentido y que, a imitación de la realidad, no tiene solamente un discurso sino muchos. Esto es clave porque, como ya lo hizo ver Mijaíl Bajtín, todo ser humano pertenece a distintas comunidades discursivas y tiene que hacer suyos discursos diferentes y hasta contradictorios que entran en juego y/o en choque. Que la crónica haga evidentes estas multiplicidades le confiere también no sólo semejanza con la realidad sino incluso verosimilitud;

◇ que parece no tener autor, sino que hace como que recoge y transmite la voz colectiva. Esto por supuesto no es cierto, pues el autor no solamente es un mediador cuya ideología siempre está entre la historia y la narración, sino que, como señala Linda Egan, se las arregla para nunca desaparecer de la vista del receptor.

Las estrategias de composición señaladas dan lugar a que el receptor se pueda acercar al texto de una manera muy particular, pues el texto "le habla" como diría Susana Rotker, le hace "vivir esas cosas, que son suyas en cierto modo" como diría Américo Castro y le permite "dialogar con el texto y sentir que forma parte de él" como dice Dominick LaCapra.[67] El lector puede considerar que lo que se dice es real y verdadero aunque esa "autenticidad" no sea sino un efecto construido.

Esto es importante, porque así el receptor mantiene su confianza en el texto, y esa confianza es la base del "contrato" implícito que se establece entre autor, texto y lector, como ya vimos antes que dice Foley y como también aseguran los teóricos de la recepción.[68]

**6**

Y sin embargo,

- si hay autor o narrador omnisciente, omnipresente y omnipotente ése es sin duda el de la crónica, que quiere estar en todo, verlo y oírlo todo, narrarlo todo y que además es el que elige lo que narra, el que le da orden y jerarquía y sentido a lo que recoge y transmite, decidiendo cómo lo va a organizar y lo que va a destacar, aunque luego pretenda disimularlo con estrategias que hacen como que "dejan hablar a la realidad por sí sola" y como que hacen al autor individual disolverse en el ser social;
- en el acto mismo de volverse discurso o texto, se congela el momento, el escenario y los personajes que se recrean, de modo que no hay esa apertura ni esa fluidez que parece haber. Este congelar el momento[69] "domestica" a la realidad y le quita su complejidad.[70] Como afirma George Vignaux, "el discurso esquematiza la realidad, [pero] éste es un procedimiento necesario a todo discurso";[71]
- el discurso necesariamente es lineal y unívoco con lo cual ya no es como la realidad;
- el discurso hace por ser inteligible para el receptor. Claridad e inteligibilidad son requisitos de la crónica aunque esto no significa lo mismo en distintos autores (por ejemplo, en Carlos Monsiváis y en Elena Poniatowska);
- cualquier texto necesariamente es producto de muchos discursos y textos, más que del referente (la "realidad") crudo o desnudo. Y es que los autores crean a partir de los muchos discursos que escuchan, de sus muchas pertenencias discursivas, de sus lecturas, predilecciones artísticas e ideológicas, inquietudes filosóficas, intereses historiográficos y del diálogo con sus contemporáneos (y así lo leen también sus receptores).

Y sin embargo, lo importante es que el conjunto de estrategias narrativas, con todas sus promesas (de factualidad, de verdad, de transparencia), o como diría José Ortega y Gasset, con todos sus "parece" (parece real, parece objetivo, parece neutral), producen el efecto buscado y a fin de cuentas logran que parezca ser la realidad. Y en esto radica su fuerza.

## 7

Más afirmaciones sobre la crónica:

16. Que es un género que ofrece mímesis y entrega mímesis (porque "aspira a la veracidad", dice José Escobar Arronis).[72]
17. Y la manera como lo hace es:

- porque recoge, reproduce y apela a los paradigmas culturales, mentales y lingüísticos sobre los que ella está construida que son socialmente compartidos;
- por los temas que toma, que son los de la realidad conocida y familiar no en un sentido inmediato o directo sino paradigmático y previo al lenguaje, que comparte con el receptor;
- porque establece una relación directa y no ambigua con la referencialidad;
- porque usa una manera de estructurar y presentar el texto (de configurar su orden y forma) a partir de ciertas convenciones que le dan inmediatez al acto narrativo;[73]
- por su lenguaje y actitud asertivos,[74] que apuntan a un solo significado, unívoco en sus intenciones, que no diseminan su sentido (si esto fuera posible, que no lo es, pero es la pretensión), y que apuntan a la objetividad y la neutralidad (tampoco posibles, pero también son pretensión). El resultado es que, por estas estrategias o procedimientos de representación, el mundo que nos da la crónica es de certezas;

- porque usa una retórica, una gramática y un lenguaje cargados de "marcas de oralidad", y penetrados de resonancias humanas que generan una comunicación "cordial" con el lector;[75]
- porque a pesar de la posición del narrador como un ser que todo lo ve, todo lo oye y todo lo sabe, dado que no es su voz la que transmite, sino otras voces ("un yo colectivo" dice Susana Rotker, en el cual la voz individual se disuelve), el receptor se convierte en parte del objeto que se mira y que se cuenta, el objeto se hace uno con nosotros y nosotros nos volvemos uno con el objeto. Ése es el esfuerzo filosófico que hace la crónica;
- porque todo lo anterior moviliza ciertos hábitos de percepción y de respuesta en el receptor, de tal manera que se genera un "efecto de realidad" diría Ernst Gombrich, una "promesa de factualidad" diría Beth Jörgensen, una "presuposición de verdad" diría Wolfgang Iser;
- porque los medios que utiliza para hacerlo (la palabra, el objeto, la imagen, el movimiento) son poderosos por sí mismos para lograr que se asuma como verdadero lo que se dice.

## 8

El proceso por el cual la realidad se vuelve discurso, se da en la crónica a través de una triple intermediación. Podríamos decir que la crónica está tres veces removida de la realidad, si quisiéramos traducir y adaptar el término en inglés que se aplica a las relaciones familiares y que resulta muy gráfico. Y es que, por una parte, está el autor que es un primer filtro al recoger lo que ve y escucha ("Con su propia manera de ver el mundo", dice Vicente Leñero y con su imposibilidad de "escapar de la subjetividad", diría Juan Villoro),[76] por otra parte está el filtro del lenguaje mismo que es con lo que se transmite, se recrea-crea, se reconstruye-construye esa "realidad" que se recoge; y por último, está un tercer filtro que es el del lector.

Cada uno de esos filtros "pone en marcha una específica visión del mundo", dice Yvette Jiménez de Báez, inevitable pues no puede existir, ya lo vimos arriba, una visión que pueda darnos "la cosa en sí misma".[77]

Más afirmaciones sobre la crónica:

18. Ella se constituye a través de un proceso triple de intermediación, en el cual la visión y perspectiva ideológica del autor y del lector se "cuelan" a la hora de la selección-ordenación-transmisión-recreación-construcción y en el cual, además, la propia herramienta (el lenguaje de la crónica, cualquiera que este sea) también actúa en ese mismo sentido.

## 9

Llegamos así a la conclusión de que aunque la crónica sea un género que pretende ser factual, es una construcción ficticia.[78] No es fotografía, no es grabación, no es reconstrucción, sino que es "creación de estructuras verbales", dice Carlos Monsiváis,[79] cuya clave consiste en la transformación artística de la realidad, con una aguda conciencia del proceso creativo.

Hay en ella una "voluntad de estilo", como dijo Max Henríquez Ureña, que consiste en trabajar el lenguaje (acomodar una palabra tras de otra para que digan algo más de lo que dicen las palabras, diría Juan José Arreola) tal que el modo de relatar se convierta en la esencia misma de lo que se relata. Y esto es tan cierto que Juan Villoro llegaría a decir que "no interesa la trama de lo real sino su representación".[80]

La idea (prehegeliana) del arte como manifestación de la verdad no opera, pues la realidad no puede ser retrato sino que es transformación y construcción. ¡Incluso las fotografías lo son!, como lo han mostrado los estudiosos de la imagen, pues cada selección de tema, cada enfoque, cada ángulo, es ya una elaboración.

Lo real sólo se mira, oye, conoce y entiende, mediado por el proceso de recreación-creación, por el modo de conceptualización que es a un tiempo referencial (representación) y artístico (estético), y que está mediado por el traductor-autor. Los cronistas traducen lo que ven para nosotros y lo recrean-crean, "pero esa otredad insiste en permanecer otra", dice Geoffrey Galt Harpham, y en resistirse a la asimilación.[81]

De modo, pues, que la crónica es antes que otra cosa, literatura. No sólo porque es recreación y representación, sino porque su ímpetu es intrínsecamente narrativo.[82]

Esto es tan importante que podríamos decir con José Luis Martínez que en ella pesa más no lo que dice sino "la fuerza de su exposición",[83] y con Aníbal González que "el aspecto recreativo termina por ser más importante que el aspecto informativo".[84]

Van, pues más afirmaciones sobre la crónica:

19. Recoge, re-crea, re-construye y construye la realidad.
20. Pero en ella interviene una voluntad estética tal que no es sólo información sino también arte. Es, por lo tanto, literatura.

## 10

En tanto que producto cultural (texto, discurso, objeto, imagen, sonido, construcción, movimiento), que adquiere su condición y se constituye como tal a través del hecho de "parecer" realidad, la crónica se enfrenta al problema de que, aunque "hasta lo más ostensiblemente factual" está construido,[85] se la toma por documento, por realidad, pretendiendo, a la manera postestructuralista, borrar los límites entre ficción y no ficción.

Encontramos así que el historiador Edmundo O'Gorman habla de ella como "fuente", el escritor José Emilio Pacheco como "espejo de la realidad", y para el estudioso de las letras José Luis Martínez: "Aun en sus manifestaciones más desprendidas de la circunstancia histórica, siempre es testimonio que tiene por tema sucesos históricos o culturales inmediatos y actúa de hecho como una alerta conciencia de la realidad".[86] El académico Aníbal González incluso considera que "es una experiencia de compenetración histórica más radical que leer libros de historia o novelas".[87] Tal vez por eso más de un libro de historia basa su relato de los acontecimientos y de la forma de ser de la sociedad en puras crónicas.

## 11

Ahora bien: el problema se complica, porque sí es cierto que la crónica, aunque sea ficción, nos permite conocer lo que es una cultura y lo que es una sociedad, pero, y este aspecto es clave, lo hace menos por lo que dice y por cómo lo dice que por los patrones de funcionamiento mental y las preocupaciones y valoraciones que pone en evidencia, es decir, por los presupuestos a los que apela. Dicho de otro modo: que el efecto de realidad y de verdad no es lo que hace real y verdadera a la crónica, sino el hecho de que la construcción discursiva y textual de la realidad evidencia los paradigmas y patrones culturales con los que ésta se percibe.[88]

De allí surge la paradoja de que la crónica es ficción, pero puede adquirir el estatus epistemológico de documento por esta re-inserción (diría Fredric Jameson) en la realidad que genera el propio texto. Y en este punto el círculo se cierra otra vez, a quedar así:

> 21. En la crónica, de la realidad representada que necesariamente es ficción por el hecho mismo de que se la narra, llegamos a la ficción que necesariamente es realidad por lo que pone en evidencia.

Esta afirmación no les gustaría, estoy segura, ni a los postestructuralistas ni a los deconstructivistas que niegan cualquier correspondencia entre texto y representación, sólo que aquí voy más lejos, porque cuando hablo de representación me refiero a lo que está más atrás: a los paradigmas mentales, a las concepciones del mundo, a los patrones culturales, a los valores o como se los quiera llamar a estos saberes previos a la conciencia.

**12**

La crónica puede tener distintas funciones, que por lo general se combinan, aunque como diría Roman Jakobson,[89] siempre hay una dominante, o como diría Yvette Jiménez de Báez, siempre hay algún eje o principio de significado alrededor del cual se estructura el texto.[90]

Estas funciones pueden ser: enseñar y explicar (la crónica como forma de conocimiento), divertir y entretener (el mundo como teatro para ser visto y gozado), comunicar ideas[91] (el ir y venir entre el productor y el receptor), hacer arte (voluntad estética), convencer, juzgar, guiar (moral, estética o ideológicamente), salvar del olvido (memoria, historia), cambiar el mundo (misión).

Pero la crónica es también y en todos los casos algo más: es reflexión, es un esfuerzo para encontrarle lógica y sentido (si es que alguno tiene) al mundo, a los acontecimientos, a los quehaceres de las personas, incluso a la naturaleza. Hay en la crónica una búsqueda por "entender y descifrar esa doble índole de todas las cosas (de ser) a un tiempo aspecto y enigma", diría Oscar Rivera Rodas.[92]

La o las funciones de la crónica dependen de la intención del autor, la cual a su vez depende de las modas culturales del día (imperativos epistemológicos, culturales y políticos que determinan en cada momento histórico qué puede y debe decirse, sobre qué y cómo, y qué no puede ni debe decirse y qué ni siquiera se piensa o imagina). Así, en algunas épocas la crónica ha legitimado los discursos sociales, políticos y culturales dominantes y en otras ha recogido "otros" discursos. Pero lo importante es que siempre y en todos los casos les da una significación diferente dentro del conjunto de discursos existentes, los inscribe en un sistema semiótico a través del cual "significan" otra cosa, como diría Jacques Derrida, pues les da nuevas conexiones, jerarquías, distribuciones, acentos, interpretaciones, en una palabra, nuevas luces y sombras, todo lo cual da lugar a que puedan adquirir otros significados y sentidos, y, como quería Louis Althusser, poner en cuestión a los anteriores. Escribe Jiménez de Báez: "Todos los textos pueden ser definidos como discurso crítico en la medida en que renuevan el significado de lo que se dice".[93] Y esto por dos razones:

porque conforman una nueva manera de ver "la realidad" y porque le exigen una respuesta al lector.

## 13

Que la crónica sea un discurso a la vez crítico de su tiempo y su expresión más acabada, es la tensión central que la constituye y anima. Una tensión que de por sí forma parte de su ser por la triple condición de arte (estética), ideología (voluntad de decir algo) y representación (que quiere ser de "la realidad").

Y en este punto es donde radica su enorme influencia cultural y lo que me parece es su gran poder subversivo,[94] derivado no solamente del hecho mismo de su uso de la palabra (que en nuestra sociedad tiene gran peso, pues como escribió Pierre Bourdieu, "quien tiene la palabra tiene el poder"), así como del lugar desde donde se la emite (la cultura con todos sus prestigios) y no solamente del hecho de que aquello de lo que habla tiene sentido (social, ideológico y cultural), sino porque a partir de ese proceso reflexivo da el salto a lo trascendente, al unir lo fugitivo con lo perenne,[95] y al remontar de lo particular a lo general, de lo presente a lo futuro.

Últimas afirmaciones sobre la crónica:

22. Que es siempre, por su forma misma de ser, una puesta en nueva perspectiva de la realidad, ya que implica una reflexión sobre ella y una interpretación de ella.
23. Y que en este esfuerzo intervienen múltiples discursos y textos que le permiten adquirir nuevos significados y sentidos. Es precisamente en esto donde radica su capacidad crítica y su capacidad subversiva, su influencia y su poder.

14

Llegamos al final de este periplo, con algunas certezas sobre la crónica:

24. Que es un texto en el que caben una cantidad infinita de discursos escritos (pintados, bailados, musicalizados, fotografiados, construidos), en los cuales aquello que la define no es el tema, no es la posición del autor, no es la decisión del lector, no es la forma, no es el lenguaje, no es el objetivo, no es la función, no es la posición ideológica.
25. Sino que aquello que sí la define es la intención del texto, la cual consigue la conjunción de la voluntad de recoger la realidad y de reproducirla (documental), la voluntad de hacerlo de una cierta manera (estética) y la voluntad (a través de las estrategias textuales) de que haya una participación activa por parte del receptor.
26. Lo anterior se logra por la presencia de algunos elementos que están en su discurso mismo: el modo cordial, la apariencia de verdad, la familiaridad con los temas y con el modo de narrar, aspectos a los que no se puede separar, pues todos confluyen en su configuración. Ésta es la idea de Mijaíl Bajtín del género como expresión total.[96]

Es solamente a partir de este modo de concebir a la crónica que podemos meter en un mismo saco los escritos de Hernán Cortés y los de Guillermo Prieto, los de Ignacio Manuel Altamirano y los de Manuel Gutiérrez Nájera, los de Salvador Novo y los de Elena Poniatowska, los de Carlos Monsiváis y los de Juan Villoro.

Y si a ello le agregamos la idea ya expresada en un capítulo anterior de que México es un país que se ha pasado su historia descubriéndose, explicándose, tratando de entenderse y que la literatura, la filosofía y el arte han estado orientados a comprender quiénes somos y cómo somos, de encontrarle (o darle) sentido a la historia y conciencia a la actualidad, podemos también incluir los murales de Diego Rivera y las fotografías de los hermanos Casasola, la música de Carlos Chávez y la de Javier Álvarez, el cine de Alejandro Galindo y el de Alejandro González Iñárritu, los edificios de Teodoro González de León y todos aquellos objetos y productos culturales que, aunque no tengan histórica, social, cultural, temática, ideológica, estilística, formal, estructural y lingüísticamente que ver, son crónica por su intención textual y por su modo de poner a ésta en acto.

## 15

A lo largo de estas páginas me he colocado entre el deseo decimonónico de apresar conceptualmente a mi objeto de estudio (la crónica) y la idea posmoderna de considerar inútil y sin sentido la búsqueda por definirlo y por separarlo de otros géneros. Aquel deseo remite a un tipo de filosofía particular, la analítica, que consiste en querer saber cómo son las cosas, mientras que esta idea remite a la pragmática, que nace precisamente de los esfuerzos por separarse de la tradición epistemológica occidental, la cual, según la provocadora propuesta de Richard Rorty, termina por convertir a las cosas en como suponemos que deben ser más que en como efectivamente son.[97]

Estos dos extremos (el que considera necesario el esfuerzo de definir y delimitar y el que lo considera inútil) pueden sin embargo acercarse, si aceptamos que aunque no es posible una definición que sirva para todos los casos y los abarque a todos (a riesgo de enflaquecer y domesticar demasiado al objeto de estudio) también hay que reconocer que si no intentamos establecer al menos algunas características del género, no tenemos posibilidad de trabajar sobre él (que no con él, pues eso sí es posible con y sin definición).

Por eso el camino que decidí seguir ha sido el de buscar algunas características principales del género crónica para subsanar la falta (o imposibilidad) de una definición, pero, al mismo tiempo, para dejar la suficiente amplitud como para subsanar la parálisis provocada por la idea académica que exige la precisión total y termina por sólo ser capaz de abarcar objetos muy pequeños.

Para sortear ese doble problema, intenté explicar la naturaleza de aquello que pretendo definir, sin suponer que es todo lo que hay para decir al respecto. Esa "naturaleza" se captó desde el lugar concreto y real de lo que han sido hasta hoy las crónicas en México, no de lo que podrían o "deberían" ser. Hacerlo de este modo permite acercarse al tema sin reducirlo demasiado, para no quitarle su excepcionalidad ni aplicarle valores tan generales que terminan por no decirnos nada,[98] o terminan por decir, como diría también Rorty, solamente lo que queremos oír. Por eso lo que he hecho es encontrar algunas coordenadas y ejes que sirvan para iluminar el camino.

La idea que preside esta forma de hacer las cosas, es la de aquella filosofía según la cual nos interesa disponer de "un objeto unificado que contiene un número de elementos, todos los cuales contribuyen a la integración del todo unificado… [tal que] todo lo necesario está allí y nada de lo que está allí es innecesario y [tal que] cualquier parte que se le quite dañaría a lo demás".[99]

Este "objeto unificado" es, en el caso de la crónica, una narrativa en la que, como diría Bertolt Brecht, se puede (si se hace el esfuerzo por develar sus secretos) leer toda una situación social, misma que, sin embargo, al momento de leerse ya pasó, ya se modificó (pues como nos enseñó R. G. Collingwood, los cambios no cesan jamás) y que, en tanto práctica cultural y discursiva, contribuyó a esa transformación. Y lo hizo de un modo interesante por paradójico: entramos a la crónica porque compartimos modos de percepción y conocimiento de la realidad y salimos de ella con un nuevo conocimiento particular que "replica" al referente[100] (al cultural, no al factual y concreto), proceso que requiere de la abstracción para ensamblar lo nuevo dentro de lo conocido y al mismo tiempo echarle nueva luz.[101] Ésta sería la conclusión número 27.

Todo esto, además, sin perder de vista que estamos hablando de literatura (por más referencial que sea su modo de representar la realidad) y que eso por definición significa selección, ordenación, recreación, mediación y por supuesto narración, lo cual quiere decir uso de un cierto lenguaje y voluntad de estilo. Y el lenguaje tiene sus propias referencias, su propia vida, sus afirmaciones y ambigüedades, y, como ya lo dijo

Murray Krieger, significa a su vez sublimación, simbolización, cultura, abstracción.[102]

Por eso esta mirada sobre la crónica (como género, discurso, texto, producción cultural, objeto, arte, documento) termina aquí pero no se cierra. Parafraseando a José Martí, no se pudo resolver el problema aunque se hizo todo para plantearlo de manera mejor o al menos suficiente.

En todo caso, sería imposible cerrarla, porque la más pura y larga tradición occidental (y hoy la académica) consiste en hacer (o al menos intentar) la "interpretación interminable", como le llama Stefan Collins,[103] que es esa búsqueda sin fin de nuevos significados de la que tanto se burlan algunos (Sanín Cano lo considera un ejercicio atlético maravilloso pero inútil)[104] y que a otros nos parece (siguiendo las enseñanzas del Talmud) la mejor parte del hecho mismo de investigar y de pensar.[105]

# LA MADRE DE TODOS LOS GÉNEROS

*La forma como recuperamos el pasado
tiene consecuencias en la forma como se
percibe el presente.*

GEOFF ELEY

**1**

La crónica es el género literario más antiguo que surgió y floreció en México. Hay incluso quien afirma que se la hacía en tiempos prehispánicos, como *Los libros del Chilam Balam*, considerados crónicas de tiempos antiguos que consignan tradiciones y secretos y por eso, para Miguel León-Portilla, son "recordación del pasado, toma de conciencia del presente y enunciación de profecías para establecer la continuidad con el futuro".[1] También el *Popol Vuh* (El libro del Consejo), que se redactó a mediados del siglo de la Conquista ya con caracteres latinos, es una crónica en la cual se recopilan relatos preservados como testimonios orales de los pueblos quichés, sobre el origen de la tierra "y de cuanto en ella existe", el universo de los dioses y la edad cósmica en la que se vivía en ese momento:[2]

Ésta es la relación de cómo todo estaba en suspenso, todo en calma, en silencio; todo inmóvil, callado y vacía la extensión del cielo. Ésta es la primera relación, el primer discurso. No había todavía un hombre, no un animal. Pájaros, peces, cangrejos, árboles, piedras, cuevas, barrancas, hierbas, ni bosques: sólo el cielo existía. No se manifestaba la faz de la tierra. Sólo estaban el mar en calma y el cielo en toda su extensión. No había nada que estuviera en pie; sólo el agua en reposo, el mar apacible, solo y tranquilo. No había nada dotado de existencia. Solamente había inmovilidad y silencio en la oscuridad, en la noche. Sólo el Creador, el Formador, Tepeu, Gucumatz, los Progenitores, estaban en el agua rodeados de claridad. Estaban ocultos bajo plumas verdes y azules, por eso se les llama Gucumatz. De grandes sabios, de grandes pensadores es su naturaleza. De esta manera existía el cielo y también el Corazón del Cielo, que éste es el nombre de Dios y así es como se llama.[3]

También los códices, poemas y cantos dieron fe de "los destinos, los anales y la cuenta de los años... El señorío de los toltecas, el señorío de los tepanecas, el señorío de los mexicas y todos los señoríos chichimecas".[4]

Cuando por las costas de Tabasco llegaron los barcos de Hernán Cortés, el mundo indígena se rompió. Los españoles se propusieron dominar y lo hicieron apoyados en militares y misioneros, que se apoderaron de todo lo que hallaron a su paso: tierras, riquezas y personas para ponerlas a trabajar, convertir sus almas y escribir la historia desde su perspectiva milenarista y cristiana.

Novelescos y fantásticos fueron los relatos de quienes llegaron a estas tierras, tanto de quienes vinieron a conquistar, como de quienes pusieron en código español los relatos indígenas. Los estudiosos consideran que las crónicas que se escribieron en ese periodo son "los textos fundacionales de toda la prosa narrativa en las Américas".[5]

Y es que desde Hernán Cortés mismo hasta soldados y frailes relataron (con admiración, con sorpresa, con desagrado) lo que encontraron del otro lado de la mar océana, pues, según escribió Francisco López de Gómara: "La mayor cosa, después de la creación del mundo... fue el descubrimiento de las Indias".[6]

En sus *Cartas de relación*, Hernán Cortés le cuenta a su "Sacra, católica y cesárea majestad" su impresión de la "gran ciudad de Temixtitán":

Antes que comience a relatar las cosas de esta gran ciudad y las otras… me parece, para que mejor se puedan entender, que débese decir de la manera de México, que es donde esta ciudad y algunas de las otras que he hecho relación están fundadas y donde está el principal señorío de este Mutezuma. La cual dicha provincia es redonda y está toda cercada de muy altas y ásperas sierras…

Todo parece de plata… está fundada en una gran laguna salada… es tan grande como Sevilla y Córdoba… tiene una plaza tan grande como dos veces la ciudad de Salamanca… hay muchas mezquitas o casas de sus ídolos de muy hermosos edificios, de maravillosa grandeza y altura… La gente de esta ciudad es de más manera y primor en su vestir y servicio… en el trato de la gente de ella hay la manera casi de vivir que en España y con tanto concierto y orden como allá.[7]

Por su parte, Bernal Díaz del Castillo escribió la *Historia verdadera de los sucesos de la Conquista de la Nueva España* con la franqueza y frescura del soldado raso que quiso dar fe de la participación de los hombres como él en la empresa y relatar su asombro: "Y de que vimos cosas tan admirables no sabíamos qué decir o si era verdad lo que por delante parecía, cosas nunca oídas, ni aun soñadas, que parecían de encantamiento".[8] Con un lenguaje coloquial y sin adornos, da la expresión viva y pintoresca de los hechos: si una yegua parió, si comieron quelites, si no había agua o encontraron víboras y culebras emponzoñadas, si en casa de Moctezuma las mujeres tejían "cosas muy primas".[9] En su relato de "la gran plaza que se dice el Tlatelulco" cuenta: "Como no habíamos visto tal cosa, quedamos admirados de la multitud de gente y mercaderías que en ella había y del gran concierto y regimiento que en todo tenían".[10] Y luego agregaba: "Entre nosotros hubo soldados que habían estado en muchas partes del mundo… y dijeron que plaza tan bien compasada con tanto concierto y tamaña y llena de tanta gente no habían visto".[11]

La impresión de la Conquista y de las tierras conquistadas fue tal para los europeos que hubo crónicas que se escribieron sin que sus autores hubieran jamás puesto pie en la Nueva España, como la de Francisco López de Gómara, *Historia general de Indias,* o que hubieran estado allá por muy poco tiempo, como las de Gonzalo Fernández de Oviedo, *Sumario de la natural historia de las Indias* e *Historia general y natural de las Indias*, en las que hace descripciones de la geología, flora, fauna (las primeras que se hicieron) y gente (su visión de los indios es tan negativa, que provoca la ira de Las Casas).

Todas ellas tienen, por supuesto, el punto de vista español. Al nuevo mundo sólo lo pudieron ver desde el viejo mundo, desde sus modos de pensar y sus mentes medievales, católicas, de gente deseosa de oro ("aquel rubio metal tras el que todos andamos desvelados", como dijo Gaspar Pérez de Villagrá), y con la cabeza llena de novelas de caballería (como dijo Mario Vargas Llosa). Sus pre-juicios (en el sentido estricto de la palabra) hacen que en sus relatos exageren, minimicen, mientan y, sobre todo, que comparen con su mundo. Este procedimiento, dice Jean Franco, fue lo que los salvó de caer en "el abismo de lo desconocido" y les sirvió para explicarse y soportar ese "salto a lo desconocido de proporciones vertiginosas".[12]

Otros escritos hablan de este primer momento: Francisco Cervantes de Salazar fue autor de una *Crónica de la Conquista de la Nueva España*, Juan Suárez de Peralta escribió un *Tratado del descubrimiento de las Indias y su conquista*, Baltazar Dorantes de Carranza una *Sumaria relación de las cosas de la Nueva España* y Gonzalo Gómez de Cervantes un *Memorial sobre la vida económica y social de la Nueva España*. Ellos fueron los defensores que tuvo la Nueva España contra ataques como el de Juan de la Puente, quien en un libro muy leído por entonces declaraba que: "Influye el cielo de la América, inconstancia, lascivia y mentira: vicios propios de los indios y la constelación los hará propios de los españoles que allá se criaren y nacieren".[13]

Y es que en las diferentes versiones de los hechos hubo quienes defendieron la empresa española como Juan Ginés de los Ríos y Sepúlveda, Fernández de Oviedo y López de Gómara y quienes consignaron las atrocidades y hasta se opusieron a ellas como Vasco de Quiroga, Motolinía, Las Casas y Sahagún.

En la escritura de las crónicas también estuvieron los frailes, que fueron los encargados de la llamada por Robert Ricard "conquista espiritual".

Según dice Margarita Peña, son resultado del interés, curiosidad y algunos hasta del "amor por el indígena",[14] aunque, según otros autores, en realidad son resultado de su afán evangelizador que les obligaba a conocer mejor a los pueblos conquistados a los que querían convertir al cristianismo.[15]

Encontramos las crónicas de Toribio Paredes de Benavente llamado Motolinía, autor de una *Historia de los indios de la Nueva España* que hablaba de las virtudes de éstos, su sencillez, obediencia, paciencia y humildad y proponía que se les cuidara para que no mueran, pues de otro modo "ya no habrá a quién enseñarle la ley de Dios ni quien sirva a los españoles"; de Juan de Torquemada, hombre "de devastadora autoridad e influencia" como dice David Brading, autor de la monumental *Monarquía indiana* en la que culpa a los españoles de la destrucción de las civilizaciones indias por su ambición y corrupción, y quien con sus *Veintiún libros rituales* logra "la primera gran síntesis acerca del pasado prehispánico", según afirma Miguel León-Portilla;[16] de Diego de Durán con su *Historia de las Indias de Nueva España y islas de tierra firme,* en la que también defiende a los indios y se molesta con los españoles porque "algunos de nuestra nación española han querido poner a esta nación indiana en tan bajo e ínfimo lugar" y se pregunta: "¿En qué tierra del mundo hubo tantas ordenanzas de república, ni leyes tan justas ni tan bien ordenadas, como los indios tuvieron en esta tierra; ni dónde fueron los reyes tan temidos, ni tan obedecidos, ni sus leyes y mandatos tan guardados como en esta tierra? ¿Dónde fueron los grandes y los caballeros y señores tan respetados, ni tan temidos, ni tan bien galardonados sus hechos y proezas, como en esta tierra? ¿En qué tierra del mundo ha habido ni hay que con tanta reverencia y acatamiento y temor tratasen a los sacerdotes y ministros de sus dioses?";[17] del franciscano Bernardino de Ribera apellidado Sahagún, autor de la *Historia general de las cosas de la Nueva España,* conjunto de textos en los que describe lo que "sucedió con nosotros, lo que vimos, lo que vimos con asombro",[18] a partir de recopilar noticias de informantes indios, logrando una verdadera enciclopedia del México antiguo, de sus dioses, rituales y ceremonias, fiestas, gobierno, supersticiones, oficios, modos de vida. Como los anteriores, sintió piedad de los indios "tan atropellados y destruidos ellos y todas sus cosas, que ninguna apariencia les quedó de lo que eran antes";[19] de Bartolomé Las Casas, autor de la *Historia general de las Indias*, de la *Brevísima relación de la destrucción de las Indias* y de la *Apologética historia sumaria de estas Indias Occidentales*, quien se afanó también por "mostrar las costumbres de aquellas gentes de Anáhuac" y en defenderlas de la explotación a que se les sometía y de la imagen creada en torno a ellas que las consideraba por naturaleza flojas, viciosas y mentirosas (por el contrario, las calificó de mansas y pacíficas, trabajadoras y sin vicios, devotas y respetuosas, gente que lleva "pesadísimo yugo" y "carga insoportable") y que acusó a los españoles de "crudelísimos" e "injustos", "aunque se llamen a sí mismos cristianos". En su obra está lo que le relataron sus fuentes indígenas a las que durante veinte años escuchó e interrogó con atención sobre sus "costumbres e idolatrías", y por eso Jacques Lafaye considera que estos textos son "los más fieles a las creencias indígenas en el momento de la conquista, el reflejo menos deformado de las mitologías de los antiguos mexicanos por su riqueza de detalles, por la sobriedad de la transcripción de los testimonios y por la clara separación entre las informaciones recogidas y los juicios del misionero".[20]

El jesuita José de Acosta fue autor de una *Historia eclesiástica indiana*, obra hagiográfica que permite entender el sentido de la labor misionera en el Nuevo Mundo y de la *Historia natural y moral de las Indias*, el libro más leído en su tiempo sobre este tema, en el que "trató de acomodar su experiencia en el Nuevo Mundo… apoyándose en escrupulosas observaciones y en deducciones fundadas en el sentido común".[21] Él también lamentaba que "entramos por la espada sin oírles ni entenderles", sin apreciar "su estilo y gobierno antiguo" y "maravillándose de que hubiese tanto orden y razón entre ellos".[22]

En la literatura de ese momento, deben considerarse también las visiones del otro lado, las de cómo vivieron los indios la conquista y qué hicieron para preservar la memoria de lo que habían sido sus culturas. Sobre lo primero, están los *Anales de México y Tlatelolco*, que relatan los hechos acaecidos entre 1473 y 1521, por ejemplo, el sitio que soportó Tenochtitlan, ochenta días en los que hubo mucha mortandad y los habitantes tuvieron que beber "agua envenenada, agua salitrosa, agua podrida" y comer "ratones y gusanos y lagartijas y piedras de adobe y tierra en polvo" y se lamentaron sin fin: "No hay nada como este tormento, tremendo tormento es estar sitiados".[23]

Están además las crónicas escritas por los indios aculturados por los españoles, cuyo "único objetivo fue la preservación de la visión que la antigua oligarquía nativa tenía del pasado prehispánico".[24] Así lo dice uno de ellos: "Esta antigua relación y escrito admonitorios son efectivamente nuestro legado, por ello es que, al morir nosotros, lo legaremos a nuestra vez a nuestros hijos y nietos, a nuestra sangre y color, a nuestros descendientes, a fin de que también ellos por siempre lo guarden".[25]

Hernando Alvarado Tezozómoc fue autor de la *Crónica mexicana* en castellano y la *Crónica mexicáyotl* en náhuatl, Fernando de Alva Ixtlilxóchitl, de la *Historia chichimeca,* Domingo Francisco de San Antón Muñón Chimalpahin Cuauhtlehuanitzin, de las *Relaciones originales de Chalco Amaquemecan* en náhuatl y Diego Muñoz Camargo de una *Descripción sobre Tlaxcala*. Todos ellos alaban la grandeza de sus ancestros y configuran, bastante al gusto de los españoles, leyendas, fábulas y alegorías de unos tiempos y unas culturas para siempre liquidados.

Además de lo anterior, Ramón Martínez de Ocaranza habla de la existencia de una literatura "no de la conquista ni de la invasión sino de la resistencia", que se encuentra en las relaciones orales o escritas que hicieron los pueblos indígenas en su propia lengua y en pinturas o códices que escaparon a las llamas de los "feroces incendiarios".[26] Allí se evidencia que hubo dos tipos de reacciones indígenas frente a la conquista: la de quienes inmediatamente aceptaron la imposición (en su célebre *Visión de los vencidos,* Miguel León-Portilla da cuenta de la reacción de Yacotzin, madre de Ixtlilxúchitl cuando éste se bautizó y corrió por ella para que hiciera lo mismo: "Ella le respondió que debía de haber perdido el juicio, pues tan presto se había dejado vencer de unos pocos de bárbaros como eran los cristianos")[27] y hasta colaboraron con los invasores, y la de quienes se resistieron a aceptarlos.

De todos modos, este tipo de escritos se dejaron de hacer muy pronto, pues a la Corona no le gustaban y por Cédula Real Felipe II prohibió "que se escarbase más en cosas de conquistadores y de indios" y que se contara de estos últimos y sus "supersticiones". Y en fecha tan temprana como 1525, el monarca estableció el cargo de Cronista de Indias —que duraría casi hasta el final de la época colonial— a través del cual se decidió e impuso lo que se podía y debía decir sobre estas tierras y estas gentes, dando lugar a la primera versión oficial (y burocrática) de la literatura mexicana. Gonzalo Fernández de Oviedo, Antonio de Herrera y Antonio de Solís fueron los primeros cronistas oficiales de las Indias, nombrados por el rey.

Hoy, incluir estos textos en la historia de la crónica en México no es porque se los considere los primeros productos de un proceso evolutivo que iría de lo que se escribió hace más de quinientos años hasta la crónica que se escribe hoy,[28] sino para registrar la historia del género que aunque se remonta tan atrás presenta ya las características que lo definen: que su objetivo es recoger y relatar paisajes, personas, costumbres, acontecimientos.

## 2

Poco a poco los recién llegados se fueron estableciendo o, como dicen Andrés Lira y Luis Muro, empezó el "asentamiento".[29]

Cortés recibió el nombramiento de gobernador y capitán general y las tierras arrebatadas a los indios fueron repartidas como encomiendas, mercedes o capitulaciones en las que éstos fueron obligados a servir. Se empezaron a fundar centros de población —villas, reales de minas, ciudades— y se empezó a comerciar. En su obra *El filibustero*, Eligio Ancona da cuenta del proceso:

> Al valiente conquistador que pelea por la cruz cometiendo crímenes y crueldades muchas veces, pero haciendo olvidar sus efectos con el servicio que presta a la humanidad, abriendo paso al imperio de la civilización, ha sucedido el indolente encomendero que, encerrado en sus inmensas posesiones como un barón feudal de la Edad Media, sólo cuida de explotar al miserable aborigen para sacar de su trabajo toda la utilidad posible…

Al celoso misionero que penetra sin temor alguno en países desconocidos, habitados por millares de idólatras, para lavar con el agua del bautismo la sangre derramada en los sacrificios, ha sucedido el fraile o cura convertido en publicano, que gastaba la mayor parte de su tiempo en inspeccionar el cobro de sus rentas y en aumentar sus matrículas y que en lugar de dedicarse a la santa obra de civilizar al pueblo conquistado para cumplir con la ley y su conciencia, cree haber llenado sus obligaciones cuando martiriza y humilla con el suplicio infamante de los azotes…

A los grandes aventureros que se despojan hasta de lo que no tienen para llevar a cabo grandes empresas… han sucedido los gobernadores y capitanes generales que con muy honrosas excepciones sólo se dedican a obtener de su posición toda utilidad posible y que, en sus constantes luchas con los cabildos, con los frailes y los obispos, llenan de escándalo y duelo a la pobre provincia.

Al fiero aborigen que lucha incesantemente para conservar su independencia, que arrostra con valor la superioridad de sus enemigos, que consigue lanzarlos varias veces del suelo de sus mayores y que al fin sucumbe después de una lucha tan noble como gloriosa, ha sucedido el indio pupilo, hipócrita y disimulado, que sufre el yugo con aparente conformidad, que se deja abofetear del encomendero y del fraile y que no opone resistencia a los innumerables agiotistas que pululan en el país y que le arrancan el pan de la boca.[30]

Empezaba así lo que conocemos como la "Colonia", que duraría trescientos años. El término viene del mismo siglo XVI, cuando Gonzalo Gómez de Cervantes afirmó que lo era "porque su gobierno y su riqueza se usaban para enriquecer rápido a inmigrantes e intermediarios y no a la gente del lugar":[31]

> Madrastra nos has sido rigurosa
> Dulce madre pía a los extraños.
> Con ellos, de tus bienes generosa;
> Con nosotros, repartes de tus daños.[32]

Y es que, al captar la importancia del territorio conquistado, la corona española decidió imponerse por sobre las esperanzas señoriales de los conquistadores y los desplazó, incorporando para sí las tierras, quitándoles feudos y encomiendas y obligándolos a la obediencia y el pago de tributos. Y se afirmó como única titular de gobierno y decisión, y con el llamado Consejo de Indias dictó los derechos y deberes, los permisos y prohibiciones y sometió a todo y a todos a su autoridad absoluta, centralizada y jerarquizada, vigilante y controladora.

El gobierno se constituyó con un cúmulo de funcionarios —gobernadores, secretarios, alcaldes, regidores y corregidores, jueces, visitadores y oidores— que formaron una enorme burocracia ineficiente y siempre escasa de recursos, destinada a manejar las provincias y municipios, los ayuntamientos y cabildos, y que creó un intrincado tejido de influencias, poderes y jurisdicciones, en el cual florecieron los abusos y la corrupción. Así lo cuenta en uno de sus *Diálogos* Francisco Cervantes de Salazar:

> —¿Qué son aquellas gentes que en tanto número se juntan en los corredores de Palacio y que a veces andan despacio, a veces aprisa, ora se paran, luego corren, tan pronto gritan?
> —Son los litigantes, agentes de negocios, procuradores, escribanos y demás.[33]

Quienes cruzaban la mar océana no habían salido de su casa como espíritus rebeldes e inconformes (como sucedió con quienes colonizaron lo que hoy es Estados Unidos),[34] sino convencidos de que el suyo era el mejor de los mundos posibles y que todo debía imitarlo: "Hacer todo lo que fuese menester y que se enseñen a nuestras costumbres".[35]

Era tan profunda su convicción, que quienes llegaron a estas tierras traían un "exacerbado y puntilloso complejo de genérica superioridad europea con respecto a lo de América", afirma Raimundo Lazo,[36] y lógicamente y como contraparte de lo mismo, todo lo americano se descalificó y degradó: "Nada quedó a salvo, todo fue sometido a un proceso de desintegración y desvalorización implacable".[37]

**3**

Tal vez por eso, en el siglo XVII, los criollos ya se sienten con la necesidad de afirmar que "lo que a veces se llama México y a veces América septentrional" era honorable y en nada inferior a la Europa. Y para ello, al mismo tiempo que imitaban lo español, buscaron hacerse de una historia propia, para lo cual rescataron el pasado, los mitos, leyendas y lenguas prehispánicas.

Y celebraron a la Patria, como hizo Bernardo de Balbuena en su poema *Grandeza mexicana* (cuyo título "implica una intención", dice Raimundo Lazo),[38] en el que expresa su entusiasmo ante lo que es la ciudad de México con su belleza, su riqueza natural y material, su refinada sociedad y sus abundantes ocios: "Clima, alrededores, iglesias y edificios públicos, jardines, centros docentes, gobierno, diversiones, teatro, mujeres, caballos, intelectuales, clero".[39]

Es suya una "frondosa imaginación verbal enumerativo-descriptiva", dice Lazo, que se observa desde el muy citado inicio que es la descripción de la capital virreinal:

> De la famosa México el asiento
> origen y grandeza de edificios
> caballos, calles, trato, cumplimiento
> letras, virtudes, variedad de oficios
> regalos, ocasiones de contento
> primavera inmortal y sus indicios
> gobierno ilustre, religión, estado.[40]

Centro de perfección, del mundo el quicio; su asiento, su grandeza populosa, sus cosas raras, su labor pomposa.[41]

México al mundo por igual divide, y como a un sol la tierra se le inclina, y en toda ella parece que preside. ¿Quién goza juntas tantas excelencias, tantos tesoros, tantas hermosuras y en tantos grados tantas eminencias?[42]

También Sor Juana habló de esa "América abundante",

> compatriota del oro
> paisana de los metales;
> adonde el común sustento
> se da casi tan de balde
> que en ninguna parte más
> se ostenta la tierra madre.[43]

Aunque los siglos virreinales estuvieron tapizados de prohibiciones y castigos (la única literatura permitida en tierras americanas fue la de vidas de santos y tradiciones milagrosas, que circularon profusamente), las autoridades no pudieron evitar que quienes vivían en la Nueva España relataran lo que vivían y veían. Como María de Estrada y Medinilla que contó las celebraciones y ceremonias en la ciudad que recibía alegre a los ilustres virreyes cuando llegaban,[44] o los relatos de los religiosos sobre las diversiones de los ricos:

> Por ese mismo tiempo fueron el virrey y la virreyna a holgarse y recrearse en la ciudad de Xochimilco. Pasó con toda su casa dentro de nuestro convento… y detúvose allí siete u ocho días en que los indios les hicieron grandes fiestas… había a comer trescientas raciones diarias y a cenar otras tantas y a todos se daba vino; las aves que se comieron son sin número y la colación de confituras y caxetas fue gran cantidad y de mucho precio y todo lo proveyeron los frailes. Lo que más mal pareció y de que todo el mundo tuvo que murmurar fue la demasiada libertad, rotura y disolución muy de propósito de mujeres, la virreyna y las suyas.[45]

O este otro:

> Vestíase la corte de gala y se veía llegar a la puerta de palacio lujosos trenes de carrozas y estufas tiradas por caballos ricamente enjaezados y sillas de manos cargadas por negros esclavos o criados de lujosa librea. Las damas iban a palacio costosamente aderezadas y les hacían muchos

regalos a los representantes de la católica majestad. Ella a su vez las agasajaba con comedias y conciertos y exquisitos banquetes, pasando los platones de las más exquisitas viandas y vinos generosos y todo género de dulces y aguas".[46]

O la de un cura enojado:

> Gasta la mujer dos horas en componerse y atarse la cabeza... reduce todo el cuidado al ajuste de la ropa, a lo encendido del color... pone toda la mira en lo fino del encaje, en el oriente de las perlas... tanto listón, encajes, franjas y alhajas que más parecen tiendas de mercadería portátiles que criadas en la religión cristiana.[47]

¡Y es que los novohispanos ricos la pasaban bien!: iban a tertulias, bailes y paseos a San Ángel, a Tacubaya, a San Agustín de las Cuevas o a los Remedios, a donde "jugaban y hacían otros excesos" y se llevaban "muy buen repuesto de comida y cena", según cuenta Manuel Romero de Terreros.[48]

**4**

El Siglo de las Luces llegó a la Nueva España "con su cortejo de ideas heterodoxas".[49] "Se trata —escribe Bernabé Navarro— de las ideas y orientaciones modernas que llegaban de la culta Europa, la de Bacon, Descartes, Newton y Gassendi, y de la España en resurgimiento y avance de Tosca, Losada y Feijoo, ideas que crearon 'un movimiento general de renovación'."[50]

Quienes lo llevaron a cabo fueron, según Samuel Ramos, "los únicos letrados que había en América", es decir, los frailes,[51] y específicamente los de la Compañía de Jesús, que eran religiosos bien formados en la cultura y la filosofía de su tiempo y atentos a las novedades intelectuales. Dado que vivían en el exilio por haber sido expulsados de tierras americanas, hicieron cuanto estuvo en sus manos para "defender la patria, presentarla y hacerla estimar", como decía Francisco Javier Clavijero.

Para conseguirlo, hablaron de geografía, de letras, de "nuestros indios", todo con el fin de mostrarle al mundo que Nueva España era de fina y noble civilización, de fe y religiosidad y que los novohispanos eran gente de "ingenio" y "afición a las letras" y además, con un pasado glorioso.

En su *Rusticatio mexicana (Por los campos de México)*, Rafael Landívar hace una crónica que en más de cinco mil hexámetros y con el lenguaje de Virgilio y los dioses de la mitología griega (¡así era el neoclasicismo!) habla de flotantes chinampas, cañaverales, nopaleras, selvas, llanuras, guacamayas y leopardos,[52] describe el paisaje voluptuosamente, la vida con sus fatigas y sucesos diarios (esta moda se impuso en el Renacimiento) y es pródigo en el uso de adjetivos.

También el barón Alejandro de Humboldt, que visitó México por esa época, escribió un *Ensayo político sobre el Reino de la Nueva España* (publicado en 1807), en el que hizo un retrato del virreinato como un "punto en el globo, en donde las montañas presentan una construcción tan extraordinaria",[53] un territorio de hermosa geografía, gran riqueza, bellos edificios, instituciones modernas, agricultura, minería, comercio e industria y tanta riqueza que "por sí solo el Reino produciría lo que el comercio reúne sobre el resto del mundo".[54]

## 5

Hacia fines del siglo XVIII, el obispo electo de Michoacán Manuel Abad y Queipo escribió: "Un torrente de impiedad e independencia amenaza con encender la superficie de la tierra".[55]

¡Qué crónica en una frase!, pues en efecto, muy pronto el país entero estaría incendiado y el cura Miguel Hidalgo acusaba: "Los gachupines nos tienen bajo un yugo que no es posible soportar su peso por más tiempo", "Pagamos tributo por vivir en lo que es de nosotros, no disfrutamos de los frutos de nuestro suelo ni somos dueños aun de hablar con libertad".[56]

Pero conseguir la independencia de España significaba no sólo terminar con la Colonia, la política y económica, sino también con la mental y transitar a una nueva época que les permitiera a los mexicanos "renegar de la España que se ha complacido en devorarnos", como diría años después Ignacio Manuel Altamirano.[57]

Los escritores también hicieron su ruptura, estableciendo una tajante diferenciación con los temas, lenguajes, modos de escribir y géneros de la era colonial, así como con el sentido y objetivo de la literatura.

Por lo que se refería a los temas, José Joaquín Fernández de Lizardi, Guillermo Prieto, Manuel Payno, Francisco Zarco, José Tomás de Cuéllar, Ignacio Manuel Altamirano, decidieron que lo que había que hacer era "mexicanizar la literatura", para lo cual había que emanciparla de toda otra y darle su carácter peculiar que debía consistir en "exponer flores de nuestros vergeles y frutas de nuestros huertos deliciosos", como decía Prieto. Y eligieron que esas flores y esos frutos fueran los que la Colonia había desdeñado, dejado de lado, silenciado, olvidado: lo rústico, lo pobre, lo sencillo, "la china, la polla, la cómica, el indio, el chinaco, el tendero", como diría Cuéllar.

"Una minoría culta decide mirar al pueblo, idealizarlo y declamarlo", resume Raimundo Lazo,[58] y allí, según José Emilio Pacheco, estaría lo mejor de las letras nacionales: "A nadie que se acerque a lo escrito en México en el siglo XIX… se le escapa el hecho de que nuestra mejor literatura está en lo que no es literatura".[59]

Por lo que se refería al modo de escribir, decidieron que sería de una escritura rápida y a vuelapluma, sin demasiada orfebrería y con un estilo hasta descuidado.

Por lo que se refería al lenguaje, decidieron rescatar los giros, palabras y coloquialismos de uso común y cotidiano y trasladarlos tal cual a la literatura.

Por lo que se refería a los géneros, decidieron emplear la crónica y comenzar con la novela que estuvo prohibida durante los siglos coloniales.

Y por lo que se refería al sentido y objetivo de la literatura, en ellos deja de ser una pura experiencia estética "amanerada e inocua", para convertirse en una misión: la de estar al servicio de la patria:[60] "Unirse al pueblo, estar con él en las representaciones literarias, en los pronunciamientos políticos, en las gestiones oficiales, en la burocracia, en la elaboración de planes políticos, en la educación", escribió Margo Glantz.[61]

Eso constituye el objetivo de todo el primer siglo mexicano: convertir a la escritura en una herramienta que sirviera para cumplir con un objetivo. Así fue concebido por los escritores, porque todos estuvieron metidos en la política hasta el tuétano y participaron en lo que Jean Franco llamó "las refriegas de su tiempo", de modo que la labor de escribir novelas, crónicas, poemas y artículos periodísticos fue una parte de ese esfuerzo al que dedicaron los momentos que les quedaban libres de la militancia. José Emilio Pacheco lo describe así: "Los plebeyos tomaron por asalto el mundo de las letras como protagonistas y como actores".[62]

El primero que hizo público este afán fue José Joaquín Fernández de Lizardi, en cuya mente moderna era necesario dejar de ser rentista y empezar a trabajar y era urgente educar a todos, incluidas las mujeres. Para exponer estas ideas, escribió artículos periodísticos y novelas, que conforman una descripción del México de la época al que "reproduce con una fidelidad de grabado antiguo", según diría Luis G. Urbina, "con sus personajes auténticos y teniendo por fondo los coros más abigarrados y típicos".[63]

Por primera vez en la literatura escrita en México, aparecen toda suerte de personajes —catrines, estudiantes, soldados, mujeres, indios, pelados, léperos, bandidos, presidiarios, con sus vestidos, fiestas y procesiones, dichos y expresiones— y toda suerte de oficios y profesiones, que forman un conjunto de cuadros de costumbres y una galería de tipos populares en los que retrata las miserias cotidianas de la gente común, con toda "la compleja heterogeneidad social que compone al México de fines de la colonia... la sociedad mexicana tal como es: desordenada, resistente a cualquier imposición".[64]

Después de él, por allí seguiría su camino la literatura. Sólo que a la picaresca por él empleada le sustituyeron el costumbrismo y el romanticismo, que resultaron más adecuados a los tiempos para expresar lo que se proponían sus autores. Aquél, porque al contrario de los grandes trazos clásicos que hablaban de la naturaleza y del ser humano en abstracto, exigía la descripción no sólo exacta como retrato, sino hasta detallista de los personajes particulares y concretos en su diario trajín y con sus circunstancias, ambientaciones y situaciones, y porque al contrario de las torceduras y elaboradas orfebrerías barrocas que dominaron durante tantos años, e incluso del neoclasicismo con sus referentes en el mundo griego, tan ajenos a lo mexicano, exigía la sencillez y el apego a lo conocido. Y éste por sus afanes libertarios y rebeldes, por su gusto por la inspiración y su sentimentalismo, que servían bien a la ruptura que estaban haciendo los escritores.

Pero además, porque ambos combinaban con el nacionalismo y la efervescencia de las luchas políticas. Esto se puede ver en las obras de Manuel Payno, Justo Sierra O'Reilly, Juan Díaz Covarrubias, Eligio Ancona, Luis G. Inclán. Ellos ya no están inventando una patria ideal como habían hecho los criollos, sino que estaban construyendo una nación real.

La lección de los escritores del xix fue decirle a una sociedad acostumbrada al rentismo que había que trabajar, a una sociedad acostumbrada a la ignorancia que había que educarse, a una sociedad dominada por la tradición que había que expulsar a la Iglesia de las tierras y de las conciencias, a una sociedad que había vivido en la inquietud social que había que lograr estabilidad para producir y comerciar, a una sociedad acostumbrada a los caciques políticos y espirituales que había que tener leyes, a una sociedad acostumbrada a la rigidez formal de los modelos literarios que había que ser libres en el estilo y en el lenguaje.

Por supuesto, todo esto no eran sino deseos, porque la nación no tenía más existencia que la formal y la sociedad estaba desintegrada, empobrecida y sin educación, pero el tesón y la fe de los liberales no por eso eran menores. Y ya desde entonces se hizo claro que en México unos cuantos iluminados y apasionados jalarían siempre a la mayoría para lograr sus propósitos:

A despecho de la inercia popular, gracias a la decisión progresista de una minoría, con palpable disgusto de la masa del país, tenemos constitución liberal; con manifiesta repugnancia del pueblo y de las clases acomodadas establecimos la independencia de la Iglesia y el Estado y laicizamos la enseñanza oficial y con ostensible oposición de los mexicanos poseemos ferrocarriles y telégrafos y… hasta la República.[65]

La literatura del siglo XIX es la elaboración literaria de la realidad inmediata con objetivos muy precisos: el retrato de figuras y escenas populares, con gran gusto por la narración de los hechos, dice José Luis Martínez, de donde surgirían los que se considerarían los "tipos mexicanos", "que tuvieron proyección nacional y larga vida en el imaginario colectivo".[66] Ese retrato de figuras y escenas populares "fue un vehículo poderoso en la formación de la identidad mexicana".[67]

Lo interesante, por paradójico, es que esto era lo español del día. Eso de retratarse, de pintarse a sí mismos, de hacer cuadros de costumbres y de utilizar casticismos y giros coloquiales, era lo que se estaba haciendo en ese momento en España. Autores como Ramón de Mesonero Romanos, libros colectivos como *Los españoles pintados por sí mismos*, tuvieron su equivalente en los escritos de Prieto y Cuéllar y hasta hubo un libro colectivo en el que participaron Hilarión Frías y Soto, José María Rivera, Juan de Dios Arias, Ignacio Ramírez, Pantaleón Tovar, Niceto de Zamacois y otros autores (33 en total) que se llamó *Los mexicanos se pintan solos*, publicado en 1854. Explica Frías y Soto: "Tú como mexicano tienes que dar al público tus costumbres, tus hábitos, tus vicios, tus cualidades… lo que te es peculiar o propio, tienes que contárselo al mundo entero".[68]

De modo, pues, que la ruptura con la colonia española se hizo con lo español: desde la decisión de qué es lo que había que recoger y retratar (ambiente, tipos humanos, costumbres), hasta el modo de hacerlo (la picaresca, el costumbrismo, el romanticismo).

¿Por qué se produjo esa copia?

José Escobar Arronis ha dicho que el costumbrismo va bien con el carácter nacional español,[69] y eso mismo se puede decir del carácter nacional mexicano (si es que existe algo así), que seguramente sería muy parecido al español, porque de allí venimos, porque somos "zoológicamente afines" como dijo José Ortega y Gasset. Y como señala Mariano Baquero Goyanes: es muy español conmoverse ante la desgracia presente e inmediata, la que se ve, y también es muy español el uso de variantes idiomáticas y casticismos.[70]

A los escritores les interesó apegarse a lo concreto e inmediato, lo tangible, no lo teórico, no el mañana, no la fantasía, no los ensueños, sólo el tiempo presente, afirma Baquero Goyanes,[71] lo cual "casaba perfectamente con la estructura y el momento histórico de la vida mexicana",[72] es decir, con lo que ellos querían, que era conocerse y definirse y hacerlo de un modo que fuera totalmente distinto de lo que se había hecho hasta entonces, expresando la nueva sensibilidad y hasta sentimentalismo que llegarían con el romanticismo, tan adecuado al nacionalismo y a los sueños de libertad. Por eso, como escribió Ricardo Palma: "Desdeñábamos todo lo que a clasicismo tiránico apestara y nos dábamos un hartazgo de Hugo y Byron, Espronceda".[73]

Las nuevas propuestas literarias generaron gran disgusto entre los grupos conservadores, que veían en ellas un atentado a la cultura. Les ofendía que la literatura recogiera a los pelados con quienes se topaba uno a diario en la calle,[74] y, sobre todo, les ofendía profundamente el uso del lenguaje coloquial. Años después, Manuel Gutiérrez Nájera lo explicaría así:

> El mocho cree que Dios le dio en feudo la gramática. Es un escritor correcto por derecho divino. El puro considera que su heredad es la inspiración. Al poeta iturbidista le parecía un pecado, y pecado mortal, tener inspiración. El poeta juarista consideraría como una defección suya, como una traición a su partido, escribir con arreglo a la gramática.[75]

Guillermo Prieto, el veterano de nuestra literatura, como le llamó Vicente Riva Palacio, fue el primero y más significativo de los escritores costumbristas, románticos y nacionalistas, con hondas convicciones políticas y "genuina simpatía por los humildes".[76] Según Francisco Monterde, es suya la "observación minuciosa, atenta, que se complace en describir: líneas, colores… importa el detalle… acude a la enumeración… responde al llamado de la voz popular cuando alude a sucesos y personajes",[77] y para Clementina Díaz y de Ovando, lo hace con "una musa juguetona y llena de chispa, de salero, [que] ayudó a difundir las ideas y la bondad del liberalismo, zarandeó a los malos gobernantes, a los que abusaban del poder, a los enemigos de la libertad".[78] Como esta descripción de costumbres:

A las doce del día en punto se servía la comida, a la que asistía toda la familia, haciendo los honores la señora, matrona adorable, de trato finísimo y de bondad angélica. Un sacerdote bendecía la mesa y al concluir la comida rezaba el Pan nuestro. Se dormía siesta y se dejaba campo para el chocolate y el rezo del rosario. Todo era virtud, regularidad, decencia y orden.[79]

O ésta:

Es un viernes; en algunas esquinas se improvisa un pensil de flores naturales, el chícharo aromático, la mosqueta, la amapola, la espuela de caballero rodean a la rolliza florera que forma ramos, para ofrecerlos al público por módicas sumas… Multitud de carboneros pueblan las calles, se oye pregonar en voz de tiple el cuscús, las verdolagas, el ahuautle, las ranas; y por la garita de San Cosme entran multitud de asnos pacíficos cargados con berza, compitiendo el vendedor en su grito, con el que proclama el bagre y el pescado blanco. Atraviesan las calles en todas direcciones estos pregoneros errantes; la afluencia de arrieros a la capital es notable.[80]

Manuel Payno, en su novela *El fistol del diablo* ("La primera medianamente aceptable después de Lizardi", dice Warner),[81] hace un cuadro de costumbres con intenciones totalizadoras tipo Balzac que se publicó, como entonces se estilaba, por entregas entre 1845 y 1846. Luego repetirá el esquema en *Los bandidos de Río Frío*, publicada entre 1889 y 1891, novela que, como dice David Brading, es "un retrato convincente de la vida nacional".[82] Ambas son representativas porque prácticamente recorren el siglo. Así son también sus crónicas:

El lépero… es vivo, inteligente, posee como nadie en el mundo el sentido de la imitación; es valiente, generoso y leal con sus amigos, apasionado con furor de su mujer o de su querida y liberal hasta tocar en la prodigalidad… En cuanto a la china, esa linda y eterna compañera de las aventuras, de las penalidades y de las alegrías del lépero… sus ojos aceitunados, ardientes y expresivos, su cabello negro y delgado. Su cintura flexible, sus pies pequeños, sus formas todas redondas, esbeltas y

torneadas… es muy aseada en el interior de su casa, lava la ropa con perfección, guisa su mole y unas enchiladas deliciosas y compone admira-
blemente el pulque con tuna, piña o almendra.[83]

O ésta:

Era una deliciosa mañana: unas cuantas nubes blancas, vaporosas y flotantes como un crespón, velaban por intervalos la luz del sol, mientras los ra-
yos de este astro iban a iluminar las cimas de azul oscuro de las montañas
de la cordillera, que se dibujaban en el horizonte. Así, bajo las influencias
melancólicas de un día semejante salí de México, atravesé rápidamente
las calles, y muy en breve me hallé en la calzada de álamos que conduce
a San Ángel… El panorama que presenta por todos lados este delicioso
camino de tres leguas, es un álbum pintoresco que excede a toda ponde-
ración. Quien ve estas alfombras de verde esmeralda que circundan a México, esas calzadas de álamos y sauces que atraviesan por en medio de los
campos de trigo y de maíz, no puede menos que bendecir la mano de
Dios que prodigó tanta hermosura, tanta fertilidad en este suelo.[84]

También José Tomás de Cuéllar retrata personajes en *La linterna mágica*:

El aguador de México, único en su especie, se pierde en la noche de los
tiempos… El aguador, tal como es hoy y tal como ha sido probablemen-
te hace algunos siglos, no lleva más objeto de metal en su cuerpo que algunos botones de latón en los pantalones o calzoneras, sustituidos en el
auge del oficio con algunas monedas de plata de a dos o cuatro reales.[85]

Y explica:

Yo he copiado a mis personajes a la luz de mi linterna, no en drama fantás-
tico y descomunal, sino en plena comedia humana, en la vida real… Pero
he tenido especial cuidado en la corrección de los perfiles del vicio y la virtud, de manera que cuando el lector ría conmigo encuentre el ridículo en
los vicios y en las malas costumbres o goce con los modelos de la virtud.[86]

Y por fin Ignacio Manuel Altamirano, con sus "animadas estampas vernáculas", retrató, según dice Antonio Acevedo Escobedo, "con escrúpulos de miniaturista el vario mundo de los espectáculos, las fiestas… las distracciones, el caliente sopor de los domingos capitalinos, en suma: lo más actuante y viviente de nuestras palpitaciones cotidianas".[87] A él le fascinaban "esos pueblecitos hermosísimos que se cuelgan como canastillos de flores en los flancos de las montañas",[88] los "encantadores domingos" en la Plaza de Armas, en el atrio de la Catedral y en las calles centrales, particularmente en las de Plateros y San Francisco: "Allí está el corazón, el foco de la belleza, del lujo y del buen gusto. Allí se ve la flor y nata de las hermosuras mexicanas, con sus elegantes atavíos y en todo el esplendor de su beldad".[89]

Pero no todo era belleza, pues las calles en las que jamás variaba el paisaje de niños semidesnudos, perros callejeros, montañas de basura y las imprescindibles pulquerías, de las que había casi un millar en la capital,[90] eran estrechos callejones sin luz, con ciénagas, zanjas y muladares,

> la multitud de indígenas cargando a lomo todo género de mercancías, desde carbón y leña hasta canastas y gallinas atadas de las patas, y la abundancia de aguadores que, después de surtirse en la fuente de la tlaxpana o en la desembocadura del acueducto de Chapultepec, recorrían las calles distribuyendo de puerta en puerta el preciado líquido por una módica cantidad.[91]

Y fuera de la capital, en los caminos, los robos y asaltos. Las diligencias y carruajes se encontraban con los bandidos que salían de los matorrales y

> mientras unos se abalanzaban sobre las portezuelas, otros se dirigían a la covacha para sacar los equipajes. El capitán obligaba a los pasajeros a descender, les ordenaba que se pusieran a gatas sobre la tierra y les prohibía levantar la cabeza… si alguno se oponía a esas instrucciones era golpeado sin miramientos. En poco tiempo los ladrones sacaban todo lo que era de valor… En cuanto los pasajeros recibían aviso de peligro se suspendían las conversaciones, generalmente animosas entre ellos, y se manifestaba la inquietud por medio de frases reveladoras de la

naturaleza de cada uno… Las damas se apresuraban a inquirir si los ladrones tendrían la costumbre de llevarse a las mujeres. Algún varón que se las daba de valiente azuzaba a los demás para que se defendieran… Los religiosos se preguntaban si los bandoleros serían de los que respetaban a los padrecitos o de aquellos que los maltrataban sin mostrar la menor consideración a su alta y espiritual investidura. Algunos pasajeros escondían dinero y objetos de valor en las canales por las que corrían las portezuelas. Otros elegían el relleno de los cojines de cuero colocados sobre los asientos para amortiguar, aunque infructuosamente, el golpeteo del cuerpo, o bien el cielo de raso del carruaje o cualquier otro escondrijo que encontraran. Todo era inútil, los ladrones, conocedores de esos recursos, ya sabían dónde buscar. En ocasiones, ante el peligro de perder lo único de valor que poseían, los viajeros se exponían a peligros mayores y aguzaban el ingenio. Se cuenta la anécdota de una joven que, ante la inminencia del asalto, clavó en la pulpa de un plátano un anillo de mucho valor. Cuando los ladrones estuvieron frente a ella, aparentó estar mordiendo la fruta precisamente en ese momento. La despojaron de otros objetos pero ni tocaron el plátano ni la sortija de diamantes escondida en su interior… En ocasiones los bandidos no se conformaban con el dinero y las alhajas que llevaban sus víctimas sino que les quitaban también la ropa, de tal suerte que los pasajeros se veían obligados a continuar el camino semidesnudos. Si los carruajes entraban a la ciudad con las cortinas bajadas, era señal inequívoca de que habían sido asaltados y de que venían en condiciones inconvenientes.[92]

También algunos de los extranjeros que visitaron el país en aquella centuria, como Stephen Crane, Brantz Mayer o Carl Christian Sartorius escribieron crónicas. A este último le impresionó que hubiera continuos levantamientos contra el gobierno y decía que los pronunciamientos, cuartelazos y sublevaciones —"bolas" se les llamaba— estaban tan a la orden del día que cualquiera podía hacer una sin demasiado esfuerzo: "Bastaba con reunir a algunos descontentos para lanzarse a tomar el Ayuntamiento, apoderarse del dinero de la caja fuerte y obligar a los comerciantes de la zona a un préstamo con lo cual ya podían dar inicio a la guerra".[93]

Muy célebre fue Fanny Calderón de la Barca, esposa del embajador de España, quien dio fe de la activa vida social: bailes y fiestas, almuerzos y tertulias, vestidos magníficos y joyas espléndidas, cenas en vajillas de porcelana y con vinos importados. Éste es parte de su relato de un baile en el palacio de Minería al que asistieron los ministros y el cuerpo diplomático con sus esposas, todos engalanados y adornados: "En joyas, ninguna dama extranjera podía competir con las damas del país", pues éstas no sólo eran ricas sino que daban a las piedras preciosas mucha importancia. Y agrega: "Ningún hombre que esté por encima del rango de lépero se casa en este país sin ofrecer a su novia por lo menos un par de aretes de diamantes o un collar de perlas con broche de diamantes… Son considerados necesarios para la vida, tanto como los zapatos y las medias".[94]

Una crónica excepcional de la época, escrita por una mujer, son las *Memorias* de Concepción Lombardo de Miramón, quien relata cómo a pesar de la inestabilidad política y social en que vivía el país, con sublevaciones, guerras, intervenciones y cambios constantes en el poder, la vida seguía su curso. La gente se casaba y tenía hijos, iba a misa y a hacer compras y visitas, había fiestas y paseos. Mientras los soldados "se batían desde las torres, las azoteas y las calles" y el populacho "saqueaba negocios y casas", la gente seguía asistiendo al teatro, bailes, desfiles, clases de canto y de equitación.[95]

En el siglo XIX, explica José Luis Martínez, los escritores se dedicaron a "la búsqueda de la expresión nacional", que se consideraba parte fundamental de ese "encargo nacionalista" que se hicieron a sí mismos, "ese tormentoso encargo que nuestras formaciones sociales tuvieron que recorrer hasta constituir sus estados nacionales", escribió Agustín Cueva.[96]

Y es que no era fácil transitar de la mentalidad colonial a la independiente, rescatar la historia, adquirir una idiosincrasia y ese esfuerzo lo hicieron, como afirma Raimundo Lazo, con "sincera mexicanía".

Ejemplo de eso son las novelas que relataron desde la Conquista y la época colonial hasta la Independencia, las intervenciones, la restauración de la República y la Reforma: Vicente Riva Palacio, José María Roa Bárcena, Victoriano Salado Álvarez, Juan A. Mateos, Eligio Ancona, Ireneo Paz, Nicolás Pizarro Suárez, Enrique de Olavarría y Ferrari retrataron episodios de la vida nacional que sirven como crónicas de una época difícil y entonces poco conocida.

Escribe Riva Palacio:

> Llegó por fin el día de la libertad de México. Once años de lucha, un mar de sangre, un océano de lágrimas. Esto era lo que había tenido que atravesar el pueblo para llegar desde el 16 de septiembre de 1810 hasta el 27 de septiembre de 1821... la sublime epopeya de la independencia de México. ¡Y cuánto patriotismo, cuánto valor, cuánta abnegación habían necesitado los que dieron su sangre para que se inscribieran con ella sus nombres en ese gran libro! Pero el día llegó; puro y transparente el cielo, radiante y esplendoroso el sol, dulce y perfumado el ambiente. Aquél era el día que alumbraba después de una noche de trescientos años. Aquélla era la redención de un pueblo que había dormido en el sepulcro tres siglos.[97]

La literatura estuvo teñida de las luchas ideológicas y políticas entre liberales y conservadores, es decir, entre dos modos de considerar cómo debían ser el gobierno, las leyes, las instituciones de la República y hasta la literatura.

Para ellos lo social estuvo por sobre lo literario y lo moral por sobre lo estético o, dicho de otro modo, que "las consideraciones de orden estético y formal fueron menos apremiantes".[98]

Por eso los escritores ya no solamente hicieron el retrato de la sociedad sino que tuvieron el deseo de mejorarla. De modo, pues, que además de describir y mostrar y de rescatar del olvido y elogiar paisajes, personas y personajes, costumbres y tradiciones, los autores se propusieron también educar, "corregir los perfiles del vicio y la virtud" y "conseguir prosélitos de la moral y la justicia".[99]

## 6

Los últimos dos decenios del siglo xix y el primero del xx fueron una época a la que los historiadores han dado en llamar "el porfiriato", por el nombre de quien la preside y encarna, Porfirio Díaz, y durante la cual se consigue la suficiente paz social como para permitir la creación de una cultura alejada de las preocupaciones inmediatas.

Según Jean Franco, hacia fines de la década de los ochenta se impone un cambio radical de tono y de ideas estéticas.[100] La literatura toma dos caminos: el realismo en la novela y el modernismo (los modernismos, corrige José Emilio Pacheco) en la poesía.

La novela deja atrás las lágrimas románticas (que por supuesto siguieron existiendo, pues por entonces se publican *Carmen* de Pedro Castera, "la obra maestra de la novela sentimental en México",[101] y *Taide* y *Veleidosa* de José Peón Contreras, entre otras), y los proyectos de construir una nación o de educar a los mexicanos, para buscar algo más acorde a la nueva sensibilidad del momento, fundada en lo que el propio Peón Contreras describió como "la filosofía positivista y el materialismo [que] levantaban por doquier sus gigantescos tronos" y exigían por lo tanto "la verdad sin exageraciones".[102]

En esta línea están, según José Luis Martínez: "Rafael Delgado, José López Portillo y Rojas y Emilio Rabasa —serenos y reposados cronistas de la primera sociedad porfiriana— y Ángel de Campo —escritor de compasión y ternura para los humildes".[103]

De Campo relata la vida diaria de las "personas insignificantes" en los barrios urbanos de la capital: "Cada ciudad tiene su voz propia, sus exclamaciones particulares, algo que es como el conjunto de todos los rumores de sus iglesias, de sus fábricas, de sus calles, de sus gentes y animales y no puede representarse por notas ni simbolizarse con signos; algo que se aprende, como los idiomas extranjeros, de oído, por impresión directa";[104] Delgado se propone lo mismo en esa galería de cuadros que se llama *La calandria*, ambientada en Veracruz, donde nos transmite todo el encanto, como dice Ralph Warner, de las cosas conocidas en la dulce provincia; López Portillo y Rojas hace largas descripciones de la naturaleza y observaciones puntuales sobre la conducta de los personajes en todas sus novelas, particularmente en *La parcela*, a la que el estudioso alemán Adalbert Dessau considera "la novela mexicana más importante anterior a la Revolución";[105] Rabasa es autor de una tetralogía (*La bola, La gran ciencia,*

*El cuarto poder, Moneda falsa*) que retrata a la sociedad provinciana con sus pequeñeces, apatía y corrupción.

Y está también Federico Gamboa, quien lleva al papel (con exactitud de fotografía) su fascinación (recubierta de moralina) por las mujeres "que caen estruendosamente, sin nada que las disculpara, sólo por el placer de enlodarse, de probar el vicio". Las llamaba "hijas ilegítimas de Margarita Gautier",[106] y entre ellas la más famosa es Santa:

> Trocóse Santa de encogida y cerril en cortesana a la moda, a la que todos los masculinos que disponían del importe de la tarifa anhelaban probar... Como la muchacha de perderse tenía, a nadie se le ocurrió intentar siquiera su rescate, que en este Valle de las Lágrimas fuerza es que todos los mortales carguemos nuestra cruz y que aquel a quien en suerte le tocó una pesada y cruel, pues que perezca... ¡Caída!... ¿dónde finalizaría con semejante vida?... ¡pues en el hospital y en el cementerio, puerto inevitable y postrero en el que por igual fondeamos justos y pecadores![107]

Otros autores del momento son Manuel H. San Juan, Porfirio Parra y Juan A. Mateos, críticos de la dictadura, y Arcadio Zentella Priego y Heriberto Frías, cuyas novelas relatan las terribles condiciones en que vivían los pobres, esclavizados en las minas y selvas.

En la poesía, Salvador Díaz Mirón, Manuel José Othón, Amado Nervo, Juan de Dios Peza, José Juan Tablada y Enrique González Martínez buscaron renovar la forma y el lenguaje, los símbolos y la versificación, y se esforzaron por "pintar el color de un sonido, el perfume de un astro, aprisionar el alma de las cosas".[108] Con ello "dieron vida a nuestra lengua castellana e hicieron correr calor y luz por las venas de nuestro idioma que se moría de anemia".[109]

La crónica adquiere entonces un carácter distinto, ya no interesan los pobres ni sus costumbres y lenguajes,[110] pues lo que quieren los cronistas es relatar eventos del día y hacerlos entretenidos al interés público.[111]

Los escritores (como toda la alta sociedad) voltearon hacia París, ciudad que "más que la capital de una nación era el centro de una estética", como afirmó Octavio Paz, y se animaron "a romper viejos moldes", como dijo Alfredo Maillefert.[112] Y, como señaló Sergio González Rodríguez, acompañaron su afán con el de convertir su propia vida en una obra de arte "moldeada en la bohemia, la dipsomanía legendaria, lecturas interminables de Poe, Baudelaire, Verlaine, Huysmans".[113]

Manuel Gutiérrez Nájera es ejemplo del nuevo espíritu de la época. Escribía sobre la frivolidad, el lujo:

> Deslízanse gallardas, leves, algunas patinadoras. Y pasan y pasan al son de una galop infernal; lucen un punto su gentileza y los vivos colores de sus trajes y luego se pierden, dejando en quien las mira el asombro.[114]

> Esa larga pista en donde los caballos de carrera compiten, maravillándonos con sus proezas. Yo sé de muchas damas que han reñido con sus novios porque éstos, en vez de verlas preferentemente y admirarlas, fijaban su atención en los ardides de los jockeys y en la traza de los caballos.[115]

Pero también le interesaba dar fe (con algo de ironía y humor) de lo que pasaba en México, como cuando relató el momento en que el gobierno decidió cambiar las monedas de plata por las de níquel, provocando un amotinamiento:

> Nunca pensé que las monedas de níquel, tan humildes y pobrecitas como son, trajesen alarmados a los gobernantes, a los economistas, a los escritores y a las amas de casa. Las monedas de níquel, generalmente hablando, son honradas. No visitan las casas de juego ni brincan, como duendes familiares, en las rodillas de una hermosa. Las monedas de níquel no han corrompido nunca la virtud de una mujer. Muy al contrario, son modestas, trabajadoras, recatadas. Su habitación es el bolsillo de las costureras honestas, que se conforman con hacer vestidos para otras y con desvestirse una vez al día, y eso a oscuras. Como sus dueñas, andan mal vestidas; por eso el mundo, tan pagado de apariencias, las mira con desdén y compasión.[116]

También Amado Nervo contaba sobre el día:

> Por lo demás, ya no hay fiestas religiosas. Las tradiciones se van, las costumbres pintorescas desaparecen. Eso lo dicen los cronistas cada año y en todos los tonos. Estas poéticas cosas de antaño ya no tienen prestigio… Id al zócalo y os encontraréis ante una invasión de mulitas de hojas de plátano, ornadas de flores. La ingenuidad de las vajillas de barro les hace compañía. El pueblo bosteza ante los puestos, Algunas americanas pagan a peso de oro tal o cual chuchería. En la catedral hay una misa solemne. Y eso es todo.[117]

Los cronistas hacían viñetas, escenas, relatos sobre cualquier cosa, sin otro afán, como decía Luis G. Urbina, que el de "la observación atinada… y cierta dosis de fantasía para combinar y colorear las imágenes".[118] Escribe:

> Por el día esta ciudad se ve moderna, modernísima, flamante y pulida como esos juguetes finos que los comerciantes sacan de los estuches y colocan sobre el mostrador para provocar la fantástica curiosidad de los niños. Es una ciudad que acaban de desempacar cuidadosamente y que por lo tanto, no ha sufrido deterioros ni desportilladuras. Las casas, limpias, nuevas, recién pintadas de temples claros; los pavimentos, de gris terso, sin quebraduras, sin máculas; a un lado y otro de las calzadas de asfalto, las banquetas de piedra artificial brillante y compacta; las plazas, los jardines a la inglesa, con arbustillos de copa recortada y arriates de pasco tan fresco y suave, que no parece sino que sobre el suelo han tendido verdes y aterciopelados tapices de forma caprichosa.[119]

Según Nemesio García Naranjo: "La vida transcurre alegre y sin grandes preocupaciones".[120] En sus palacetes afrancesados de las colonias Juárez —la antigua colonia Americana— y Santa María vivían, "entre mármoles, marfiles y tapices", los ricos hacendados, empresarios y comerciantes que formaban la aristocracia mexicana.

Las damas y los caballeros salían de compras al mediodía, a Las Fábricas de Francia y El Palacio de Hierro o recorrían la elegante calle de

Plateros (antes San Francisco, hoy Madero) en donde abrían sus puertas lujosos almacenes: La Ciudad de Bruselas, La Parisienne, Sorpresa y Primavera Unidas y otros muchos que vendían productos importados de Europa, entre ellos la ropa interior que se empezaba a usar. Se podían comprar joyas en La Esmeralda, instrumentos musicales y abonos para los conciertos en Wagner y Levien, pistolas con el nuevo sistema Mausser en la Armería Americana y en la Botica Iturbide (llamada así por el distinguido hotel que había allí cerca) o en la perfumería Carlos Félix y Cía. (Antigua Droguería La Palma), donde se conseguían los polvos dentífricos y antisépticos Ste. Magdeleine y las cremas rosadas Adelina Pratti "que suavizan y embellecen el cutis".[121] Cuando empezaba a anochecer, desfilaban los carruajes magníficos y las personas distinguidas cambiaban saludos mientras se dirigían al teatro, al casino francés en la calle de Palma, a hacer una visita o a alguna fiesta: "Tenemos muchas diversiones en perspectiva; un gran baile que darán los miembros del Casino Nacional… otro baile que dará el Jockey Club; el enlace de la hermosísima Amada Díaz, hija de nuestro presidente".[122]

La Ciudad de México, como explica un estudioso,

> era de febril vida callejera… Las calles no sólo servían para la circulación de personas y mercancías, eran el centro mismo de la vida social, su espacio privilegiado. En ellas los habitantes trabajaban, compraban, comían, realizaban ceremonias civiles y religiosas, se paseaban, se divertían y se embriagaban. Ahí también se manifestaban cotidianamente la sexualidad y la muerte.[123]

Los cronistas de la época profesaban odiar la vida, las costumbres y los convencionalismos de la gente "decente" (los de "buen sentido" de que hablaba Francisco G. Cosme) y se oponían "a la moral pública del Porfiriato, a los cerrojos del catecismo y a las admoniciones del hogar y la familia",[124] pero al mismo tiempo, se morían por ocupar un lugar en ese mundo finisecular con sus refinamientos, sus novedades, sus privilegios, su vida europeizada y culta que así describiría Salvador Novo: "La peluquería de Micolo, el Hipódromo de Peralvillo, el baile de Chapultepec, La Concordia, el Jockey Club, las tiendas de la viuda Genin, los billares de Iturbide".[125]

7

Ese mundo terminaría apenas pasadas las brillantes fiestas con que se celebró el centenario de la Independencia (en las que por cierto hubo varios cronistas que las relataron):[126]

> ¡Majestad imperante, absoluta, jactándose de haber levantado a la nación mexicana a las primeras alturas de los pueblos cultos. Y bajo los doseles de oro y terciopelo, con la majestad de los Césares antiguos, esperando inquieto que le traiga su insolente fortuna el fallo inflexible de la historia![127]

Porque en 1910 empezó una revolución, que convirtió la vida del país en un sucederse de "choques sangrientos de facciones enemigas, regocijos de la vida en campaña, formación de ejércitos improvisados, ataques a las ciudades y atropellos a las poblaciones, asaltos y saqueos, angustias de la población civil, venganzas", según escribió Antonio Castro Leal.[128]

El proceso parecía repetición del que había sucedido un siglo antes, pues también se propuso cancelar todo lo que tuviera que ver con lo anterior: desde la filosofía "demasiado tajante" del positivismo hasta las "espumas verbales" de la poesía, y proponer algo nuevo: "La fuerza del sentimiento, de la responsabilidad humana que debe presidir la conducta individual y social".[129]

Lúcidos pensadores y escritores se involucraron en esas tareas: José Vasconcelos, Antonio Caso, Alfonso Reyes, Max Henríquez Ureña, Vicente Lombardo Toledano, Manuel Gómez Morin. Todos ellos querían "hacer algo", "alguna tarea de beneficio colectivo", como decía Daniel Cosío Villegas, porque estaban convencidos de que la Revolución, con mayúscula, "echó a andar nuevamente la historia, hizo recobrar su fluidez al escenario petrificado", según diría Alfonso Reyes.[130]

La crónica de la época se hace presente en los poemas, las novelas y los corridos que cuentan (cantan, dice Antonio Avitia Hernández) la historia:

Noble presidente don Porfirio Díaz
Te fuiste para la Europa
Dejaste esta tierra regada, a fe mía
Con sangre de mil patriotas.
Por tu cruel gobierno y tu tiranía
El pueblo al fin te despoja
De aquel gran imperio que en él ejercías
Contemplándolo un idiota.[131]

O:

Con mi treinta treinta me voy a embarcar
dentro de las filas de la rebelión
si mi sangre piden mi sangre les doy
por los habitantes de nuestra nación.[132]

Las novelas retoman lo que desde hacía un siglo había sido el camino principal de la narrativa: el gran aliento social, la vocación popular, la misión testimonial, el lenguaje vernáculo. Sólo que, a diferencia (y en superación) del modelo decimonónico, no tienen nada de costumbrismo ni de moralina, y muestran a una sociedad en movimiento y no estática. Las encontramos sobre:

- la vida antes de que se iniciara el movimiento armado: *Desbandada*, *La vida inocente*, *La vida inútil de Pito Pérez* de José Rubén Romero, *Apuntes de un lugareño* de Rafael F. Muñoz;
- la vida durante el movimiento armado: *Campamento*, *Mi general* de Gregorio López y Fuentes, *Vámonos con Pancho Villa*, *Se llevaron el cañón para Bachimba* de Rafael F. Muñoz, *Mi caballo, mi perro y mi rifle* de José Rubén Romero, *Cartucho* de Nellie Campobello, *Tropa vieja* de Francisco Urquizo y la novela emblemática de la Revolución, *Los de abajo* de Mariano Azuela;[133]
- la vida después del movimiento armado, cuando se pasó "del relato de la acción revolucionaria a la observación de la sociedad

producida por la Revolución" y a "los abusos y las injusticias de una sociedad engendrada por ella":[134] *Tierra, Arrieros, Indios, Huasteca* de Gregorio López y Fuentes, *El resplandor, Cabello de elote* de Mauricio Magdaleno, *Chimeneas* de Gustavo Ortiz Hernán, *La ciudad roja* de José Mancisidor, *Panchito Chapopote* de Xavier Icaza, *Mezclilla* de Francisco Sarquis;

- la vida cuando la Revolución se volvió gobierno: *El camarada Pantoja, Nueva burguesía* de Mariano Azuela que refieren "la ambición, el deseo de subir, tener, aprovechar, codearse con…"[135] y las obras de Martín Luis Guzmán, que recogen el lado político del momento como *La sombra del caudillo, El águila y la serpiente.*

Guzmán fue también un excelente cronista, como se puede ver en este relato del asesinato de Venustiano Carranza:

Cerca de las tres o las tres y media los fugitivos despertaron al clamor de grandes voces y a los disparos que se oían a la puerta misma de las chozas. Parecía que los asaltaban. ¡Viva Peláez! ¡Viva Obregón! y sonaba nutrido el fuego de fusilería… En el interior de la choza de don Venustiano las descargas se habían sentido cerradas desde el primer momento. Hendían las tablas por la parte donde estaba acostado él; lanzaban pedazos de las tazas y platos que habían quedado sobre la mesa. Afuera, junto a las tablas mismas, las voces gritaban: Sal viejo arrastrado, aquí viene tu padre, sal viejo, ora sí vamos a cogerte por las barbas. Y brillaba intermitentemente, por entre los resquicios, la lumbre de los fogonazos… Pasaron así diez minutos, quince, quizás veinte. Disminuía el tiroteo y aumentaban las voces. Suárez seguía sosteniendo a don Venustiano; sentía correr la sangre y vibrar en el cuerpo el estertor. De pronto se resolvieron aquellas sensaciones y la oscuridad de la choza, en la cercanía de un grupo de asaltantes que llegaban a la puerta intimando rendición y ordenando que salieran todos los que estaban dentro. Alguien les informó que el presidente se hallaba herido, que podían entrar, que nadie haría resistencia. Los asaltantes les mandaron entonces encender la luz y, encendida ésta, pasaron… Entraron apuntando las carabinas, profiriendo injurias contra Carranza, cogiéndolo todo… Don Venustiano agonizaba. Su estertor era un ronquido más y más grueso, que se iba yendo, que se iba apagando… Todos callaron y esperaron. El estertor se hizo opaco y tenue. Don Venustiano expiró. Amanecía. Serían las cinco de la mañana. La niebla y la lluvia, ya menos copiosas, tamizaban la luz.[136]

Otros cronistas menos conocidos son Leopoldo Rodríguez Calderón, quien escribió un "relato verídico de un testigo ocular" sobre los acontecimientos en Cananea;[137] Práxedis G. Guerrero, quien describió cómo empezó la Revolución al estilo de los "episodios nacionales";[138] Francisco Ramírez Plancarte, quien relató el hambre en la Ciudad de México durante el año fatídico de 1915, cuando "la escasez y carestía de víveres se hizo tan extremosa, que muchísimas personas al andar por las calles, súbitamente azotaban contra el suelo en medio de horribles convulsiones a causa del hambre",[139] y Rubén Salazar Mallén, quien resumió la vida trágica de la gente: "Dijo Sara su historia. Vulgar historia: las chusmas revolucionarias en la ciudad lejana, el saqueo, el pillaje, la violencia. Más tarde la urbe, el burdel. Ah, la revolución maldita. Llenó de mujeres los congales".[140]

Hubo también crónicas de ciudadanos comunes, por ejemplo ésta de un inmigrante:

Un domingo nos levantamos temprano para salir con rumbo cerca de la colonia Roma para cobrar los abonos. Como a las siete una persona había salido a la calle y regresó y dijo que en el zócalo había un movimiento militar y que no pudo saber lo que había. Vimos que el zócalo estaba rodeado de soldados con carabina en mano, lo mismo en los altos del Palacio Nacional, en la Catedral y sus altos campanarios y las azoteas de las casas cercanas. Nosotros fuimos y abordamos el tren eléctrico y un momento más tarde oímos fuertes tiroteos y los disparos de los cañones… El zócalo se llenó de muertos y heridos. En los diez días que duró la lucha hubo muchas pérdidas de vida en el ejército y en el público… Grandes edificios fueron derribados por las balas de los cañones. En los días que duró, el público no podía salir a ningún lado para arreglar sus asuntos domésticos, sólo podía hacerlo en las dos horas diarias que daban los combatientes como horas de descanso. Un día en esas horas de descanso yo y mi señora salimos y dimos una vuelta caminando hasta llegar cerca de los combatientes y vimos los montones de muertos que estaban listos para quemarlos con gasolina.[141]

Hubo la crónica que hicieron los extranjeros, como John Kenneth Turner y John Reed:

> Esto era la tropa cuando la vi por primera vez: eran como un centenar de soldados, cubiertos de harapos pintorescos; algunos vestían ropas de obrero, de mezclilla; otros, las chaquetillas charras de los peones; en tanto que uno o dos alardeaban de sus pantalones pegados de vaqueros. Sólo unos cuantos llevaban zapatos; los más de ellos huaraches y el resto iba descalzo. Los rifles colgaban de sus monturas, llevaban cuatro o cinco cananas de cartuchos cruzados sobre el pecho, altos sombreros de flotantes alas; inmensas espuelas que tintineaban al cabalgar; sarapes de brillantes colores, amarrados atrás de la silla. Todo esto constituía su equipo.[142]

Y hubo la crónica de la vida que seguía como si nada, como la de Edith O'Shaughnessy, casada con un cónsul de la embajada de Estados Unidos, quien relató la vida social:

> Cuando llegamos la primera vez a México, las recepciones las presidía la bella doña Carmen Díaz; luego vino la recién casada señora de De la Barra, dulce y sonriente; después la señora de Madero, honrada, pía y apasionada. Ahora la señora de Huerta es la Primera Dama, todo esto en dos años y medio. Mañana Huerta y su señora van a recibir en Chapultepec. Es la primera vez que se usará oficialmente la residencia presidencial.[143]

Ésa fue la literatura de la Revolución (la que se escribió durante ese periodo, porque se seguiría con el tema durante varias décadas más): temas sociales en formas nuevas, como dijo Manuel Maples Arce, en la que cupo por igual el marxista Mancisidor que el liberal Azuela que el cristero Gram, por igual el relato de los trenes que volaban hechos pedazos que la lucha por la tierra, por igual las balaceras que las nuevas costumbres, por igual el retrato de lo popular que los esfuerzos culturales del Ateneo, los Contemporáneos y otros intelectuales.

Y es que, como decían unos versos de la época, la Revolución

Germina con su savia
y llega a lo más hondo
de la tierra mexicana.[144]

## 8

A los levantamientos armados, siguió un largo periodo de ajuste de cuentas entre los caudillos y de luchas por el poder, pero también de esfuerzos de organización del gobierno y de la vida institucional.

Y al mismo tiempo, iba naciendo un despertar de la conciencia de los ilustrados mexicanos, quienes de repente se dieron cuenta, "con optimista estupor", como afirmaba Manuel Gómez Morin, "de insospechadas verdades: existía México como país con capacidades, con aspiraciones, con vida, con problemas propios... No era nada más una transitoria o permanente radicación geográfica del cuerpo... Y los indios y los mestizos y los criollos, realidades vivas, hombres con todos los atributos humanos... existían México y los mexicanos".[145] Y a partir de allí, decidieron "reivindicar todo lo que pudiera pertenecernos: el petróleo y la canción, la nacionalidad y las ruinas", con un proyecto para llevar la educación y la cultura a todos los rincones del territorio y a todos los grupos sociales, que consistió en una pintura, una reflexión filosófica, una música y una literatura con "un vasto y desorganizado mundo de posibilidades narrativas... en las cuales el realismo que las atraviesa por igual es ante todo una intención, una estética, una actitud representativa".[146]

Ése fue el nacionalismo, responsable del más grande, sólido, perdurable y sostenido proyecto cultural en México y de los mitos que durante más de medio siglo lo alimentaron y nos alimentaron a los mexicanos.

Durante la tercera década del siglo xx, se hizo evidente que la Revolución no logró la justicia que algunos pensaron que sería su resultado y en cambio, como mostró José Rojas Garcidueñas en *La negra Angustias*, llevó "al triunfo de los catrines".[147] José Revueltas lo denuncia y muestra cómo dejó, una vez más, en la miseria a la mayoría: "Dionisio Pulido, que vive en su miserable casucha del Paricutín, que no es dueño de nada en el mundo".[148] Para él lo único que había dejado el movimiento revolucionario era "un sucederse de agonías desde la época de la raza antigua color de cobre", y afirmaba que el nuestro es un "país de mestizos con la sangre envenenada", un "país de muertos caminando, hondo país en busca del ancla, del sostén secreto".[149]

La literatura de la época trataba de "recoger e interpretar la nueva organización social y la lenta pero segura transformación de las costumbres",[150] lo que años después Rosario Castellanos consignaría así:

Lázaro Cárdenas [fue] el primer nombre que escuché pronunciar a mis mayores con espanto, con ira, con impotencia, porque su política estaba lesionando sus intereses económicos. El reparto agrario despojó de todas las certidumbres en las que se habían apoyado durante siglos. El mundo que habitaron, no sólo como si fuera lícito sino también eterno, de pronto se derrumbó. ¿Qué iba a ser de nuestro porvenir que antes se proyectaba como la precisa sucesión de los pasos de un ritual y que ahora estaba expuesto al asalto de lo imprevisto, al golpe de lo azaroso?

Antes no hubiese habido ninguna duda. En la infancia yo habría asistido a la casa de la "amiga" para que me enseñara los rudimentos del alfabeto y las cuatro operaciones aritméticas y cuando observara los primeros signos de la pubertad me diera el título de señorita. Una señorita iba a los bailes después de ofrecer una novena al muy milagroso san Caralampio para que le hiciera el favor de que no la dejaran sentada mientras la marimba tocaba… una señorita se casaba al gusto de sus padres, con un pariente más o menos cercano, dueño de un rancho del que ella iba a ser dueña… una recién casada amanecía, al día siguiente, calzada con zapatos de tacón bajo, vestida con una bata informe, sin huellas de pintura en la cara y envuelta con un fichú negro para hacer patente a los

89

ojos de cualquiera su nuevo estado civil… una señora respetable tenía un hijo cada año y confiaba su crianza a nanas indias así como confiaba los quehaceres domésticos a un enjambre de criadas que se afanaban en la cocina, en los patios, en las recámaras y los salones. La señora, cuyo perpetuo embarazo le impedía hacer ejercicio y cuya progresiva gordura iba reduciéndola a la inmovilidad completa, dictaba las órdenes, decretaba los castigos, elaboraba las reprimendas desde una hamaca (cuando el tiempo era favorable) o desde su cama (cuando precisaba mayor abrigo). La señora se resignaba a ser sustituida por alguna mujer cuya categoría era tan ínfima que la hacía prácticamente inexistente y matriarca al fin, recibía a los hijos habidos de esas uniones ilícitas y se encargaba de darles un oficio, una situación.

La señora, a su tiempo, se preocupaba por la carrera de los varones, por el matrimonio de las hembras, por el reparto equitativo de la herencia. Era oportunamente abuela y la viudez le permitía consagrarse por entero a la iglesia y morir en olor a santidad. Éste era el paraíso que yo perdí, éstos los bienes que ya no alcancé a disfrutar. Y ahora, abominación de abominaciones, por más que nos pesara a todos, más valía irse preparando, estudiar una carrera para ganarse la vida.[151]

Según José Luis Martínez, los años cuarenta fueron de esterilidad, porque "los impulsos y tendencias que animaron a la literatura mexicana en los años anteriores han sido agotados y su vigencia ha concluido. Ningún otro camino… ha tomado su lugar… la escena está cada vez más vacía".[152]

Pero no era esterilidad, sino años de reflexión, de "reposo reflexivo" como les llamó Octavio Paz, lo que era lógico después de una explosión social y cultural como la que había tenido lugar. Por eso Manuel Moreno Sánchez dice que fue un tiempo de transición, de puente entre la Revolución terminada (que sólo el discurso oficial mantuvo vigente hasta casi final del siglo) y el desarrollismo (ese proyecto que reitera, una vez más, la voluntad de convertir a México en nación moderna).[153]

José Vasconcelos y Xavier Villaurrutia, Emilio Uranga y Samuel Ramos, Edmundo O'Gorman y Agustín Yáñez, Salvador Novo y Alfonso Reyes, Octavio Paz y Efraín Huerta, Ricardo Guerra y Jorge Portilla, José

Revueltas y B. Traven, Ángel María Garibay y Ricardo Pozas entre otros, reflexionaron sobre México, el mexicano y lo mexicano y se preguntaron quién era, cómo era y cómo actuaba,[154] y lo escribieron en ensayos, poemas, cuentos y novelas que buscaban entender el pasado y el presente, los mitos y las acciones, el arte y la literatura, "para la colectiva tarea de apuntalar las bases o de establecer otras nuevas".[155]

## 9

Nuevos tiempos, nuevas costumbres, nuevas crónicas.

La ciudad capital empezaba a exhibir la luz eléctrica (decía Rubén Salazar Mallén), luces de neón (decía Mariano Azuela), anuncios ("ciudad insurrecta de anuncios luminosos" escribió Manuel Maples Arce), teléfonos (decía Salvador Novo), telégrafos (decía Manuel Maples Arce), fonógrafos (José Juan Tablada), cines (Gilberto Owen), "teatros y cafés que abrigan en su seno toda la alegría de la ciudad" (Tablada), tiendas y escaparates ("La ciudad se le entrega sin reservas en los escaparates, le otorga sus intimidades, le desvela sus secretos, le rinde pleitesía", escribió José Martínez Sotomayor), aviones (Jaime Torres Bodet) y autos que (escribió Novo) ensuciaban el aire con sus humos, se enredaban en las esquinas y hacían tanto ruido "que ya no se podía oír cantar a los gallos".[156]

Hay muchas novedades: "La publicidad, el tenis, los box-spring, el divorcio, el idioma chino, el cine, los anteojos contra el sol, el chicle, té Liptons, perfume Coty, la fotografía, la máquina".[157]

Alfonso Reyes asiste a la inauguración de una casa de antigüedades en la avenida Juárez, Octavio Barreda deja correr el tiempo recargado bajo el toldo de una droguería viendo pasar a las mujeres y Artemio de Valle-Arizpe se come unas espléndidas tortas compuestas de queso de puerco, milanesa o sardinas en una telera untada con aguacate y frijoles.[158]

Había carpas y cantinas, jardines y mercados, las viejas iglesias barrocas y los conventos que tanto llamaron la atención del escritor Graham Greene. En las colonias Juárez, Roma y San Rafael se levantaban lujosas casas y en los barrios pobres como la Merced, la Candelaria de los Patos y

Tepito, vecindades ocupadas por obreros, choferes, ferrocarrileros y mecánicos, secretarias y enfermeras. El novelista Mariano Azuela describe una de éstas: "Doce departamentos sobre el patio central y cuarenta viviendas en los cuatro largos y angostos pasillos que lo cruzaban".[159] En las esquinas se vendían naranjas, "jaletinas" de jerez y de limón, en los zaguanes platicaban parejas de novios y en las azoteas tapizadas de tinacos colgaba la ropa tendida al sol. Los tranvías de color rojo oscuro con asientos de madera traqueteaban por las calles y los niños jugaban canicas en las banquetas.

Amanece en la ciudad, "el alba que asoma a tu ventana" (escribió Efrén Rebolledo) y Novo lo disfruta:

> Muy temprano de las panaderías flotaba un santo olor... pasaba uno que otro camión... Los trenes urbanos... zafando el trole en las esquinas... Algunos carteles recientes... Y los gendarmes de tráfico... En los almacenes se alzaban las cortinas de acero y desde el fondo, saludaban avalanchas de zapatos. Se instalaban los sitios de autos... los choferes enjuagaban el coche afanosos, en mangas de camisa, y medían el aire de las llantas.[160]

Era el relato del país y la gente que trabaja, reza, se divierte y descansa (escribió Manuel Maples Arce),[161] de la ciudad en la que las familias seguían "el ritmo de los días y el domingo y el padre regresa y la hora de comer y los amigos y las visitas y el traje nuevo y las cartas de otra ciudad" (escribió José Vasconcelos).[162] Las damas de sociedad hacen sus tés de caridad a media tarde y la gente decente se recoge a las ocho de la noche. A las ocho de la mañana las calles se llenan de obreros con la cabeza aún mojada y mecanógrafas con las mejillas frescas.

Escribió José Alvarado:

> El sol barre la escoria de la noche y los pasillos de las vecindades... recién regados, dejan escapar una limpia humedad y permiten contemplar las macetas de geranios y las jaulas de los pájaros. En una esquina, una pequeña casa de un piso ostenta su fachada cubierta de enredaderas provincianas y abre sus puertas hacia el alegre tendedero del patio.[163]

Y claro, allí están esos rincones de la ciudad donde la llegada de la oscuridad, "cuando se encienden las llamas decadentes de los puestos de hojas con alcohol y se apagan las lámparas de la mesa hogareña", da inicio a una vida que la hipocresía de la época se empeña en ocultar:

> Los bebedores llegan al Bombay y al Babalú, a La Conga y el London. En el oscuro y estrecho callejón de San Camilito se esconden los vendedores de marihuana disfrazados de boleros y el sombrío pasillo de la Amargura da entrada a los tugurios de la cerrada Plaza de Tlaxcaltongo... uno que otro gendarme se refugia a jugar cubilete en la cervecería que abre sus puertas en la esquina de Montero. No falta un rincón donde han encendido una fogata papeleritos y niños callejeros.[164]

## 10

A partir de la quinta década del siglo xx empieza una etapa de franca modernización, entendiendo por este término "la brusca y forzada transformación de un país preindustrial, rural, campesino y con poderosas atmósferas indígenas, aparentemente aislado de la vida occidental y arraigado en modos tradicionales y más o menos pintorescos, en un país industrial y urbano".[165] Escribió Paz: "No sé si la modernidad es una bendición, una maldición o las dos cosas. Sé que es un destino: si México quiere ser, tendrá que ser moderno".[166]

Según Fernando Benítez, por eso la pregunta de los años anteriores cambia: "Ya no interesa quién es el mexicano sino cómo es el mexicano y considerar la realidad en que se mueve".[167]

Se trata de un tiempo de "cambio de piel", para usar la expresión de Carlos Fuentes, en la que se instalan otra mentalidad, otros gustos, otras costumbres, otros mitos, porque "la Revolución se bajó del caballo y se subió al Cadillac", como diría Luis Spota.[168] Un tiempo en que como había dicho Paz:

Hemos dejado de ser materia inerte sobre la que se ejerce la voluntad de los poderosos. Éramos objetos, empezamos a ser agentes de los cambios históricos... Somos por primera vez en nuestra historia contemporáneos de todos los hombres.[169]

Y en efecto, la característica central de la cultura en general y, sobre todo de la literatura, fue el fin del nacionalismo "que amenazaba con petrificarse tramposa y fastidiosamente", según afirmó Carlos Monsiváis,[170] y que tenía hartos a los lectores: "De la Revolución ya no quiero leer nada".[171]

Emblemáticos del momento son precisamente Fuentes con *La región más transparente* y Spota con *Casi el paraíso*, esfuerzos de "un realismo totalizante" como les llama Emmanuel Carballo,[172] que hacen retratos de la sociedad de la época, verdaderos murales de la vida mexicana del medio siglo, con sus personajes paradigmáticos: nuevos ricos, actrices, políticos, obreros, marginados, "tristes y vulgarísimos burgueses, chicas de aire, caramelos y films americanos, juventudes ice cream rellenas de basura, desenfrenados maricones que devastan las escuelas, la plaza Garibaldi, la viva y venenosa calle de San Juan de Letrán" (escribió Efraín Huerta),[173] de esa ciudad de México "ojerosa y pintada" (la describió Agustín Yáñez con frase de López Velarde),[174] "amplia y dolorosa donde caben los perros, la miseria y los homosexuales, las prostitutas y la famosa melancolía de los poetas, los rezos y las oraciones de los cristianos. Ciudad negra o colérica o mansa o cruel, o fastidiosa nada más: sencillamente tibia. Ciudad tan complicada, hervidero de envidias, criadero de virtudes deshechas al cabo de una hora" (también según Huerta).[175] Una ciudad en la que surgen rascacielos y "hay que tirarse de cuarenta pisos para reflexionar en el camino" (dijo Germán List Arzubide).

La vida nocturna era muy animada, en los "night clubs" se bebía y bailaba y, como escribió José Agustín, "había una atmósfera de fiesta colectiva".[176] Así lo relata Carlos Martínez Assad:

Se comía en el Ambassadeurs y el Ciro's, en el Centro Gallego, en el Prendes, el Tampico, el Bellinghausen, Las Cazuelas, la Fonda Santa Anita y el Edén... Se adquirían libros en las librerías Robredo, Porrúa, de Cristal y las editoriales Botas y Espasa Calpe producían libros a todo vapor. Las galerías de arte aparecían por todas partes... modernos transportes eléctricos y camiones, numerosos taxis y autos particulares transitaban por sus anchas avenidas.[177]

Lo anterior no quiere decir que la vieja manera de escribir novelas y las viejas preocupaciones hubieran desaparecido del todo. Eso no hubiera sido posible ni por el propio proceso cultural en el que no se cortan de tajo las cosas, ni por la realidad de un país en el que la pobreza y el atraso seguían a la orden del día para las mayorías.

Juan Rulfo es el ejemplo paradigmático, con sus relatos que siguen encontrando lo más genuinamente mexicano en el campo y en los pueblos desolados y desesperanzados:[178] "Los días comienzan y se acaban. Luego viene la noche. Solamente el día y la noche hasta el día de la muerte";[179] "La tierra es empinada. Se desgaja por todos lados en barrancas hondas, de un fondo que se pierde de tan lejano".[180]

Además de él, Elena Garro, Juan José Arreola, Tomás Mojarro, Rosario Castellanos, escritores que con la misma vocación totalizadora elaboran una ficción en la que conviven la vida de todos los días y los mitos, las viejas costumbres y los nuevos modos de relatar.

México seguía siendo un país profundamente desigual. Así lo había advertido Carlos Fuentes:

Tú que gritas los pescados y las legumbres, tú que arrastras los pies en el cabaret... tú que corres lejos a cruzar el río granizado de plomo y a arrancar las naranjas vecinas, tú, tú tameme, que no supiste ni cuándo, que sientes a los hijos salir chupados y negros, que buscas qué comer, que duermes en los portales, que viajas de mosca en los camiones, que no sabes hablar del dolor, tú que nada más te aguantas, tú que esperas en cuclillas, tú que ya sientes las ganas, tú que te quedaste solo en una barriada donde hay que defenderse, tú que no tienes zapatos, que te llenas de fritangas y aguardiente, tú que te fuiste y llegaste y te volviste a ir sin que nadie pronunciara la palabra de bienvenida o de adiós... Ustedes que fueron los contados, los elegidos del reino de la tuna: ustedes que viajan y van y vienen y poseen un nombre y un destino claro... que construyen carreteras y altos hornos y sociedades anónimas y consorcios industriales y comparten su consejo de administración con míster aquiteinvierto... y ustedes que van del jockey al versalles al ambar al focolare al club de yates al penthouse de don lameculo... y ustedes que ancho es el mundo y ustedes con bidet y lociones y ustedes que tienen su nombre, su nombre.[181]

José Alvarado y Renato Leduc emprenden, como diría Vicente Leñero, "una búsqueda de los increíbles fenómenos populares".[182]
Escribe Alvarado:

Los mariachis llenan la calle, desparramando al aire libre sones jaliscienses y michoacanos que más o menos púdicas señoritas escuchan desde los automóviles, mientras en las tabernas, hay mozos que discuten la desesperanza al calor de ponches de granada con corazones de nuez y viejos que, todavía, arreglan enfáticamente la República, enardecidos con el tequila de perlitas.[183]

Y escribe Leduc:

A la salida de los gallos, de la partida, de los tablados, no hay feriante ni familia local que no pase a saborear el plato de pollo, de enchiladas u otro antojito a los puestos alineados a un costado del bello Jardín de San Marcos y a bromear sanamente con los afeminados que los atienden: son hacendosos, serviciales, amables y discretos, unas pobres muchachas que se ganan la vida honradamente, según explicó uno de ellos al gobernador Rodríguez quien los conminaba a que se ataviaran y se pintarrajearan menos escandalosamente. En ellos se duplica todo el repertorio del cine nacional: hay la Pinal, la Tongolele, la María Félix, la Toña la Negra, etc.[184]

**11**

El México de la sexta década del siglo xx vio nacionalizar la industria eléctrica, invertir en petroquímica, imponer nuevas políticas fiscales y comerciales, estimular a la recién nacida industria nacional, construir presas, carreteras, hospitales y hasta museos (puesto que la cultura se empezó a considerar parte esencial de la modernidad), dedicar recursos a la educación, salud y vivienda y aumentar los salarios y las prestaciones de los trabajadores, lo cual dio por resultado un aumento en el consumo de bienes entre amplios sectores sociales y el crecimiento de las clases medias.

Millones de personas abandonaron el campo empobrecido y los pueblos sin trabajo para irse a las ciudades, en las que había mejores oportunidades y condiciones de vida. Si todavía en 1940 México era una sociedad predominantemente agraria y rural en la que 70% de la población vivía en localidades de menos de 2,500 habitantes, en los años sesenta llegó a ser mayor el número de habitantes de las ciudades,[185] lo cual aunado al hecho de que disminuía notablemente la tasa de mortalidad y se incrementaba la esperanza de vida en alrededor de veinte años.[186]

Pero si todas las zonas urbanas crecieron, ninguna como la capital, que recibió a millones de personas que querían trabajar, estudiar, colocarse políticamente, ascender socialmente o que simplemente sabían que, como había dicho Salvador Novo, era el mejor lugar para "plantarse en la vida".

La Ciudad de México se convirtió no sólo en el centro sino en el sueño, no sólo en la cabeza sino en el corazón, no sólo en la meta sino en el medio. En ella surgieron fábricas, empresas y comercios, restaurantes y escuelas, centros de diversión y colonias residenciales. El ruido de los cláxones, el olor a gasolina, el movimiento constante eran su marca. Como escribió el poeta Rubén Bonifaz Nuño:

> En muy pocos años ha crecido
> mi ciudad. Se estira con violencia
> rumbo a todos lados; derriba, ocupa,
> se acomoda en todos los vacíos,

> levanta metálicos esqueletos
> que, cada vez más, ocultan el aire
> y despierta calles y aparadores
> se llena de largos automóviles sonoros
> y de limosneros de todas clases.[187]

Pero sobre todo, los sesenta vieron un cambio cultural, pues resultaba atractiva la modernidad al estilo de Estados Unidos. Lo "mexicano" —entendido como lo costumbrista, popular y social, que es lo que había cristalizado como su esencia— aparece como lo viejo y lo inmóvil, mientras que lo norteamericano representa lo dinámico y deseable.

El arte y la literatura también vivieron este proceso. Margo Glantz lo puso así: Escribir "sin regiones transparentes, sin indios ensombrerados, sin mujeres enlutadas de pueblos del Bajío, sin caciques rencorosos, sin esquemas sociológicos del México posrevolucionario";[188] y según Carlos Fuentes: había que dejar atrás Comala, nuestro pasado y mirar a Nueva York, nuestro futuro.

Los escritores "se asumieron como críticos de las costumbres, el paisaje, la literatura, la moral, la inteligencia, la política del país",[189] se propusieron la renovación y diversificación de las letras y retrataron a sus personajes "no ya en la abstracción sino en la concreción de los mexicanos en lo social o individualmente considerados".[190]

Fuentes señala la nómina de autores de la época: "Chumacero, Sabines, García Terrés, Bonifaz Nuño, Montes de Oca y Pacheco en la poesía… Rosario Castellanos, Carballido, Galindo, García Ponce, Aridjis, Melo y De la Colina en la narrativa…".[191]

Desde mediados de la década, el ensalzamiento de lo juvenil fue la tónica: la música de rock, las minifaldas y las drogas, además de las pastillas anticonceptivas, el permiso que hacía falta para ejercer la sexualidad.

Los jóvenes no querían saber del orden, del poder, de la familia. Se sentían los dueños del mundo y sólo querían divertirse, "alivianarse" como se decía entonces. El escritor José Agustín habló por ellos (como ellos, desde ellos), con un lenguaje fresco e irreverente:

> Detrás de la gran piedra y del pasto, está el mundo en que habito. Siempre vengo a esta parte del jardín por algo que no puedo explicar claramente, aunque lo comprendo. Violeta ríe mucho porque frecuento este rincón. Eso me parece normal: Violeta es mi madre y le encanta decir que no estoy del todo cuerdo.[192]

Cada vez fue menos posible hacer el gran retrato y la mirada de los escritores empezó a estar más acotada, centrada en los pequeños mundos que se conforman dentro de la gran ciudad. Se harán cada vez más frecuentes las novelas y relatos sobre colonias y barrios de la capital o sobre grupos específicos, y el mismo fenómeno se producirá a nivel nacional, pues verán la luz narrativas de regiones particulares.

En esos años, empezó a anunciarse una nueva literatura, preocupada por lo personal y lo íntimo, que dejó de hablar en nombre de la historia, la sociedad, la nación, y prefirió hablar del individuo: Juan García Ponce, Inés Arredondo, Amparo Dávila, María Luisa Mendoza se regodean en sí mismos, en sus familias, amores y sentimientos, miedos y deseos.

En el extremo de esta tendencia, Salvador Elizondo, Sergio Fernández y Julieta Campos de plano hacen una narrativa que "no se sostiene ni sobre la realidad exterior ni tampoco sobre un argumento",[193] sino que sólo se interesa en el espectáculo creado por las palabras (por eso Claude Fell la llamó "de la creación creándose").

¿Qué mundo existe en la Sabina de cabellos rojos de Campos, que solamente contempla? ¿O en el del Elizondo que escribe: "Escribo que escribo y también puedo verme que escribo. Me recuerdo escribiendo ya y también viéndome que escribía. Y me veo recordando que me veo escribir y me recuerdo viéndome recordar que escribía"?[194] El proyecto de esta escritura y de estos escritores es muy claro: "Me interesa la pureza, el no compromiso".[195]

Pero en 1968, un movimiento estudiantil que "concretaba y expresaba claramente una aspiración generalizada: la de conquistar, para distintos grupos sociales, el derecho a organizarse con autonomía, fuera de la tutela estatal",[196] salió a las calles a exigir al gobierno espacios de participación y democracia y se estrelló contra la represión que dejó muchos muertos.

Fue un golpe que alteró la vida intelectual, haciendo que los pensadores y escritores "volvieran los ojos al suelo de México", como hacía años había pedido Antonio Caso.[197]

La crónica, la novela y la poesía empezaron relatando los hechos sangrientos de la represión.

Escribe Luis González de Alba:

A las cuatro y media salimos hacia Tlatelolco... Cuando llegamos ya había empezado el mitin... La Plaza de las Tres Culturas es una explanada situada en alto, se sube a ella por varias escalinatas y por un costado, está cortada a pico para dejar al descubierto las ruinas prehispánicas recientemente restauradas. Sobre las ruinas fue construida en el siglo XVI una pequeña iglesia: Santiago de Tlatelolco. Pasamos entre un grupo de niños que jugaba sin prestar atención a los discursos. Algunos vendedores se abrían paso entre la multitud. Al fondo de la plaza se veía entrar a nuevos contingentes que desenrollaban sus mantas y elevaban los carteles... Dos helicópteros volaban, desde unas horas antes, trazando círculos sobre la plaza y en cierto momento... empezaron a descender hasta que los círculos que dibujaban quedaron por abajo de los edificios que rodean la plaza... Entre las voces y gritos empezaron a escucharse claramente los disparos... Al mirar frente a mí, a lo lejos, hacia el fondo de la plaza, vi que el puente de acceso estaba ocupado por el ejército a todo lo largo. Estábamos totalmente cercados y desde los cuatro extremos los soldados avanzaban a bayoneta calada... El suelo estaba empapado de sangre... Cuando el fuego era más intenso y no se podía ni levantar la cabeza nos cubríamos con los cuerpos de los muertos; la plaza es completamente lisa, ¿te imaginas? Yo levanté la cabeza... y vi, como si fuera un fantasma, a una niña que se acercaba despacio y con los ojos muy abiertos, llevaba una bolsa de pan que apretaba entre las manos, seguro en su casa la habían mandado al pan y de regreso se detuvo en la plaza; la llamé ¡ven, tírate al suelo! ¡agáchate! pero siguió caminando entre los cuerpos caídos, sin soltar la bolsa y con los ojos abiertos y secos, las balas le zumbaban sobre la cabeza, creo que ni siquiera me oyó.[198]

Y se siguieron haciendo la observación cuidadosa del entorno social, siendo extremadamente politizadas y pretendiendo presentar un retrato crítico de la sociedad, o como lo pone Ignacio Trejo, "una indagación lúcida y eficaz en torno al acontecer nacional",[199] retomando la tradición más significativa de la literatura nacional, pero con los nuevos lenguajes y técnicas narrativas, así como con las nuevas preocupaciones del día: la ciudad, la vida cotidiana y la violencia:[200] "Aquí sabemos a qué sabe la muerte/ Aquí sabemos lo que sabe la muerte", escribió José Emilio Pacheco.[201]

Según Héctor Aguilar Camín y Lorenzo Meyer:

> La del 68 fue una crisis política, moral y psicológica, de convicciones y valores, que sacudió los esquemas triunfales de la capa gobernante; fue el anuncio sangriento de que los tiempos habían cambiado sin que cambiaran las recetas para enfrentarlos.[202]

La literatura da fe de un país sumido en una profunda crisis social, resultado de años de vivir en un sistema depredador, de corrupción y negligencia. Poetas como el grupo La Espiga Amotinada escriben "queriendo tener que ver con la vida, ser radicales, servir para algo".[203] Otros lo hacen para evidenciar el desconcierto: "Y en la incertidumbre habíamos fincado esta certidumbre", escribe Jaime Reyes.[204]

Son textos que hablaron del desplome de las ilusiones y, al mismo tiempo, experimentaron con el estilo y el lenguaje en su más amplia diversidad: desde el "enfermo de trascendencia" (Jorge Ayala Blanco) hasta el coloquial "que se quiere desacralizador" (Adolfo Castañón).

## 12

Los setenta fueron caracterizados por Julio Scherer así: "Había descendido sobre el país una tristeza agria, malsana".[205] Gabriel Zaid escribe:

> Me empiezan a desbordar los acontecimientos
> (quizá es eso)

101

y necesito tiempo para reflexionar

(quizá es eso).[206]

Fue el inicio de otro México: al fin de la fiesta desarrollista como le llamó Monsiváis, siguió la fiesta petrolera y del derroche, devenidas en docena trágica.

Los sucesos de la vida política, los despropósitos y desperfectos de la vida económica provocaron gran inquietud. Fueron años de desesperanza y rabia y eso se ve en la poesía y el ensayo: Daniel Cosío Villegas se pregunta: ¿Por qué la biografía presidencial se convierte en destino nacional?, Jorge Carpizo: ¿Por qué nuestra vida política es pura demagogia?, y Luis Pazos: ¿Cómo es que estamos indefensos ante gobiernos insaciables?

En la novela, Vicente Leñero "hiperrealista" —así lo ha llamado un crítico— es "bastante innovador en cuanto a técnicas de narrar".[207] Sus novelas (no todas, porque también va a interesarse por la metaficción) son reconstrucciones casi documentales de hechos y lenguajes (*Los albañiles, Los periodistas, Asesinato*) y Ricardo Garibay logra, según Monsiváis, escribir "la crónica mural más ambiciosa del periodismo mexicano en los años recientes"[208] (*Bellísima bahía, Las glorias del Gran Púas, Acapulco*):

> Dos parejas de gringos en el cuarto contiguo. Veintitantos años. Ellas son feas y atléticas; los hombres pelirrojos, greñas y barbas. Sucios. Los he visto, orilla de las carreteras, guitarreando, cantando; su camioneta atiborrada de utensilios para bucear y pescar.[209]

La crónica que se gestó en estos años recorrió el camino desde el optimismo de los tiempos del llamado "milagro" hasta su abrupto fin con la represión al movimiento estudiantil y desde los setenta con su enloquecido despilfarro y corrupción, hasta la llegada de la crisis en los ochenta.

Pero a diferencia de lo que había sido el género a lo largo de la historia nacional, esta vez no sólo estuvo allí para dar fe de lo que eran México y los mexicanos, sino también para dar voz a quienes no tenían cómo hacerse escuchar.

De esta manera, adelantándose a y coincidiendo con, o precisamente en razón del cambio que se acostumbra llamar "transición a la democracia", la crónica de fin del siglo xx desempeñó su parte en la transformación de las formas tradicionales del funcionamiento político, de las costumbres sociales y de las maneras de pensar.

Sus cultivadores fueron influyentes en la vida pública y en las ideas, voces contundentes, firmes y coherentes, que trabajaron con disciplina y rigor para cumplir con esos objetivos.

Y los lectores los reconocimos y seguimos, pues engrandecieron al género y le dieron gran esplendor. Y no sólo eso: se convirtieron en guías ideológicas y morales. Sobre ellos hablaremos en el siguiente capítulo.

## 13

Los ochenta, escribió Agustín Gendrón, empezaron a balazos cuando un fanático asesinó a John Lennon.[210] Fue la década de Reagan, Thatcher, Pinochet y la derecha triunfante en el mundo.

Y en México, llegaron con una crisis tan brutal que al iniciar su mandato, el nuevo presidente dijo que "el país se deshacía entre las manos".[211] Y de allí en adelante, "no pasó un solo mes sin escuchar o leer la expresión de que la vida mexicana está en crisis".[212]

Escribió Gendrón:

> Miguel de la Madrid: su sexenio se inició con la caída del peso, siguió con la caída de medio centro histórico de la capital, y terminó con la caída del sistema en las elecciones del 88, así que por lo menos no lo podrán acusar de falta de congruencia.[213]

¿Era ésta la modernidad en la que tanto nos habíamos empeñado? ¿Dónde había quedado el país pujante, optimista y hasta vanidoso que habíamos sido en los años cuarenta, cincuenta y sesenta? ¿En qué acabaron las promesas, a dónde habían ido a parar las ilusiones, los engreimientos sustentados sobre Eldorado petrolero en la década anterior?

Y sin embargo, un cambio significativo estaba teniendo lugar: eran los esfuerzos, emprendidos por la generación que vivió el 68, para democratizar al país, limpiar sus elecciones, considerar de otro modo el lugar y papel de los ciudadanos (incluidas las mujeres), conseguir libertad de expresión y respeto a los derechos humanos y al medio ambiente.

Por eso la elección del siguiente presidente generó mucha polémica y mucho enojo:

> El 6 de julio de 1988 íbamos a empezar la revolución después de desayunar en el Lynis. Estábamos dispuestos a defender el voto con la vida. Para las seis de la tarde los reportes eran de lo más optimista. El partidazo en el poder encontraba su noche triste. El error consistió en que lo festejamos prematuramente. El anuncio de la caída del sistema nos sorprendió a eso de la una de la madrugada, pero no nos arredró. ¡A la calle! ¡México se levantaría!
>
> Afuera, ni un alma, ni siquiera una patrulla, ni un peatón, ni carros. Juro que caminamos varias cuadras y nadie había. Se robaban la elección presidencial, el futuro, la esperanza... y nadie había.[214]

Según Macario Schettino, "por unas horas el país se encuentra en los bordes mismos de la guerra civil".[215] Pero no fue así, y la vida siguió su curso, la nación en manos de un mandatario que consiguió enderezar la economía[216] y proponer un Tratado de Libre Comercio con Estados Unidos y Canadá que, según él, nos haría entrar a la globalización y salir para siempre del Tercer Mundo.

Noventa millones de habitantes vivían en el territorio de México, la mitad de ellos menores de treinta años. "El ámbito de las multiplicaciones despoja de sentido a las profecías, obstinadamente minimiza todas las pretensiones triunfalistas", escribió Monsiváis.[217]

Tan sólo en la capital y su zona conurbada se apretujaban casi veinte millones de personas, para quienes la otrora ciudad de los palacios se había convertido en "monstruosa" según Octavio Paz, "un albañal", "la antepenumbra del infierno" según Margo Glantz, "la que todo lo envilece" según Elena Poniatowska, el "detritus federal" según sus habitantes.

Escribe Ricardo Castillo: "¿Quién es esta ciudad que no conozco? ¿Quién este enjambre donde me veo repetido, atrapado?".[218]

Carlos Monsiváis la resume: "El alma se cultiva en los embotellamientos",[219] "La economía subterránea desborda las aceras".[220] Y Néstor García Canclini la explica: "La selva de calles y avenidas, parques y plazas, grandes arterias y atajos en que se ramifica la metrópolis... las dificultades para desplazarse y la tendencia a recluirse en la vida doméstica... las percepciones y los saberes fragmentados que se obtienen".[221]

El primero de enero de 1994, el mismo día en que entraba en vigor el TLC, en el sur del país, un grupo armado se levanta contra el gobierno. Se llamaban a sí mismos "Ejército Zapatista de Liberación Nacional" y eran indígenas armados, encabezados por un intelectual de la capital.

La sociedad mexicana se sorprendió y conmovió con estos hombres y mujeres cuya pobreza y discurso hacían patente el fracaso del proyecto salinista y de todos los proyectos políticos que durante dos siglos no habían podido dar a los mexicanos adecuados niveles y condiciones de existencia. "El sueño de convertirnos en país del primer mundo se convertía en pesadilla" y "la crisis, la nueva y la misma, estaba de regreso", escribió Macario Schettino.

La literatura (con pocas excepciones) no dio cuenta de estos procesos, pues si algo puede decirse de ella, es que ya para entonces, los escritores dejaron de mirar a su alrededor para sólo seguir "la pendiente de sus propias preocupaciones" como dijera un crítico: Ignacio Solares y Hernán Lara Zavala, David Martín del Campo y Agustín Ramos, María Luisa Puga y Silvia Molina, Marco Antonio Campos y Alberto Ruy Sánchez, Coral Bracho y Carmen Boullosa, anunciaban lo que sería la característica de los noventa: una visión del mundo que se centraba en el individuo y en la que el mundo desaparecía. Escribe David Huerta: "¿Ves el mundo salir de las ardientes/comisuras dando vueltas/como un pedazo ciego de creatura?".[222]

A mediados de la década, la publicación de *Arráncame la vida* de Ángeles Mastretta dio inicio a un boom literario de mujeres escritoras, algunas con gran éxito de público, de ventas y de traducciones internacionales, algo que repitió unos años después Laura Esquivel con *Como agua para chocolate*. El éxito se debió, según un estudioso, a "el regreso a contar historias", y según yo, a que era una narrativa que "se salía del esquema de lo que era importante contar y de cómo había que hacerlo. De repente la vida cotidiana, los amores, deseos y frustraciones, los quehaceres femeninos, se volvían asuntos significativos. Ello permitió que se devolviera a los lectores y sobre todo a las lectoras, situaciones y lenguajes en los que éstos se reconocían".[223]

En el paisaje literario surgen autores: Daniel Sada, de "osados experimentos con el lenguaje",[224] Jesús Gardea de "denso lirismo",[225] y ya en los noventa, Jorge Volpi contador del siglo xx, de su historia, de su ciencia y, como dice Martín Solares, de su "misterio",[226] Juan Villoro y David Toscana "que tratan de relaciones humanas en las cuales los personajes suelen sufrir ante la problemática de cómo sobrevivir en un mundo vacío de valores auténticos… y caracterizado por el aburrimiento… y en términos estrictamente estéticos y formales no son innovadores",[227] Ana García Bergua con su "fondo carnavalesco donde las miradas, los gestos, las insinuaciones adquieren más peso que los diálogos y los razonamientos"[228] y Cristina Rivera Garza, que "altera la realidad y la describe de manera alucinante".[229]

Escribe Rivera Garza:

> Abajo de la piel, entre los huesos blanquecinos, el desierto. Gramos de tierra que se arropan bajo los dientes, tapan los poros de la cara y borran todas las imágenes de los espejos.[230]

México terminaba el siglo xx endeudado, pobre y, sobre todo, desigual, ocupando "el lugar de honor en un selecto club de países depredados y empobrecidos".[231]

Y empezaba el xxi con una economía en la que el grueso de los ingresos provenía de manera sustantiva solamente de dos fuentes: la venta del petróleo y las remesas de los migrantes que abandonaban el país para ir a trabajar a Estados Unidos y Canadá.

En la primera década de la centuria, un nuevo problema se agregó a los anteriores: el narcotráfico. La situación geográfica había convertido al territorio en lugar privilegiado para el paso de la droga, puente entre los países productores de América Latina y Estados Unidos, la nación que ,en palabras de su propio presidente "es la que más la consume en el mundo".[232]

El narco llegó acompañado de la violencia. Todos los días se secuestra y se desaparece, se tortura y se asesina, por igual a civiles que a policías, a niños que a adultos, a mujeres que a hombres, "y el gobierno es incapaz de controlar su territorio", afirma un estudioso.[233]

La novela, la poesía y la crónica dan fe de ello, como veremos más adelante, cumpliendo una vez más con su objetivo de recoger la realidad.

# LOS AÑOS DEL ESPLENDOR

*Polvo serán, más polvo homenajeado.*
CARLOS MONSIVÁIS

Los últimos treinta años del siglo XX ven surgir a grandes cronistas y ven convertirse a la crónica en gran literatura y en gran influencia social.

## 1. La crónica como literatura

Carlos Monsiváis se interesa en cómo vive la gente: cómo se organiza, cómo lucha, cómo se divierte, qué lee, ve y oye, cuáles son sus ídolos.[1]

Las crónicas de Monsiváis son el resultado de una mirada intelectual, entendido esto en dos sentidos: el primero, la voluntad de recoger lo que pasa para construir un panorama lo más amplio y completo posible de lo que es México y lo que son los mexicanos, que sirva para "darle voz a este país que informe y caóticamente va creciendo entre las ruinas del desperdicio burgués y la expansión capitalista"; y el segundo, el de la independencia de pensamiento. Para el cronista, ambos objetivos significan una misma cosa: "Representar a las minorías de vanguardia y proteger a las mayorías astrosas". Y a ambos se dedica con fruición.

En 1970 fue *Días de guardar*, un libro que da fe de un momento definitivo que abre el México de hoy: "Cuando chocaron las tradiciones rurales con las urbanas en las vecindades capitalinas".

Se trata de "imágenes que informan de una realidad": la de un país que forjaba una personalidad moderna con "el crecimiento de la industria, el desenvolvimiento de la banca, el impulso desarrollista de las ciudades" y también con el paso a ser una sociedad de masas. Escribe Monsiváis: "México y la explosión demográfica, México y el auge de la burguesía nacional, México y las inversiones extranjeras".

El México de esos tiempos es un híbrido en el que se suceden por igual los tradicionales paseos de los domingos en la Alameda y las ceremonias oficiales en la provincia, los conciertos de rock y las obras teatrales traídas del extranjero como *Hair*, esa comedia musical norteamericana en la que los actores aparecen desnudos en escena y sacan a la luz las tendencias del día de festejar el cuerpo y oponerse a la guerra.

La Ciudad de México es por igual el teatro Blanquita que la Zona Rosa ("centro comercial que aspira al status de símbolo cultural"); David Alfaro Siqueiros pintando un gigantesco mural en el Polyforum, que José Luis Cuevas criticando al "infecto bastión de Bellas Artes"; el cantante español Raphael que vino aquí a empezar a ser famoso, que la declamadora argentina Bertha Singerman que vino aquí a recoger sus últimos laureles. La cultura nacional es al mismo tiempo la de Juan Orol y Jorge Negrete y la que recibe con brazos abiertos a Los Doors y Los Beatles; es a un tiempo la de los nacos y la del "camp", ese término acuñado por la ensayista norteamericana Susan Sontag para dar fe de un estilo de vivir, es Alejandro Jodorowsky con su "teatro pánico" y son los cineclubes a los que llegan películas europeas precedidas de grande fama así como el cine propio —Arau, Joskowicz, Cazals, Ripstein, Olhovich, Isaac y Leduc— con sus esfuerzos por "llevar la experimentación a sus últimas consecuencias",[2] son los suplementos culturales, las galerías de pintura que exhiben cuadros abstractos, los libros que causan sensación como la novela *Rayuela* de Julio Cortázar y los de Carlos Castaneda sobre las enseñanzas de un viejo indio mexicano, y las telenovelas.

Empiezan los años de "la norteamericanización arrasadora": "Venga a nos el universo de los hoteles disneylándicos: Continental Hilton, María Isabel Sheraton, Fiesta Palace. Venga a nos el reino de los grandes almacenes y las cadenas de restaurantes, el reino de Denny's, Sanborns, Aurrerá, la televisión a colores y el autoestéreo, las tarjetas de crédito". Años a los que Monsiváis relata y homenajea, hasta que terminan abruptamente, según el cronista, el 2 de octubre de 1968, cuando la represión al movimiento estudiantil "decapitó la inocencia mexicana". La matanza de Tlatelolco, escribió, fue "un tajo histórico" y partir de entonces ya nada será igual.

En 1977 fue *Amor perdido*, "anotaciones de un mundo circular en cuya estabilidad, eficacia y ánimo invulnerables casi todos creían sin mayores reservas hasta hace poco tiempo".

Se trata de crónicas en las que está presente "La Patria", con todo y los líderes charros que la acompañan, los políticos que la habitan, los ricos que la despojan y los escritores que la relatan. Aparecen aquí cantantes que son modos de vida (Agustín Lara y José Alfredo Jiménez); creadores que son modos de pensar (José Revueltas y David Alfaro Siqueiros); líderes que son síntesis y representación de nuestra cultura política (el dirigente obrero Fidel Velázquez, la obsesión del cronista); figuras del espectáculo como Raúl Velasco o Irma Serrano (la burla del cronista); escritores como Salvador Novo (la admiración del cronista).

Al hacer el análisis de los significados culturales de estos personajes, al rastrear el sentido y orígenes de su éxito público, Monsiváis no sólo nos conduce por los caminos de la cultura popular y del modo de ser de los mexicanos a lo largo del siglo XX, sino que, sobre todo, nos recuerda lo que somos al advertirnos (Oh, Israel) que éstos son nuestros dioses.

En 1987 fue *Entrada libre. Crónicas de la sociedad que se organiza* el libro más adolorido del cronista, en el que se pregunta cuánto falta en México para lograr el ejercicio pleno de la democracia. Y la respuesta, dice, se da a partir "del crecimiento de la idea y la realidad de la sociedad civil", de "quienes ejercen la democracia desde abajo y sin pedir permiso", de aquellos que "amplían sus derechos ejerciéndolos" y en donde se ve el enfrentamiento con el poder y "a ver quién se cansa primero".

En estas crónicas están las colonias populares, las amas de casa, los obreros y estudiantes y hasta los niños politizados sin necesidad de escuelas activas. Son relatos de lo que nadie cuenta, de lo que los noticieros no consignan, de los momentos en que sucedieron grandes desgracias o cristalizaron grandes luchas o gran solidaridad: los terremotos del año ochenta y cinco en la ciudad de México; las explosiones de gas de San Juanico con sus muertos y su cauda de chistes; Juchitán, el municipio de Oaxaca en donde gobernaron las organizaciones populares luego reprimidas; la disidencia magisterial con sus huelgas de hambre, sus marchas a la capital y sus asesinatos; el movimiento urbano popular y el movimiento estudiantil.

Son, pues, relatos del "fatigoso aprendizaje democrático", sembrado de larguísimas asambleas, con oradores "que apenas aprendieron a hablar en público y todavía no conocen lo que es la síntesis", de caminatas por las carreteras del país y las calles de la ciudad hasta recintos institucionales que siempre permanecen cerrados para ellos, con autoridades sordas, ciegas y mudas; relatos de organización ciudadana, "ciertamente acciones épicas" dice el cronista, momentos de autogestión que "suplen a una burocracia pasmada o sobrepasada" y que representan el ingreso a la vida nacional de grupos sociales que jamás habían mostrado interés en ella o a los cuales no se les había dado oportunidad.

Son relatos, en fin, de la solidaridad humana, como la ocurrida después de los temblores de 1985:

> Convocada por su propio impulso, la ciudadanía decide existir a través de la solidaridad, del ir y venir frenético, del agolpamiento presuroso y valeroso, de la preocupación por otros que, en la prueba límite, es ajena al riesgo y al cansancio. Sin previo aviso, espontáneamente, sobre la marcha, se organizan brigadas de veinticinco a cien personas, pequeños ejércitos de voluntarios listos al esfuerzo y al transformismo: donde había tablones y sábanas surgirán camillas; donde cunden los curiosos, se fundarán hileras disciplinadas que trasladan de mano en mano objetos, tiran de sogas, anhelan salvar siquiera una vida. Taxistas y peseros transportan gratis a damnificados y familiares afligidos; plomeros y carpinteros aportan seguetas, picos y palas; los médicos ofrecen por doquier sus servicios; las familias entregan víveres, cobijas, ropa; los donadores de sangre se multiplican; los buscadores de sobrevivientes desafían las montañas de concreto y cascajo en espera de gritos o huecos que alimenten esperanzas. Abunda un heroísmo nunca antes tan masivo ni tan

genuino, el de quienes inventan como pueden métodos funcionales de salvamento. Tal esfuerzo colectivo es un hecho de proporciones épicas.

Los relatos monsivaianos son también, y de una vez, franca acusación: el verdadero fondo de los problemas son los sindicatos corruptos, los sueldos de hambre, las transas, "el desastre social que anticipa a la furia geológica", las mentiras, la miseria, la inexistencia de leyes que protejan, la falta de alternativas, el despojo, la represión. Y frente a estas situaciones el cronista, sin ninguna ironía ni humor, es absolutamente parcial dado que ellas "no admiten el método Rashomon": no hay ninguna justificación posible a la negligencia y la voracidad, a la corrupción y el autoritarismo.

Monsiváis está de modo inequívoco con los oprimidos y explotados y considera que siempre la razón está de su lado. Y además, afirma que ya nadie podrá detener el avance de la resistencia civil aunque no le hagan caso, aunque no le solucionen sus demandas, aunque la repriman, simple y sencillamente "porque la sociedad ya es incapaz de soportar por más tiempo la tensión".

En 1988 fue *Escenas de pudor y liviandad,* un libro que cuenta cómo se divierten los mexicanos, los pobres y los ricos, cómo ganan dinero los artistas y qué hacen con su poder los políticos, cómo bailan las secretarias y cómo se emborrachan los padres de familia, quién ve las telenovelas y cómo se emula a los personajes de la televisión.

Hay en estos textos vedettes y estrellas de cine ("esos catálogos de bienes codiciados"); romanticismo y sensiblería (desde los boleros que son "como la seda donde se envuelve el alma" hasta las lágrimas de felicidad que derrama la reina de la belleza de cualquier localidad); mitos (el duro Jorge Negrete y el tierno Pedro Infante, la bella María Félix y la elegante Dolores Del Río, y por supuesto Cantinflas, "ese abismo del sinsentido"); cantantes (desde populares como Juan Gabriel hasta clasemedieros como Emmanuel); burlesques con sus atropellos y gritos; bailes de salón con su formalismo y su ceremonial; jovencitas que van a la caza de autógrafos o ganan un concurso para cenar con el galán de moda. Aquí están la homosexualidad, las costumbres de los ricos, el albur y hasta las tarjetas postales. Es éste un manual de las diversiones urbanas y de las formas para salir de lo cotidiano que han encontrado los mexicanos desde tiempos de la Revolución hasta hoy y desde los nacos hasta los fresas. Es un catálogo de los modos de usar la energía sexual y el tiempo libre y de los modos de olvidar por un rato la miseria y el futuro tan negro.

En 1995 fue *Los rituales del caos*. Para entonces el país había cambiado tanto que lo más importante ya no eran algunos individuos que destacaran por excepcionales o por lo contrario, sino las multitudes que lo pueblan: "El ámbito de las multiplicaciones reta al infinito y despoja de sentido a las profecías, obstinadamente minimiza todas las pretensiones triunfalistas".

México es demasiada gente. Y toda, con un único afán: consumir. Ése se convierte en el objetivo, sentido y fin de la vida, en lo que le da su identidad al ser. Por eso la década de los ochenta es la del "espejismo a plazos", la de la ambición de tener y la pesadilla de la exclusión.

Pero Monsiváis insiste: el mexicano no es esa criatura del descuido, el relajo, el fatalismo y la ineptitud que nos han querido hacer creer, sino el resultado de un capitalismo voraz y depredador, del autoritarismo y la corrupción y la represión. Las masas permanecen sin educación ni empleo ni alternativa, la ciudad desbordada se opone a la imagen de orden y decoro que quisiera la televisión.

En 2009 fue *Apocalipstick*, un libro que aunque se publicó en el siglo XXI, recoge materiales similares y está armado de manera idéntica que los anteriores.

En él, el cronista da cuenta una vez más de su obsesión con la Ciudad de México y su "acumulación de almas" pero también de posibilidades de vida, artísticas, sociales, habitacionales, comerciales, económicas. Porque en ese "apretujadero" hay ricos y pobres, disidentes e indiferentes, muy ocupados y desempleados, hombres y mujeres, vendedores ambulantes, centros comerciales y jóvenes con su celular siempre en mano.

Y él, Monsiváis, recoge todas esas presencias sea en los antros, en los embotellamientos de tráfico, en las fiestas y espectáculos colectivos, en las calles y las plazas públicas, en los multifamiliares y departamentos, en el día y en la noche. Cuando se pregunta por qué llegan y por qué no se van los capitalinos, su respuesta es contundente: "La capital es el sitio de los ambiciosos, los desesperados, los ansiosos de libertad para sus costumbres heterodoxas o sus experimentos artísticos".

Durante más de un cuarto de siglo, Carlos Monsiváis espió a los mexicanos: cuando festejan el día de las madres o el de la Independencia, cuando dicen groserías y lloran con los mariachis. Los siguió cuando van al cine, a las fiestas, a los conciertos, a las manifestaciones, a los antros, a las universidades. Los estudió por todos sus costados, en su pasado y en su presente.

Monsiváis nos ha observado cuando aplaudimos y cuando votamos, nos ha escuchado cuando hablamos en los mítines y cuando conversamos en las cantinas, nos ha acompañado a bailar a los salones y a rezar a las iglesias y a plantarnos en el Zócalo. ¡No se podía hacer nada en este país sin que viniera Monsiváis a sociologizar!

¿Quién como Monsiváis recorrió el camino que va de la Corregidora a Eleanor Rigby, de don Porfirio a Fidel Velázquez, de Ignacio Manuel Altamirano a Salvador Novo, de Celia Montalván a Paquita la del Barrio, de los léperos de principios de siglo a los pachucos de mediados, a los chavos banda de hoy? ¿Quién como él tradujo un poema inglés y debatió con Octavio Paz, recibió una invitación del presidente de la República, otra de Juan Gabriel y una más de los estudiantes de algún rincón de provincia? ¿Quién como él se apareció después del temblor allí donde se recogen los escombros y en el panteón allí donde unas cuantas personas homenajean a Pedro Infante y en Bellas Artes para saludar a los más célebres escritores extranjeros y en el radio para denostar a algún político del día? ¿Quién podía definir con esa tajantez, interpretar con esa lucidez, burlarse de todo, entenderlo todo? ¿Qué fue antes, el lugar común o la frase del Monsi?

Los libros citados son la esencia del Monsiváis cronista. Ellos inventan una temática, pero también un estilo y un lenguaje. Son ellos los que lo convirtieron en cronista y los que lo entronizaron como tal.

Si hubiera que decir en unas cuantas frases en qué consiste la crónica monsivaiana, éstas serían:

- que ha historiado y relatado los fenómenos sociales y usando su propia frase: "Ha deletreado la sensibilidad colectiva";
- que ha mostrado a la sociedad en movimiento (no como foto fija);
- que no ha pretendido ser neutral sino al contrario, es la suya una toma de posición frente a los hechos que siempre es a favor de los grupos más pobres y de los marginales;
- que ha ampliado los límites de lo que se considera cultura, para incluir además de la narrativa, la poesía, el cine y el teatro, a todo un espectro de hechos, individuos, grupos, acontecimientos y procesos tales como la canción vernácula, las costumbres de los jóvenes, los modos de bailar, las telenovelas y los cómics, la fotografía, el vestido y un larguísimo etcétera;
- que no sólo ha recogido la cultura nacional sino que, a su vez, él ha transformado la cultura nacional;
- que nos enseñó a mirar, a leer, a pensar, que nos rompió los esquemas y los límites, y sobre todo, nos quitó esa solemnidad pesada a que tan afectos hemos sido;
- que se ha librado y nos ha librado de todo vestigio de oficialismo, de interpretaciones previas y cristalizadas y de moralina;
- y que todo esto lo ha hecho elaborando un estilo propio absolutamente original y único en México, tan complejo que ni siquiera ha podido tener imitadores. Octavio Paz afirmó por eso que Monsiváis "es un género en sí mismo".

Esto último es clave. Porque más allá de su voluntad temática e incluso de su voluntad ideológica, lo que define a la crónica monsivaiana es una voluntad formal, es decir, una manera de relatar, una manera de usar el lenguaje y de construir los textos que convierten al estilo en la esencia.

Un estilo, por cierto, absolutamente original: un humor que no es para reírse sino para echarle sal a la herida;[3] los epígrafes que dan cuenta de y presentan lo que nos quiere decir el autor, y que incluyen por igual poesía, narrativa, ensayo y canción popular; los títulos de capítulos y subcapítulos que son a la vez descripción, ironía y síntesis de lo que le espera al lector en el cuerpo del texto; la narración fragmentada, que termina por dar el panorama total; la repetición, la enumeración, las frases tajantes (que se volverán memorables), la adjetivación excesiva pero sin que sobre en ella un solo adjetivo; los paréntesis y las mayúsculas que separan lo que el cronista quiere significar de modo particular o sobre lo que quiere ironizar; el uso del idioma inglés como señal de la norteamericanización cultural; los chistes privados, guiños de ojo y conversaciones culturales con otros autores o entre sus propios libros.

Se trata, en fin, de un modo de escribir que es un modo de hablar, que es un modo de pensar en el que el triunfador absoluto es el estilo. El estilo como forma, como contenido, como actitud política, como narración. La prosa libre de toda frivolidad o digresión, siendo que lo que parece es precisamente apuntar a la frivolidad y a la digresión, pero que en su caso no va por ninguna parte que no apunte a su objeto.

Y detrás de la cual una inteligencia lúcida va derivando de lo que parece fugaz aquello que resulta definitivo y de lo que parece superficial aquello que es lo más profundo y va construyéndole un sentido y una historia a cada uno de sus temas que termina por integrarlos a todos en una panorámica de lo que es México y lo que somos los mexicanos.

A todo esto se agrega, además, que el cronista involucra siempre al lector, para demostrarle que ya desde antes era partícipe pero no se había dado cuenta.

José Joaquín Blanco cronica la vida de los mexicanos durante los años ochenta, esa década que tantos consideran desabrida, baldía y blanda y en la que se dice que no pasó nada, si es que nada es la crisis y la constante crisis, si es que nada es el crecimiento demográfico brutal. Una década que por lo tanto estuvo dominada por una angustia atroz.

En *Función de medianoche* (1981), *Cuando todas las chamacas se pusieron medias nylon* (1988), *Un chavo bien helado* (1990), *Los mexicanos se pintan solos* (1990) —ese título que antes de él usaron tres cronistas—, *Se visten novias, somos insuperables* (1993) y *Álbum de pesadillas mexicanas* (2002), Blanco da fe de una constante que se vuelve obsesión: describir a la ciudad y a sus habitantes con sus costumbres y modos de vivir y, dentro de eso, detestar a los ricos y a las clases medias (aunque de ellas el autor se reconoce parte) y admirar de manera total y sin cuestionamientos a los pobres. Así, en negro y blanco, así en malo y bueno, así en feo y bello, respectivamente.

Para Blanco los ricos son siempre arrogantes y vulgares, "con su payez opulenta", sintiéndose pequeños potentados llenos de presunciones ridículas, andando y desandando almacenes y bancos, trepando unos milímetros más en la escala del saqueo y la transa, el cerebro atascado de mensajes electrónicos y de consumo. Y en cambio los pobres, los "no desahogados", los que "no tienen familias decentes", la muchedumbre sucia y astrosa con sus panzas voluminosas, mal nutridos, extenuados y sudados, con los rostros fatigados, atormentados por la miseria y sus cotidianos trajines, y todos son siempre dignos y hasta hermosos.

Una y otra vez las crónicas de Blanco vuelven sobre lo mismo: el México del lujo y el de la pobreza (que llama "de la resistencia cotidiana"); el México de arriba y el de todos los demás; el México de los que se quedan con el botín y el de los muchos desplazados. Y este último es el único que compone "la verdadera patria".

Una y otra vez Blanco escupe su ira y su desesperación, su palabra insultante y ácida y su impotencia por no poder hacer nada para cambiar las cosas.

Las crónicas de José Joaquín Blanco son absolutamente urbanas, centralizadas en la capital, en esa Ciudad de México en la que él vive y que lo vive a él, en la que habita la cuarta parte de la población total del país, que es el corazón de todo, el centro de todo, artificial, infernal, pesadillesca, una ciudad que "por todas partes se derrumba, se enfanga, se construye y se vuelve a derrumbar".

En ella y en su "apocalipsis diario", en su caos y su desorden, Blanco se va moviendo desde los "reductos del bienestar" hasta "las zonas de desastre" para dar fe. Pero sobre todo, lo que le interesa son ciertos barrios y calles cuyos laberintos y colores y olores y códigos domina, tanto a la plena luz del sol como en las madrugadas vacías, tanto en sus centros comerciales como en sus cantinas y cafés:

Se aparta uno siquiera unos pasos de la caca de perro, de las bolsas de basura en descomposición o de lo que sea; le da uno la espalda a los autobuses del eje vial para que sus humos del escape ("¡Inversión térmica!" clama la tía) no se mezclen con el vapor del atole, y ahí, en cualquier esquina insalubre, uno se sobrepone, se concentra y logra los instantes de serenidad que todo defeño sabe imprescindibles para atacar a mordidas un taco bien grasoso; y echa luego brinquitos, como si fuera la primera vez que probara chile en plena avenida, bajo la atmósfera enchapopotada: "Uta, esta salsa sí que estaba bravísima".

El principal panorama de la ciudad es su gente. En otras ciudades destacan principalmente los rascacielos o las avenidas, las plazas y los edificios. En la ciudad de México, la presencia humana voluntariosa, apresurada, tensa, desafiante, ocupa y desborda todos los espacios.

Y sin embargo, a pesar de tanta gente, tan apretada que no deja centímetro vacío, y a pesar de que la miseria es su signo más patente, hay una energía colectiva presente siempre, día y noche, noche y día, que la hace más viva que ninguna.

Ciudad que no está quieta, ni en los parques ni en el metro, ni en Chapultepec ni en Xochimilco, ni en el centro histórico ni en Coyoacán, ni en los mercados sobre ruedas (o mejor dicho: sobre tenis dice el cronista) ni en la Zona Rosa (ese pedazo de país que quiso ser París o Nueva York y terminó siendo las afueras de Brownsville, Texas), ¡ni siquiera en los panteones, donde se hacen "honores lapidarios a un cantante de rancheras o un jefe de la policía judicial"! Y no lo está porque están los jóvenes, los taxistas, los burgueses, los gordos, los lumpen, los creyentes, los comprantes, los danzantes, los bebientes, los homosexuales, los policías, los políticos, los dueños, las señoras, todos con sus costumbres y hábitos y exigencias y enojos.

Y Blanco toma nota de todo, pero apunta su mirada, como corresponde a esos tiempos culturales que son las últimas décadas del siglo XX, sobre los cuerpos, sobre la sexualidad y sensualidad, contra los valores y la estética al uso y a favor de eso que las buenas conciencias encuentran sórdido: "El sexo y el cuerpo: formas radicales de vida, fuentes de transformación", escribe el cronista.

¿Qué busca José Joaquín Blanco?

Ir tras lo que se ve, ver a los otros, sus gestos y ademanes, sus cuerpos, sus ropas. No le importa tanto lo que dicen como lo que se mueven, lo que gesticulan, porque eso es lo que son. Ése es su lenguaje, un lenguaje más fuerte que el verbal, ahora desprestigiado por la imposición de los medios de comunicación: "La ideología no consiste exclusivamente en los rollos... sino sobre todo en las más íntimas e incuestionadas maneras de ser; está en los gustos, en los apetitos, en las atracciones y rechazos que creemos espontáneos e individuales".

¿Qué se propone José Joaquín Blanco?

Provocarnos, hacernos enojar. Y conseguir que nos opongamos a los dos proyectos culturales vigentes: el del Estado, dedicado a "desenterrar fósiles" y el de la televisión, dedicado a proponer el consumo. Él detesta a ambos, porque ambos son los esquemas de "la clase dominante" satisfecha, con la boca llena de buenas causas y con su conformismo ejemplar.

¿Qué dice José Joaquín Blanco?

- Que hay que negarse a todo lo correcto, lo pulcro, lo normal, lo sublime y lo bien dicho;
- que hay que dejarse llevar por la sexualidad, la vida en la calle y en el metro, por el trago y las largas caminatas;
- que hay que sentir horror absoluto y definitivo hacia los ricos de cualquier tipo y especie, sean políticos o ejecutivos o señoras. Y también hacia las clases medias que pretenden imitarlos llenando los centros comerciales y endeudándose para la eternidad;
- que hay que sentir fascinación por los pobres de cualquier tipo y especie, sean obreros o albañiles, luchadores de lucha libre o prostitutas y "locas", esos homosexuales que se la juegan en serio a cada minuto;
- que hay que sentir horror hacia las instituciones, todas, desde la Iglesia (la policía más antigua y eficiente, ocupada en intervenir

en todo y linchar impíos) hasta la familia, pasando por cualquiera otra que exista o pueda existir. Y también a los monumentos y rituales de cualquier tipo, desde las moles de piedra del Palacio de Bellas Artes y el que celebra la Revolución, hasta el desfile del 16 de septiembre y la fiesta de la Guadalupana el 12 de diciembre;

- que en cambio, hay que dejarse arrastrar por la fascinación con el desorden y el fluir ruidoso de la vida;
- que hay que negarse al deporte y a toda idea de salud, de prosperidad individual, de cuidado de los "pequeños jardines de vanagloria", de dinero, poder, prestigio;
- y en cambio, dejarse arrastrar por lo gregario, lo multitudinario, eso que se hace y deshace y rehace a cada instante;
- pero que por encima de todo, la única vida que vale la pena vivir es la que permite, alienta y proporciona la literatura.

¿Cómo lo dice José Joaquín Blanco?

Con una prosa sencilla y directa, sin aparente mayor preocupación estilística o, como dice el autor, "sin dificultad literaria", cuya única voluntad es oponerse al lenguaje impositivo de los medios de comunicación y al orden decidido por las academias. Una prosa "conversada, flexible, matizada y capaz de suspicacia y de sentido del humor", que le quite al lenguaje toda corrección y pureza y lo corrompa incorporando las novedades verbales de la sociedad y que sea capaz de sacar el lector de su estado de mero receptor para alentar en él "aquella entrañable, vieja atmósfera artesanal de la proposición y conversación democráticas". A esto el cronista le llama "horizontalidad de la prosa".

Claro que de la voluntad a la realidad hay un gran paso, que Blanco no puede dar, pues son tales su ira y su desesperación que ni hay matices ni hay flexibilidad ni mucho menos sentido del humor. Y aunque incorpora las novedades verbales, hay una absoluta corrección en la claridad y fluidez del lenguaje que usa.

De modo que de toda su propuesta, lo que queda es la suspicacia, la sospecha, la acidez. Y con ellas, el lector que según el cronista no puede

121

ser un simple receptor, tampoco puede conversar, porque se le apabulla. Pues es tal la furia de Blanco, tal su rabia, que hasta termina por ser maniqueo. Hosco, duro, no hace ninguna concesión, no maneja en absoluto la ironía, al contrario, se le atoran los insultos cuando hace sus denuncias y cuando transita por el largo túnel oscuro al que no le ve salida.

Escritor de temperamento radical, profundamente solemne (aunque parezca no serlo y pretenda no serlo), Blanco vive en el dolor de enfrentarse a la impotencia y a las ilusiones vencidas. Y concluye:

> La muerte siempre ocurre, la locura muchas veces; lo peor siempre asoma, el cuerpo y la mente pueden romperse en cualquier momento. Nos hemos inventado límites civilizados contra el terror, nos hemos inventado que hay una cúpula celeste que nos protege: esa cúpula no existe, es un color imaginario.

Cronista doble, Blanco es por un lado el que convierte en literatura lo que recoge en las calles y plazas y cafés y centros comerciales y parques de la Ciudad de México, con sus personajes, sus paisajes y sus situaciones de vida (por eso sus crónicas han sido definidas por uno de sus editores como "ensayos de literatura cotidiana"), y por otro, el que lleva la literatura a que se acerque a las personas, a que pueda ser disfrutada en calles y plazas y parques y cafés.

El primer Blanco recrea "la indisoluble unión entre la cama y el trabajo, la intimidad y la política, el acto sexual y la solidaridad humana", en textos nacidos de la reflexión y del coraje (no del "inicuo demonio de los sueños"), y lo hace con una pluma fácil y rápida, no de orfebre ni brillante, pero clara y contundente. Es la suya una prosa fluida, que si bien todo lo presenta de manera definitiva, no por eso es de almidón. Es el suyo un lenguaje directo que lucha por la claridad, aunque se atiborra de palabras y expresiones de uso cotidiano y tapiza su texto de adjetivos y de insultos, de epítetos y calificativos.

Blanco no es el creador de un estilo, sino un prosista que compone frases contundentes para decir lo que tiene que decir. No es el constructor de una estructura estilística sino una mente que se deja llevar por lo que quiere decir, porque sabe bien a dónde quiere llegar: "La prima-vera tiene todas las calamidades del año... los vecinos fastidiosos... la in-flación, la escasez de agua, los apagones. ¡Y este servidor escribiendo los mismos artículos!".

Y sin embargo, no son siempre los mismos artículos. Hay algunas crónicas prodigiosas que se cuecen aparte: "Ojos que da pánico soñar", escrita cuando tenía veintiocho años y el mundo lo quemaba; "Plaza Saté-lite", escrita cuando tenía veintisiete y el mundo lo enfurecía. Allí está el cronista con su idea del futbol como verdadera identidad nacional, siem-pre y cuando sea cascarita callejera y no los mundiales, y allí está el cro-nista con su idea de que el deporte que hacen los pobres es más genuino que el que hacen los ricos.

El otro Blanco, el segundo, de ése hablaremos más adelante.

¿Dije maniqueo José Joaquín Blanco?

Va ejemplo:

Gente tan sin mancha, tan inmune a los traumas y a la letra impresa, tan desahogada y deportiva, deambula... financiada con el hambre de mi-llones de trabajadores y desempleados, tan sobreprotegida por todos los hallazgos modernos de la ciencia y la técnica, no produce, ni crea cultu-ra, ni siquiera inventa los diseños de las cosas que tan naturalmente con-sume, ni vive, piensa o siente más que las elementales recetas adquiridas. Lo particular era, creo, la sensación de impunidad.

¿Dije maniqueo José Joaquín Blanco?

Va ejemplo:

El deporte naco tiene grandeza; el clasemediero no: es meramente prag-mático y residencial, carece de sueños: sirve para mantener la línea y la agresividad empresarial, es cosa de pretensión de juniors y gerentes; es tener el cuerpo en buenas y elegantes condiciones como... una oficina próspera.

Leer las crónicas de José Joaquín Blanco conduce a un inevitable callejón sin salida, a un imposible, a ese lugar donde ahora él se encuentra, y de donde tan difícil es salir.

Porque todo en sus textos va a la demostración de que no hay vía posible, no hay lugar aceptable o habitable, no hay receta ni modo ni forma ni solución, no hay por supuesto ninguna certidumbre y hay un odio feroz a todo "lo sublime y lo normalizado por la sociedad".

Blanco es absolutamente radical: no a todo y todo no. No a las grandes tiendas, no a las colonias residenciales, no a los esfuerzos esotéricos o deportivos, no a los booms literarios y petroleros, no a las mezclas de Tula y Neza, de papel maché y turismo, no a la sexualidad artificial de la publicidad y no a los concheros danzantes, no a los que se quedan con sus rebeldías pasadas de moda o en sus jardincitos narcisistas, no a la mitologización de la cultura mexicana al estilo Carlos Fuentes, no.

Entonces ¿qué hacer?, ¿cómo vivir?

Blanco no admite soluciones falsas y se niega a la simulación: es necesario destruir dentro de uno mismo, en el propio cuerpo, a las instituciones, las convenciones y las inhibiciones. Es necesario dejar de ser correcto y sano. Es fundamental trascender, como quería Gide, el espacio moral restrictivo y crear un nuevo orden ético basado en la disponibilidad a toda experiencia. Es fundamental comprometerse y elegir: "Lo que nos protege es el propio peligro y las personas con hambre de vida son viajeros de tales posibilidades de peligro, que tarde o temprano se cumplen".

Ése es José Joaquín Blanco, el cronista de los "no".

Los únicos "sí" de José Joaquín Blanco son tres:

- el cuerpo, el nuestro del que podemos disponer, el del otro cuando nos los obsequia;
- la lectura, las madrugadas frías trabajando en su escritorio;
- las conversaciones con los amigos.[4]

Elena Poniatowska, a diferencia de Monsiváis o Blanco, que recogen lo que ven y lo meditan, analizan, interpretan, antes de ponerlo sobre el papel, escribe sus crónicas en caliente. Y eso no porque las escriba en la inmediatez de los hechos, que sí lo hace también, sino porque ella nunca se enfría cuando relata lo que le mueve y, además, porque no es ella la que cuenta, sino que deja que hablen los involucrados.[5]

Éste es el método de Poniatowska: no relata lo que otros hacen o dicen, deja que ellos mismos lo relaten. Y los escucha muy atenta, pero no sólo con los oídos sino con los ojos y con todo su cuerpo tan chiquito ("como de perro sentado", dice la cronista de sí misma), ella desaparecida, atrás, escondida, dejándole la palabra a sus personajes, que crecen y crecen o se empequeñecen y achican ante nuestros atónitos ojos.

Poniatowska es la cronista que registra como grabadora las voces que relatan, recogiendo cada una de sus palabras, de sus inflexiones, de sus tonos de voz. Y luego las escribe, las pone sobre el papel. Pero en esa escritura, como por arte de magia, las transfigura. Y por eso, su escritura es única e inconfundible, irrepetible e inimitable.

El punto de partida de la escritura de esta cronista consiste en dos momentos que son uno mismo: la experiencia directa como materia prima, pues está en los lugares y presencia los hechos, y el preguntar como modo de conocimiento y de apropiación de los sucesos, de los sentimientos, deseos y miedos de las personas.

Elena va, Elena pregunta, Elena escucha, Elena escribe. Elena se lanza hasta cualquier lugar para dar fe de una vida, para conocer a una mujer, a un guerrillero, a una niña violada, a un dirigente popular, a un creador. Elena acompaña a las madres de los desaparecidos, a viejas prostitutas, a políticos en los que confía.

Porque el compromiso es su forma de estar en el mundo.

En *Todo empezó en domingo* (1963), *Fuerte es el silencio* (1980), *El último guajolote* (1982), *Luz y Luna, las lunitas* (1994), Poniatowska nos introduce a los juanes, las marías, los niños de la calle, la gente común, a esos que llamamos "el pueblo": los que "no molestan" ni "ocupan sitio en el espacio o en el tiempo", los pobres, que "son nadie, un bulto sin voz", "su silencio de siglos", "gente que está herida, llena de hambre, hambre y sufrimiento inútil".

Allí están los "pájaros sin nido":

Alicaídos, tratando de pasar entre los coches, golpeándose en contra de las salpicaderas, atorándose en las portezuelas, magullando sus músculos delicados, azuleando su piel de por sí dispuesta a los moretones… llegan en parvadas y se aposentan en las calles, en los camellones, en las cornisas, en los aleros, debajo de algún portón… venden su montoncito de semillas, de a poquito… allí están con sus carritos de dos ruedas para llevarse botellas y fierro viejo, papel periódico que vendan, sus charolas de frutas cubiertas, sus canastas de aguacates que blanden de ventanilla en ventanilla, la locomotora de los camotes y plátanos horneados y el iglú de los raspados de hielo picado.

Poniatowska mira a los pobres cuando "un domingo se sientan nomás en el pastito", a la lavandera que tiene "las manos hinchadas y el vientre humedecido", al vendedor de billetes de lotería y al mecánico que engrasa las chumaceras, mira los changarros, las misceláneas, las sastrerías que están desapareciendo, que "montó el abuelo que a su vez lo heredó de su padre, el sastre, y ahora es patrimonio de los hijos. Él le enseñó el oficio". Y explica:

> Aquí nada estorba, nada ha sido dejado al azar o a la improvisación. Dentro de un caos absoluto es ilustrativo escuchar al dueño de la soldadura decir no me vayas a tocar nada porque yo sé dónde tengo mis cosas. En los muros de la accesoria, de la tapicería, de la academia de belleza y alto peinado, de la fonda, la lavandería, la tienda especializada en colorear y retocar fotografías y las recicladoras de papel, todo tiene su razón de ser. Su acomodo se remonta a setenta años y la intimidad es inamovible… el espacio en que nos movemos a ciegas porque es el de nuestra interioridad… el de nuestro esfuerzo y nuestra supervivencia.

Es la que anda viendo a esos que van "de gire y gire por la calle, de pata de perro por la calle, trote y trote en trotes de nunca acabar, la mercancía en los hombros, la correa cortándole la frente, el chiquihuite de las tortillas en el anca, los pollos en el huacal, los sombreros ensartados en un brazo, el bote de hielo en la cabeza, el niño a horcajadas". Son los afiladores de cuchillos y los barrenderos y las criaditas que riegan la calle y las tamaleras y los marchantes de cualquier cosa: "¡Mercaraaaaaaan chichicuilotitos vivos! ¡Mercaraaaaaaan chichicuilotitos cocidos!".

Poniatowska se mete en las vecindades donde la ropa se mece tendida al sol, "los calzones de las mujeres chillaban y rechinaban como globos de colores" y donde la gente come sin tenedor: "Cucharas siempre las vi, anchas, bonitas, de peltre para los frijoles aguados, la sopita de pasta… pero ¿trinches, trinches de esos que blanden los diablos en las estampas? No, de eso nada".

Observa a los que tienen la piel amoreteada por el frío, a los que andan por las calles con sus cajones de bolear, a los que viajan en los camiones atestados, a los que toda la vida se han jodido trabajando y nunca tienen nada, a las sirvientas que dejan atrás sus pueblos para venirse a buscar el pan a la ciudad:

> Una señora de la Ribera de San Cosme me hizo sufrir mucho porque era muy exigente. Siempre andaba detrás de mí y a cada rato me decía: Deja eso y ve a tal parte. No podía yo terminar de planchar cuando ya me estaba ordenando que pelara las papas o fuera a lavar el escusado. Luego iba yo al mandado y de tan mal hecha, me hacía trabajar doble. Eh tú, se me olvidaron las cebollas. Tienes que ir por ellas… ¿Ya fuiste a misa? ¿A qué horas llegaste anoche? No vayas a platicar con ningún hombre, eh tú, porque nosotros no respondemos, eh tú.

Busca a los que habitan lejos, "a donde la ciudad avienta a sus pobres", en las orillas sin drenage con g, sin hagua con h, ni lus con s, sin "un árbol en esos llanos baldíos, ni un pedacito de verde", colonias en las que el campo se mete a los linderos de la ciudad o al revés, "aunque nada huela a campo y todo sepa a polvo, a basura, a hervidero, a podrido", en las que lo que hay es un hedor, un olor a grasa fría, a excremento, "un refrito de todos los malos olores de la tierra amasados juntos, que van acendrándose bajo el sol".

Se acerca a la pobreza de a de veras,

la del agua que se recoge en cubetas y se lleva cuidando de no tirarla, la de la lavada sobre la tablita de lámina porque no hay lavadero, la de la luz que se roba por medio de diablitos, la de las gallinas que ponen huevos sin cascarón… porque la falta de sol no permite que se calcifiquen.

En *Hasta no verte, Jesús mío* (1969) Poniatowska escribió la novela de un ser humano real convertido en el personaje —Jesusa Palancares—, pero además hizo la crónica de los años en los que la siguió y la escuchó y la soportó, con sus tristísimos recuerdos, su pésimo carácter y su hostilidad hacia la escritora. Y también esa crónica la transformó en literatura:

Jesusa ha muerto y me dejó sola. Jesusa ha muerto, ya no puedo verla, no puedo escucharla, pero la siento dentro de mí, la revivo y me acompaña. Es a ella a quien invoco y evoco. Y repito bajito los encantamientos de María Sabina, esas palabras dulces que se van columpiando de los árboles, ya que ella las decía como cantilenas, meciéndose dentro de su huipil, y bajaban de la sierra con su olor a madera recién cortada y a granos de cacao tostado en comal.

Lo mismo hizo cuando cronicó a las mujeres de Juchitán:

Juchitán no se parece a ningún otro pueblo. Todo es distinto, a las mujeres les gusta andar abrazadas y allí van avasallantes a las marchas, pantorrilludas, el hombre un gatito entre sus piernas, un cachorro al que hay que reconvenir: "estate quieto". Caminan tentándose las unas a las otras, retozando, invierten los papeles: agarran al hombre que desde la valla las mira, tiran de él, le meten mano mientras le mientan la madre al gobierno y a veces también al hombre: son ellas quienes salen a las marchas y les pegan a los policías.

Y a los estudiantes, "el más enloquecido ejemplo de pureza que nos será dado presenciar", y a las madres de familia a quienes les desaparecieron a sus hijos, como Rosario Ibarra de Piedra, señora de su casa "endurecida con la materia del ausente" que desde entonces y por siempre, lo busca:

Alquiló un departamento en el paseo de la Reforma desde el cual podría salir con más o menos facilidad a todas las dependencias oficiales y se compró un plano de la ciudad de México. No sólo no conocía a nadie, ni siquiera sabía dónde se encontraban las secretarías de Estado. En Monterrey le dijeron que su muchacho estaba en el Campo Militar número uno y con ese único dato, esa rendija de esperanza, se vino y empezó a recorrer las calles, primero en taxi, pero al ver cómo se le iba el dinero, en camión, a pie. En Los Pinos, hasta los policías de guardia que la veían atravesar la avenida sintieron simpatía por esa figura solitaria que cada tercer día hacía acto de presencia.

En *La noche de Tlatelolco* (1971) y *Nada, nadie, las voces del temblor* (1988), Poniatowska construye crónicas únicas en la literatura mexicana: las de la polifonía: son muchos los personajes que dan su versión de un mismo hecho. Ese recurso le permite, como dijo Mijaíl Bajtín, hablar de un mundo plural y dialéctico y no de uno reificado y único, y provoca un proceso de reflexión constante (diseminación de sentido) al interior del texto, cuestionando los valores y las "verdades".

En el primero de esos textos, las voces que recoge son las de aquellos que "alegres y despreocupados no sabían que mañana, dentro de dos días, dentro de cuatro, estarán allí hinchándose bajo la lluvia, después de una feria en donde el centro del tiro al blanco lo serán ellos":

Me callaron y me golpearon con una macana en brazos y piernas y con las manos abiertas me pegaban en los oídos y en el estómago y me decían ¿conque muy cabroncito? A ver si es cierto.

Fui amenazado, intimidado, insultado y golpeado por no aceptar declarar lo que dicha policía quería. Después de permanecer parte del día y la noche en ese hotel me trasladaron a una casa ubicada fuera de los límites de la ciudad de México. Me vendaron y tiraron en el piso del coche en que me transportaban. Ahí estuve cuatro días incomunicado.

Es el relato infame de una balacera, de los muchos muertos, del infierno de aquel mes de octubre de 1968: "Vi a un niño de once o doce años y una bala le atravesó toda la mejilla", "Volteé el cadáver boca arriba. Tenía los ojos abiertos. Estaba empapado. Le cerré los ojos. Pero antes, en el blanco de los ojos le vi unas minúsculas flores de agua".

En el segundo libro, son las voces de aquellos que vivieron los temblores del año ochenta y cinco en la Ciudad de México convertida toda ella en un infierno, con muchos muertos, y se quedaron "sin nadie y sin nada":

> Toda esa gente que dijo su nombre a través de los escombros fueron los cadáveres, cuando los sacamos ya no eran personas; unas totalmente calcinadas, otras semiquemadas, destruidas, estrizados los cuerpos de los que en las primeras 24 horas gritaron: sáquenme, hay mucha agua.

Allí están las voces que repiten y reiteran un solo grito de desesperación: "Dios, Dios, ¿por qué? ¿por qué? ¿por qué nos terremoteas así?".

Los libros de Elena Poniatowska son una sola y larga crónica (que incluye novelas y cuentos, relatos y narraciones, entrevistas y testimonios) para conocer a México o, como ella dice, "para saber qué diablos somos y qué diablos es nuestro país".

Pero son también y al mismo tiempo el recuento de un proceso personal que pasa de describir las historias dulces de la niña rica y bien criada que un día conoce alegre Xochimilco y Chapultepec o se encanta con un concierto en un jardín en Azcapotzalco "bajo la sombra de los fresnos", con una señora que le lleva el portaviandas a su marido, con la Torre Latinoamericana o la nieve que alguna vez cayó sobre la ciudad y que desde allí empieza a ampliar su mundo hasta que en él entran otros mundos, otras personas, otras maneras de ser.

Los lectores la vamos siguiendo cuando se va radicalizando, conforme conoce la lucha de quienes hacen una huelga de hambre o son reprimidos por invadir tierras o se instalan a vivir en las calles del centro de la Ciudad de México (*Amanecer en el Zócalo*, 2006) para protestar porque le hicieron fraude a su candidato, "la gente más dejada de la mano de dios, la más brava, la más valemadrista".

Y al mismo tiempo, mientras esto sucede, va haciendo también el registro de los ricos y famosos, personajes del arte, la política, la sociedad, a quienes entrevistó, pero al contrario de su actitud de respeto y humildad con los pobres, lo hizo de manera irreverente. Allí está "Todo México": el político Lázaro Cárdenas, la actriz María Félix, el arquitecto Luis Barragán, la cantante Lola Beltrán, un escritor, un torero, una pintora famosa, la esposa de un pintor famoso, y suma y sigue: montones de quienes componen eso que se llama "la cultura nacional".

¿Quién era Pita Amor, la poeta que se desnudaba en cualquier parte? ¿Por qué Diego Rivera estaba tan panzón? ¿Y por qué trató tan mal a Quiela su mujer y a Lupe su mujer y a Frida su mujer? ¿Qué es lo que enloquece a la gente de Gloria Trevi? ¿Cómo era Nahui Olin, la de los ojos diabólicos? ¿Y Tina Modotti que andaba en taxis con sus amantes? ¿Y Leonora Carrington la pintora enorme? ¿Y el astrónomo Guillermo Haro que estudiaba a las estrellas en el cielo? ¿Y María Izquierdo y Cantinflas y Luis Buñuel y Jacobo Zabludovsky y Sergio Pitol y, y, y, y…?

¿Qué quiere Elena Poniatowska de nosotros sus lectores, con esos relatos que hieren la piel y penetran en la entraña?

Lo que quiere es eso: herir, penetrar en la entraña.

Y vaya que lo consigue:

¿De qué quieres tu torta, muchacho?, le preguntaba a mi Perico. Yo se la quería preparar de plátano, de tamal o de frijoles, de algo que lo llenara, que hiciera bulto en la panza, de fideos o de coditos, pero él me decía que de jamón, hágame usted favor, ¡de jamón! ¿Y cuándo se la iba yo a hacer de jamón si apenas me alcanzaba pa la telera?

¿Qué quiere Elena Poniatowska de nosotros sus lectores cuando nos suelta esa prosa suya apasionada, delirante, intensa, riquísima?

Lo que quiere es eso: apasionarnos, incendiarnos, hacernos delirar.

Y lo consigue: "La Ciudad de México: la horrible y fascinante, la sórdida y homicida, la cruel y díscola, la que da puñaladas traperas y besos tronados, la que es asquerosa y es niña de primera comunión".

Pero la verdadera pasión de Elena son los luchadores sociales, "gente con una razón de estar sobre esta tierra", como Demetrio Vallejo el líder ferrocarrilero, como Rosario Ibarra de Piedra la madre de un desaparecido, como los colonos, los damnificados, los perdedores en las elecciones, los jóvenes, que le parecen lo mejor que existe: "los jóvenes son mi fuerza, mi inspiración y mi orgullo. Creo en ellos como en el Santo Niño de Atocha. Sin ellos no tendría sentido teclear un día sí y otro también".

Y son también las mujeres: "Me angustia mucho la vida de las mujeres mexicanas", ha dicho, refiriéndose a las costureras que se quedaron atrapadas o murieron en los temblores de 1985, a las "adelitas" seguidoras de Andrés Manuel López Obrador, a las amas de casa que se instalaron en plantón en el Zócalo de la Ciudad de México después de las elecciones presidenciales de 2006, a Gaby Brimmer, "esta niña que no tiene nada y se las arregla para reír, sonreír, dar de sí, interesarte y hacer poesía", a Paulina, una menor violada a quien se le negó el aborto, a una pintora famosa o a alguien que quiere ser escritora y publica sus primeras letras.

Y son también los pobres, ese mundo al que llama "la inmensidad del abismo", que nos duele y lastima y conmueve: "Si yo tuviera dinero y bienes, sería mexicana, pero como soy peor que la basura, pues no soy nada. Soy basura a la que el perro le echa una miada y sigue adelante. Soy basura porque no puedo ser otra cosa".

La crónica de Poniatowska es un tapiz para conocer México, hecho con la recreación del lenguaje de los seres que retrata, con un oído excepcional para sus palabras y modismos, para sus modulaciones y ritmos:

> ¡Ande, cómpreme el último cachito para que se vaya a Europa, aunque no me lleve! ¿Grasa joven, chicles, dulces, chocolates, cacahuates? ¿Le sirvo otro? ¿Quiere que se lo lleve a su coche? ¿Cuál le tocamos? ¿Le saco los golpes? ¿Cuál quiere, el rojo o el amarillo? A 1.50 la bolsita. Regálele su topoyiyo al niño, mire cómo le está gustando, ése para la señorita, de limón o de tamarindo. No, si ésas se pelan con los dientes, con chile o con sal. Si ora todo viene en su bolsita de plástico, está bien dulce ese camote. Mire nomás qué sucio lo trae, en un segundo se lo limpio, ahora sí, arránquese, ya ve que yo siempre acabo con la luz verde. Tapetes para su coche, si quiere mañana le traigo el retrovisor. ¿Bien fría o al tiempo?

Es suya la belleza y originalidad del universo que construye en cada texto al tiempo que nos recuerda que la pobreza es la vergüenza de México.

Hermann Bellinghausen escribe para recordarnos que de entre los pobres, los indios son los más. Tanto, que la palabra "pobre" les queda corta, no los alcanza a expresar. Son indios, con eso se dice todo.[6]

Explotados, humillados y hambreados, siempre teniendo que bajar la cerviz y la voz, teniendo que conformarse y todavía dar las gracias. Así ha sido desde hace quinientos años, así sigue siendo hoy cuando todavía "vale más una gallina que un indio".

Pero ellos allí están, aferrados a sus tierras, a sus comunidades, a sus costumbres, a su dignidad. Se llaman María Meza y Manuel Moshan Culej y Manuel Martínez Huet, personas con nombres, que trabajan, que salen a la faena y a la siembra del maíz, del café, del chile, que se preocupan por sus hijos, que rezan "hombro con hombro, erguidos, inmóviles", se emborrachan, visten calzones de manta o chujes blancos negros y rayados, y huipiles bordados y aretes y collares que les encantan; seres humanos que se bañan en las aguas de un río esmeralda, de muchos ríos que nacen lejos y se van llenando a lo largo del camino que recorren, o en las pequeñas pozas en las que amasan bolas de lodo para ponerse en la cabeza, porque cuando se secan asfixian a los piojos; niños que bajan gorriones a resorterazos; mujeres que desgranan elote en viejas cestas de mimbre; pueblos que hacen fiestas "alegres y coloridas" a las que llegan todos muy emperifollados y con muchas ganas de bailar y de comer "sus frijoles, en veces hay arroces, en veces carne, no muy se sabe"; seres humanos que se enferman y se mueren, a los que alguna víbora nauyaca o infección los agarra desprevenidos.

Son los indios de Chiapas, aunque podrían ser los de Hidalgo, Michoacán, Oaxaca, Chihuahua, Yucatán o cualquier otro lugar de este México nuestro. Pero éstos son los que habitan en Los Altos, en los Montes Azules, en las cañadas de vegetación desbocada, en los parajes con unas cuantas casas de madera y seco techo de palma, en la Lacandonia:

Copas brillantes de muchos verdes se extienden al pie de la loma meneándose al viento como bailarinas que no consiguen ponerse de acuerdo.

La suave violencia de la vegetación en pleno. Se oye un rumor de cantos incomparables que no tienen dueño: a lo mejor algunos no tienen todavía nombre.

Aquélla, la región tzotzil, y "al otro lado del escarpado cerro", el pasaje rural de impronunciable nombre. Ésta, la región tzeltal: "Ocosingo y Altamirano conservan mayor religiosidad católica, la lengua materna predomina hasta extremos de monolingüismo". Por allá la selva tojolabal, "es de alguna manera menos tradicional, prácticamente han perdido la lengua materna. Tampoco son tan religiosos". Y luego están las comunidades no católicas que "tienen por supuesto otra historia. Y otra ruptura en su historia".

A esos indios "se les trata peor que mulas":

A unos los expulsaron por sus creencias y perdieron casa, parcela, pertenencias. A otros los suplantaron por vacas para las hamburguesas de Texas. A otros, los precios de sus cultivos se les fueron al cuerno y los financiamientos se hicieron humo.

Años y años de la misma historia. Una historia de una sola y misma herida: la de la tierra. Tierras que enriquecieron a los aserraderos y las grandes madereras, que se llenaron de ranchos y potreros y con el tiempo de milpas.

Hasta que un día se levantaron en armas, se insurreccionaron, "ya era hora, hasta se les hizo tarde".

Fueron las gentes de los pueblos, de las rancherías, "lo mismo alteños que selváticos", hartos de la impunidad de ganaderos y finqueros y caciques y latifundistas y gobernantes y diputados y ediles y delegados y guardias blancas y soldados; "Silenciosos, embozados y armados, a medianoche entraban los zapatistas a esa ciudad en el valle de Jovel, ocupaban el palacio de gobierno y hacían oír un ya basta que pasan los años y sigue sonando en las frecuencias de México y no pocas partes del mundo. En el primer amanecer de 1994, una atónita y fría plaza de San Cristóbal escuchó en los altavoces a los indígenas que de pronto hablaron".

Primero de enero de 1994, "el día primero del resto de la eternidad", "la violencia hipnotiza el aire en Chiapas", "y mientras, comienza otro siglo, o termina éste, da igual. Y lo que falta".

La insurrección puso a los indios de Chiapas, de México, del mundo, en el centro de las miradas. ¿Así que allí siguen? ¿Así que no se habían muerto todos?

"Los pueblos mayas de Chiapas no sólo han puesto a pensar a la nación entera. También ellos están pensando, no han dejado de hacerlo."

El que escribe es Hermann Bellinghausen. Hasta un día antes de aquel primero de enero del año noventa y cuatro, "el enero más largo", recorría con desparpajo la ciudad de México para afirmar, en contra de la idea dominante, que es todavía un lugar habitable a pesar de las multitudes que la pueblan y que llenan estadios, metro, calles, y para escribir sobre cómo se festejaba la Independencia o la Revolución o el primero de mayo y cómo estudiantes o trabajadores protestaban por alguna cosa.

Pero desde entonces, cambió. Enviado a reportear un movimiento político y social, el enfrentamiento con la realidad de esos indios se convirtió para él en "un reto a la imaginación", y empezó a ver paisajes y rostros, a reconocer actitudes y lenguajes, a saber nombres y esperanzas, recogió y transmitió las historias, aunque tuviera que caminar quince kilómetros antes de encontrarse con un humano, montar a caballo diez horas seguidas, comer apenas cualquier cosa, aguantar la lluvia y "el suelo liso como dicen las señoras por acá, extremadamente resbaloso, los caminos un masacote de charcos", la bruma y el sol.

Bellinghausen hace la crónica de Chiapas en guerra. Es el recuento de casi un decenio:

- de la gente que tiene miedo: "Los hombres andan juntos, preocupados, atentos. Los niños empuñan sus resorteras. Las mujeres y las niñas permanecen en las casas. Desde ayer la comunidad está en guardia, mirando hacia el promontorio donde los acechan, armados, campesinos priistas que se dicen dispuestos a desalojarlos";

- de la gente que huyó: "Hubo un parto gemelar. Hubo niños perdidos que aparecieron hasta el otro día, ancianas que se pusieron malas. Hubo sed por falta de agua";
- de la gente que sufre: "¿Lloramos? Yo ya lloré. Es mi mamá la que está triste, adentro, no sale";
- de la gente que no puede trabajar: "No podemos ir a vender gallina, ni cosechar el picante que tenemos sembrado. Y los niños, ¿qué va a pasar con ellos?";
- de la gente que regresó: "De a poquitos, las familias bajan por las laderas circundantes. La mayoría a pie, aprisa; mujeres y niños descalzos, los hombres con botas de hule. Salvo los más chiquitos, todos cargan bultos o niños que no caminan. El pueblo huele feo, a sucio y descompuesto. Una familia de cerdos ahíta del maíz y el frijol que devoraron al quedar sueltos durante el saqueo. Ni los perros que como debe ser subieron tras sus dueños ni los gatos huraños y famélicos parecen haberla pasado bien";
- de la gente que se murió: "En esta hondonada rota, surcada de huipiles ensangrentados, acaba de suceder la mayor masacre de mujeres y niños de la historia moderna de México", escribe el cronista después de Acteal; "Poco a poco va subiendo el olor, rodeando con su cálida contundencia todo ese inmenso y sólo en apariencia callado dolor de los tzotziles. No, no es la pestilencia de la muerte".

Es la crónica de Chiapas desde Tuxtla y San Cristóbal, San Andrés Larráinzar y Aguascalientes y Guadalupe Tepeyac y Acteal y El Salvador, Polhó, Oventic, Amador Hernández, X'oyep y Tzontehuitz, La Realidad, Taniperlas y Moisés Gandhi: "Treinta y nueve municipios autónomos, en rebeldía y resistencia. Los zapatistas han hablado con sus palabras y han escuchado las palabras de los pueblos. Han hablado, se han callado, han vuelto a hablar y se han vuelto a callar".

Es la crónica de un proceso en el que esos indios se han convertido en ejemplo de movimientos populares, en piedra de toque de la resistencia contra la globalización neoliberal, en "icono del cambio del siglo":

por las mujeres que con las mismas manos que echan las tortillas detienen a los soldados, por los hombres que con la misma paciencia que esperan a que crezca lo sembrado, se plantan catorce meses frente a un campamento militar, por las personas que con la misma decisión con que atraviesan montes, ríos y cañadas para ir a vender sus mercancías, recorren miles de kilómetros para proteger con sus cuerpos a sus delegados y para "decir sus palabras y oír las palabras de los pueblos".

Y es la crónica de un amplio fenómeno cultural, de un poderoso estímulo al imaginario que estas personas han dado al mundo con su vida y sus historias: "La lucha zapatista se universalizó en castellano pero se pensó en las lenguas de los pueblos mayas. Tal vez por eso sigue siendo mal comprendida por la clase política". Concluye el cronista:

> Han desfilado tres presidentes de la República, cinco gobernadores del estado, siete enviados especiales para el "diálogo", tres obispos católicos, decenas de miles de elementos de las fuerzas armadas, todas las corporaciones policiacas y los servicios de inteligencia del país y de muchas otras partes y se han gastado miles de millones de pesos en logística de la guerra y compra de lealtades y miles de familias han perdido sus hogares y sus pueblos, cientos de indígenas han sido asesinados.

Pero "la herida histórica de los pueblos indígenas mexicanos sigue viva" porque "las causas que provocaron la insurrección zapatista permanecen sin resolverse".

Las de Bellinghausen son crónicas que no están reunidas en libros, sino dispersas en diarios y revistas y en la red. Se las podría describir como "lluvia de imágenes" de "la historia en acción", esa que están haciendo los "insignificantes indígenas de un rincón olvidado de la patria", como dijo algún presidente de la República. En ellas no hay nada nuevo, son las historias de los indios miserables que todos sabemos pero no queremos ver, oír, saber. Lo que hay de nuevo es la mirada del cronista: atenta, conmovida, solidaria, libre de todo protagonismo, pendiente de los cuerpos y los gestos, escudriñando las casas y los campos, admirando la organización, la dignidad y la alegría de esas vidas humilladas y maltratadas.

Porque Bellinghausen respeta a sus objetos-sujetos de estudio, no los ve con condescendencia y hasta lástima como los vieron en el siglo XIX Prieto y Cuéllar, no cree que sería mejor cambiarlos o integrarlos a una supuesta modernidad como pensaron los intelectuales de principios del siglo XX, y no solamente los describe como hicieron los antropólogos de mediados de esa centuria. Lo que él hace es aprender de ellos, dejarse transformar por ellos.

Cronista del movimiento zapatista le llaman en Alemania, cronista de los indios le dicen en Italia, cronista "crack" lo nombran en Estados Unidos, crónica-ensayo de naturaleza narrativa la define un crítico mexicano, magnífico cronista según una periodista canadiense.

Es Hermann Bellinghausen, el que entendió y transmitió por dónde respira la gran herida de los indios de México. El que insiste y nos recuerda y no nos deja olvidar.

Lo hace con una escritura directa y sin artificios, porque "las dificultades existenciales no admiten, por pudor, ningún eufemismo". Lo hace con una escritura poetizada por la pura solidaridad y admiración a esas gentes: "No hay manera de que Dios olvide al sufriente pueblo chiapaneco", escribió Bellinghausen en 1994, y agrega: "A veces uno quisiera ver todo en armonía, todo compatible y cada cosa en su lugar".


## 2. La literatura como crónica

Cristina Pacheco le advierte al lector: "El propósito es reflejar la vida de un México real en el que sin embargo ambientes y personajes son imaginarios".

Y en efecto, Pacheco ha optado por "inventar" la vida de los miserables y marginados que habitan en la ciudad o, como diría Emmanuel Carballo, por hacer literatura con la difícil cotidianeidad de los pobres.

Lo hace en sus relatos, diligentemente publicados semana a semana en periódicos de circulación nacional y reunidos en varios libros, en los que la escritora da fe de lo que le parece que son las angustias y dolores que se entretejen en la trama del diario vivir de esos seres:[7] *Para vivir aquí*

(1983), *Sopita de fideo* (1984), *Zona de desastre* (1986), *Los trabajos perdidos* (1998), *Limpios de todo amor* (2001).

Pero lo que más bien hace Pacheco es relatar tempestades, eso es lo que narra y lo que le interesa narrar. En sus textos todo es absolutamente difícil, totalmente brutal: desde cruzar una avenida para ir a comprar tortillas hasta formarse en la cola de la llave de agua para llenar la cubeta, desde subirse a un andamio hasta prender el anafre. Y es que en su idea de la miseria todo es violencia descarnada y muerte, hay mucha violencia y hay muchos muertos. En sus relatos no existen padres que no golpeen a sus hijos ni madres que no los amenacen todo el tiempo con "me las vas a pagar", "ay de ti si no te apuras", "cuidado y te entretienes". No hay hombres que no se emborrachen ni hombres que no abandonen a las mujeres embarazadas o llenas de hijos: "Conocí a Vicente. Me llevó a vivir con él, pero apenas se dio cuenta de que iba a venir mi primer chamaco, se me hizo ojo de hormiga".

Las calles son siempre grises, huelen a orines y "el sol muy triste baña los edificios". En los talleres y accesorias y solares y predios se acumulan la basura y las moscas. No hay familias que no vivan apretadas-encimadas-arrejuntadas en sitios peligrosos y hediondos, con las paredes descascaradas, un foco desnudo colgando del techo, los colchones desvencijados y llenos de manchas, "una luz pálida entra por la ventana e ilumina los alambres". Y la historia es siempre la misma: "En la casa fuimos catorce hermanos. Estudié sólo dos años de primaria. Mi papá era velador, se enfermó del pulmón. Primero trabajé de sirvienta. Luego mi madrina me llevó a la costura".

No hay viejos que no se les vayan encima a las niñas, no hay niñas que no ayuden en el trabajo doméstico ni señoras que no laven ajeno. No hay nadie a quien no se le acumulen en algún rincón alteros de tortillas duras, nadie cuyo lápiz no sea un cabito, cuya cara no sea de extrema palidez, cuyas manos no estén agrietadas y endurecidas, nadie a quien se le hayan cumplido las promesas: "Ésta es apenas una de las infinitas promesas incumplidas de que está hecha su vida de cinco años. Jamás son reales los paseos, los juguetes, los dulces que le ofrecen cuando lo ven triste o demasiado solo".

En las crónicas de Pacheco la gente está siempre triste, una y otra vez la desalojan de sus casas y se las destruyen, sean los policías, los dueños del terreno o la lluvia y el viento. Una y otra vez las personas se enferman y no tienen dinero para curarse, una y otra vez se tardan un poco más de la cuenta en algún mandado y mientras tanto suceden cosas terribles, una y otra vez desaparecen sin dejar huella. Son relatos donde la constante es una y la misma: la furia, los insultos, el llanto, muchísimo llorar y llorar, ay, cómo lloran las mujeres y los niños de Cristina Pacheco.

Pero lo que más hay en los relatos de Cristina Pacheco es hambre. La comida siempre es poca:

> Josefina no dice palabra ni aparta los ojos de la sopa, que ya adquirió un aspecto repulsivo. Cohibida, recibe la tapadera que alguien le entrega: "Fue a dar hasta por allá". Josefina va triste. El tintineo del portaviandas vacío la sofoca. Mientras se decide a subir las escaleras para abordar el Metro de regreso, piensa en Lety, en sus hermanos esperando la hora de comer, en la madre que tuvo que alejarlos para que no devoraran la ración de su padre. Temerosa de saber que un castigo severo la aguarda, lo que más le duele es pensar que hoy no comerá su padre. Muy lejos de allí, junto a la puerta de la carpintería donde trabaja, Santos mira hacia un lado y otro de la calle. A cada momento se pregunta: "¿Qué habrá sucedido? Nadie viene a traerme la comida y ya es bien tarde".

Las crónicas de Cristina Pacheco:
—¿El tema?
—"Un testimonio de la vida cotidiana", asegura la cronista.
—¿El escenario?
—"El más complejo y apasionante: la Ciudad de México", una urbe que desconoce la quietud, el silencio, la oscuridad, afirma la escritora. Pero dentro de ese escenario, sólo una parte: "El mundo árido y difícil de la colonia construida sobre basureros y charcos de aguas negras".
—¿Los personajes?
—Los "héroes desconocidos", "los combatientes sin armas", los albañiles y choferes y vendedores y costureras que llevan los nombres del santoral: Rafael y otra vez Rafael y Celia y Tomás y Cuca, entre los cuales a la autora le atraen los más extraños: Enedina, Anselmo, Justino, Clotilde, Rina y Rinita, Yvet.

—¿La trama?

—Seres que viven día a día sus pobres vidas: "De lunes a lunes éramos miserables. Nuestra casa nunca pasó de ser obra negra ni rebasó los dos cuartos que compartíamos nueve personas: dos adultos y siete escuincles". Personajes/personas tan miserables que no recuerdan "cuándo fue la última vez que compró ropa y zapatos": "De seis años, calzado con los zapatos de su primo de nueve, Darío avanza con dificultad entre los alteros de chatarra, basura y escombros que hay por todas partes".

—¿El lenguaje?

—El que la narradora supone que es el que hablan esas personas, compuesto de palabras viejas, provincianas diríase: un fichú por un chal, privarse por desmayarse, dilatarse por tardarse, disgustarse por enojarse, mortificarse, batallar, estar impuesto. Un lenguaje en suma, que "inventa" el modo de hablar de los pobres.

—¿El estilo?

—El de una narradora que nos quiere meter la compasión a fuerza, con toda suerte de artimañas, desde por sus diminutivos: "el comedorcito", "la nubecita de polvo", "las mujeres pegaditas a la pared", "el tullidito", hasta por los adjetivos: "Iba sentado en un camión de segunda", "el catre vencido", "las parejas clandestinas", "su carita triste" y también por las acusaciones: "la leche ya desde entonces estaba muy cara y muy adulterada".

—¿Quién relata?

—Una narradora omnisciente que todo lo ve, todo lo sabe, todo lo cuenta, y lo entiende todo (más que nadie, mejor que nadie): "Siente pena que sus padres no le hayan pedido que se quedara. Está claro que su presencia no significa mucho en la vida de sus gentes, en cambio su ausencia es ventajosa para la familia que sin él tiene más espacio donde acomodarse, una boca menos que alimentar".

Pero a Pacheco no le basta con contarnos, no sólo quiere mostrar como Monsiváis o Blanco, ni sólo quiere crear conciencia como Poniatowska. Ella tiene un compromiso, más que eso, una misión que ella misma se impuso, que es la de "iluminar e inspirar" con sus personajes. Pacheco es una predicadora cuando se refiere a ese "pueblo" cuyas vidas recoge-recrea-inventa y que en su opinión deben servirnos a cada uno de nosotros, como le han servido a ella, para una experiencia mística: "La existencia diaria como un eterno sacrificio", dice.

La narrativa de Cristina Pacheco es la de la exageración. Es tal su enojo por la miseria, tal su voluntad de hacernos ver lo terrible que es, tanta su insistencia en provocar en el lector la pura y más grande desolación, que lo lleve inevitablemente a un deseo de que esas cosas cambien (que se haga justicia), que no da oportunidad de encontrar ningún rasgo de belleza o de bondad, ningún momento de alegría o de tranquilidad, nada que alivie de la sensación de horror.

Y sin embargo, no siempre lo logra. Es más, la mayoría de las veces consigue exactamente lo contrario. Las historias de tan terribles, de tan reiteradas, de tan comentadas y calificadas por la cronista, se nos vuelven ajenas. ¿Cómo soportar un texto que relata a "Esa mujer que ha vivido treinta años de prueba, tuvo valor para dar vida a cinco hijos, para verlos crecer, para engañarles el hambre"? ¿Cómo soportar un texto que dice: "Las familias esperan, con el amanecer, la justicia"? ¿Cómo soportar un texto que afirma: "La realidad nos había enseñado que la miseria es padecer, anhelar sin esperanza, sentirse solo"?

Aunque sean cientos de cuentos y aunque la cronista asegure que los perfiles de sus personajes y situaciones son cambiantes, los lectores los vemos iguales en todos los relatos, página tras página y libro tras libro, como fotografías que congelan un mismo momento infinitamente repetido e idénticamente narrado.

Armando Ramírez escribe: "Al amanecer la vivienda huele a sueños desmañados y olores acumulados. Cuarto total. Cuarto-habitación. Cuarto-con-tapanco. Cuarto-sala. Cuarto-convivencia. Cuarto-comedor. Cuarto-cristiandad. Cuarto-hechos-bolita".

Así son las vecindades que se levantan y reiteran en "las vísceras de los barrios de la ciudad", como las de Tepito, por allá por el rumbo de Nonoalco-Tlatelolco, de donde salen o a donde encajan las crónicas-novelas de Armando Ramírez.

No son los lugares perdidos en los confines de la ciudad y dejados de la mano de Dios de Cristina Pacheco, sino que son las casas pobres de gente que trabaja, estudia, desayuna-come-merienda todos los días, ve la televisión y aunque las paredes están descarapeladas, se ponen pijama para dormir, y aunque sus camas son viejas tienen almohadas, y los sábados van al baño público y hasta les dan un masaje, y en las noches van a fiestas y los domingos a misa y a pasear.

Son crónicas en las que el señor es obrero en una fábrica de televisiones, el señor es taxista, el señor es dueño de una taquería. Y la señora es ama de casa que va al mercado todos los días, alrededor de las doce, y allí se encuentra con sus comadres mientras camina por los pasillos "olorosos a detergente y blanqueador", "canasta y delantal, con pláticas a mitad de la calle o entre puestos". Y los muchachos estudian, salen con sus amigos que son sus vecinos que son sus carnales, y que se enamoran, siempre se enamoran. Porque en Ramírez, como en los románticos del siglo XIX, la crónica se envuelve en la historia de amor, la historia de amor es el pretexto para desarrollar la crónica y para, a su cobijo, podernos decir todos los horrores de este país. ¡Altamirano redivivo!

Son crónicas que, además hacen evidentes los cambios: hubo tiempos en que un obrero tenía un salario que le alcanzaba para vivir en una vecindad y mantener una familia, para ir cada semana a la tienda Conasupo por la despensa, para comprar una televisión. Pero eso se acabó. Las fábricas cierran porque todo viene de afuera y a la gente no le queda más remedio que volverse vendedor ambulante, con un puesto en cualquier esquina o estación del metro, y ofrecer hoy calcetines, mañana pantaletas: "No hay pedo, la economía informal es el camino más democrático del libre mercado, al mínimo la interferencia del Estado, de darle las redes al jodido para pescar y no andarle regalando unos pinches pescados contaminados".

Crónicas, pues, de lo que se degradó: hubo tiempos en que se creía que el que estudiaba la hacía, aunque hubiera nacido indio podía ser presidente. Hoy estudiar ya no sirve de nada, ni con título de licenciado dan chamba en el gobierno: "Viendo mi título colgado en la pared, chingue a su madre pinche papel para puras vergüenzas y embarradas". La conclusión es simple: "Hoy la chamba la dan los narcos. Y que nadie se haga maje que así son las cosas".

La crónica de Ramírez es una película. No es la foto fija como la de Cristina Pacheco, sino una narrativa que se mueve, que tiene una evolución, que empieza en un mundo feliz y termina en un mundo jodido, porque para el cronista Tepito es un mundo feliz y éste es un país de perdedores al que todos pendejean y eso no tiene remedio y las cosas siempre se ponen más mal de lo que (de por sí) estaban.[8]

En Ramírez ya sabemos lo que va a suceder, ya lo esperamos: todo es, como afirmó José Joaquín Blanco, "sórdida violencia, machismo procaz": los carros de la patrulla avanzan con las torretas encendidas, "escenografiando" la oscuridad y los policías siempre le echan la luz encima a los jóvenes cuando están fajando, y los inspectores y los burócratas siempre le sacan mordidas (mochadas, pellizcadas, entres) a todo mundo y las mamás le rezan a la Virgen y los papás ven el box y comen tortas que siempre son de jamón y que acompañan con cerveza. Aunque la gente también come pancita y enchiladas y birria y pozole y chilaquiles y café y refrescos, muchos refrescos. En Ramírez se espera que el gobierno dé chambas y que no exija tantos trámites, imposibles de cumplir. Y todo son albures y transas. Y el camión siempre va atestado de gente "que huele a sábanas, el mal olor de las axilas, las miradas vagas que deambulan, los pisotones y los gritos malhumorados del chofer y los gritos desesperados de los pasajeros agárrenlo me robó mi cartera, me arrebató mi bolso, esquina baaajan".

Hiperrealismo, ha dicho un crítico. Crónica tan exagerada en su modo de relatar la realidad, que resulta ser más real que la mismísima realidad.

Pero también, caso único entre todos los que escriben de y sobre los pobres, la de Ramírez es la crónica del orgullo del cronista. Orgullo por ser como sus personajes, por venir de allí, por relatar lo que ha vivido en carne propia, porque pertenece, porque no se lo contaron, porque lo vivió.

Armando Ramírez es, por origen y por voluntad y por decisión y por ideología y por presunción, el cronista de Tepito. No es alguien de afuera que por conmovido o solidario quiere recoger lo que allí sucede, sino alguien que es de allí y lo conoce y lo ama: "Aquí era el tiempo perenne de aguantarse la risa. Tal vez por eso, en lugar de maldecir, uno se comienza a contar chistes y a bailar y a cantar sin rajarse".

Orgullo de pertenecer a ese barrio, de tener un lenguaje propio, unas costumbres propias que nos "sorraja y echa en cara a los (pobrecitos, qué mala pata)" que no tuvimos la dicha de ser de allí.

En las novelas-crónicas de Armando Ramírez siempre alguien le cuenta al narrador lo que el narrador le cuenta al lector. Y siempre la narración se acompaña (o acompaña a) de boleros, canciones rancheras, que son las "populares" según el cronista, porque en ellas encuentra "esa inspiración que otros buscan en la poesía".

El lenguaje de Ramírez, al contrario del de Pacheco, es tan fielmente vernáculo, que en vez de leerlo, lo oímos: "cotorrear", "güey", "escuincles", "state quieto", "fayuca", "pizarrín", "chambiar", "ya le bieras dicho que", "pos yo que tú le daba cran". Las frases no pueden ser más ordinarias, por comunes, por cotidianas, por así-se-habla-de-veras, y porque así se expresan los pensamientos: "Recuerda que cuando la mujer mete dinero a la casa, ya se chingó la república francesa", "Ésta es para que ya no me sté chingando la madre".

Nada de cartón, todo muy vivo, hasta la ortografía es escribir como se habla: saguan, tristesa, íncate, para qué las aches, para qué las mayúsculas y los acentos, para qué tanta puntuación:

> pos si mano como te venia diciendo(?) ahora si nos vamos al japón, de ahí agarramos un camion nos vamos a la luna, a patin, porque no nos alcanza el pasaje de regreso ¿y luego que comemos? imaginate, correr, correr y nada de cantar pues esta pelon y todo para que, para nada, se va, va va se fue, fue out, no cierto fue gol, mentiroso lo noqueo, okey maguey vamos por partes, vende caro tu amor aventurera-dale el precio del dolor a tu pecado, donde estas corazon de melon, melo, melo, bongoro quiña quiña. El bongoro, yemaya omeleco, co, co co... co... co y resube doy mocho, doy diez a cinco a favor del ratoncito macias, el casanova ya esta tocado, es mi mero cuate, te lo dije, te lo dije, lero, lero, y los marcianos llegaron ya y llegaron bailando chachacha.

Y sin temor a usar palabras procaces, títulos duros (algo a lo que se adelantó y que hoy cualquier periodista imita): violación, pantaletas.

La evolución narrativa en Ramírez, por extraño y paradójico que parezca, ha caminado hacia la depuración: Si en *Chin Chin el Teporocho* (1971) y *La crónica de los chorrocientos mil días del barrio de Tepito* (1975) eran narraciones interminables, indivisas, repetitivas, en *Quinceañera* (1987) ya fue más acotada y en *Pantaletas* (2001) de plano el relato se ha reducido hasta lo más elemental que permita contar los hechos sin perder el estilo del cronista. Como si dijera para qué tanto choro si siempre voy a contar lo mismo: siempre del país jodido y siempre del amor que jode.

Pero a esa depuración corresponde, tambien por extraño y paradójico que parezca, una intensificación (como si todavía fuera posible) del lenguaje, que se vuelve más cargado, más vernáculo si eso se pudiera medir en cantidad, más lleno de modismos y con un código que nadie que no sea un mexicano-de-hoy-que-vive-en-la-ciudad puede entender:

> Por eso la dejé buscar su vocación, que se realizara como mujer, que no se sintiera sepultada en vida. Si quería ser periodista como Lolita Ayala, pues órale, acá está su Azcárraga Jean, su Salinas Pliego, y si Dios quiere su Ted Turner.

Guadalupe Loaeza está en las antípodas de Pacheco y Ramírez con sus temas. Y es que sucede que a pesar de la moda "pobrecista", de la ideología que exalta solamente a los que no tienen (y que son a los que se considera "el pueblo"), existe otro lado, "los de arriba" como les llamó Eduardo León de la Barra,[9] para oponerlos a "los de abajo" que inventó Mariano Azuela, que son quienes en vez de pasar hambre se ponen a dieta y gastan más agua en regar su jardín o en llenar su alberca que la que usan en un año las colonias enteras de los marginales:

> Durante estas cenas Manolo comentaba con todo lujo de detalles sus últimos éxitos en la casa de bolsa. ¿Sabes cuántos puntos subió hoy la bolsa? Dos mil. Estoy ganando mucha lana. Cuando el baby cumpla tres meses, te llevo a Europa. ¿Sabes que quiero comprar un terreno en Tepoz? Ya le dije a Rafael y a Ceci que cuando vean uno como de 4 mil metros nos avisen.

Se trata de los ricos, esos que como bien lo supieron hace un siglo Nervo y Gutiérrez Nájera y hace medio siglo Novo, también son México y aman a "La Patria", aunque le expriman todo lo que pueden y aunque se quejen todo el tiempo:

> Las trufas francesas subieron, también subió el champagne, gracias a Dios los zapatos Gucci siguen costando 175 dólares, igual a 84 mil pesos. La onza de perfume más caro del mundo se ha mantenido en el mismo precio. Por 96 mil pesos puede usted seguirse perfumando con Joy.

Ése es el mundo y ésos son los personajes de los que habla Guadalupe Loaeza, la única cronista que hoy se atreve a hablar de los nice, beautiful people, "hijos de papi y también de mami, nietos de sus abuelos y primos de sus primos, que viven en Las Lomas y Polanco".[10]

Para hacer sus retratos, Loaeza no inventa nada, todo lo recoge, exactamente como lo oye (tan "motherno"), como lo ve (tan bien vestido), como lo huele (tan perfumado). La gente "es monísima", toma cursos en el IPADE, ve programas de la televisión norteamericana en los canales de paga, compra cremas francesas para la cara y zapatos italianos para los pies, asiste a cocteles, comidas, cenas, desayunos, fiestas, torneos de golf y de velero, vacaciones en el extranjero, habla mucho por teléfono, principalmente por el celular, mezcla palabras de otros idiomas, hace regularmente ejercicio y va regularmente al salón de belleza, tiene sirvientas y choferes y casas enormes para vivir durante la semana y otras para el fin de semana y autos último modelo, sale en las secciones de sociales de los periódicos y las revistas, va mucho a los restoranes y a las tiendas.

Son aquellos que, a diferencia de los seres de Pacheco, quieren que su vida siga por siempre siendo como es:

> Que siga ganando el PAN, te rogamos Señor. Que nos devuelvan la banca, te rogamos Señor. Que no se nacionalicen las escuelas privadas, te rogamos Señor. Que nos arreglen los baches de las Lomas, te rogamos Señor. Que vengan a auxiliarnos las transnacionales, te rogamos Señor. Que las autoridades consulares del gobierno de Estados Unidos sigan

apoyándonos, te rogamos Señor. Que desaparezca el PRI que está lleno de nacos, te rogamos Señor. Que nuestros empresarios no desfallezcan, te rogamos Señor. Que los de las patrullas particulares que contratamos no nos defrauden, te rogamos Señor. Que la gente decente tenga cada vez más fuerza política, te rogamos Señor. Que Televisa siga aportando sano esparcimiento a los hogares mexicanos, te rogamos Señor. Que cesen las lluvias torrenciales para que no haya más congestionamientos en el Periférico, te rogamos Señor. Que nunca falte agua para nuestros jardines y albercas, te rogamos Señor. Que el Opus Deis siga incorporándose a las empresas públicas, te rogamos Señor.

*Las niñas bien* (1985) fue el primer libro en el que Loaeza reunió sus crónicas, que habían sido publicadas durante dos años en un periódico. El éxito fue inmediato y enorme. Resultó que a los retratados les gustaba leerse, oírse. Entonces le siguió *Las reinas de Polanco* (1987) donde usó el mismo modelo de reunir artículos, con el mismo tema y estilo de narrar. Y otra vez, el éxito fue enorme. De allí en adelante, Guadalupe repitió la fórmula en muchos libros, prácticamente publica uno cada año y a veces dos, en los que además de sus señoras y señores y jóvenes y niños ricos, aparecen también políticos, estrellas de cine, cantantes y toda suerte de gentes célebres.

Las crónicas de Loaeza son siempre breves. No son historias de largo aliento que desarrollen una trama sino que son viñetas que recogen conversaciones, con un oído excepcional para reproducir "tonos, inflexiones, muletillas, modismos", expresiones en español, inglés y francés, anuncios, marcas de productos y nombres de restoranes, todo ello con desparpajo y sin empacho alguno, para hablar de lo más variado: objetos inútiles con precios imposibles, diversiones extravagantes, viajes carísimos, en fin, de vidas que pocos pueden tener y todos los demás, si lo vemos, no lo podemos creer, pero por lo general ni idea tenemos.

Loaeza escribe rápido, de un tirón, sin detenerse demasiado en cuidar la redacción. El resultado es el mismo: una lectura rápida, de un tirón, que no se detiene demasiado en cómo lo cuenta porque lo importante es lo que cuenta.

Lo mismo que Ramírez, Loaeza pertenece a lo que cronica. Conoce las colonias Polanco y Lomas de Chapultepec como Armando Ramírez conoce Tepito, de modo que no se acerca a ello desde afuera, sino que lo vive, lo es. Sólo que en ella se mezclan el orgullo por pertenecer de Ramírez, pero también una cierta crítica, sin culpa como Poniatowska, incisiva pero de cierto modo benevolente, nunca con la acidez de Blanco. Pocas veces el dicho ha sido más exacto: "Para que la cuña apriete…".

Lo más original de esta cronista es la sabrosa carga de humor con que salpica sus escritos. Loaeza se divierte cuando escribe, eso ni duda cabe, y lo transmite así al lector: "Últimamente todo el mundo se está compadeciendo por los pobres, pero nadie compadece a la clase privilegiada que también está perdiendo su poder adquisitivo. A eso le llamo: injusticia".

Y curiosamente, esas crónicas que parecían de coyuntura hace veinte años, se siguen dejando leer hoy. Tal vez porque no han cambiado tanto las cosas, tal vez por lo caro que sigue estando todo, o porque siguen vivas las preocupaciones banales y frívolas y los sueños de ser aquí, en "Mexiquito", como son allá en Europa y Estados Unidos ¡y dejar de ser nacos y subdesarrollados y tercermundistas!

## 3. La crónica de la literatura

En un país sin lectores, José Emilio Pacheco lee y les explica a los mexicanos su literatura y otras literaturas, en una crónica erudita y minuciosa, noble y seria.

Empezó a hacerlo en 1960 en la *Revista de la Universidad de México*, en una columna mensual que se publicó hasta 1963 con el título de "Simpatías y diferencias", de allí pasó a *La Cultura en México*, suplemento de la revista *Siempre!*, donde con el nombre de "Calendario" la siguió haciendo entre 1963 y 1970, para por fin, en 1973 entrar a la revista *Proceso*, donde con el título de "Inventario" siguió haciéndolo, en entregas semanales, que nunca quiso reunir en libro ni permitir que otros lo hicieran.[11]

Se trata de una crónica literaria en la que Pacheco hace reseñas y comentarios, da informaciones, apunta notas, desarrolla análisis sobre "ideas, textos, autores". Su característica central es que parten siempre de materiales literarios escritos, sea en libros, revistas o periódicos, pues para él, como diría Susan Sontag, "los libros son su forma de conocimiento del mundo".

Y es que la pasión de Pacheco es la palabra escrita. A ella le atribuye un gran poder y hasta "una naturaleza diabólica": "La novela y el chisme son el más alto y el más bajo entre los hilos de la madeja de relatos que nos envuelven desde la cuna hasta la tumba", afirma.

Como lo ha señalado Antonio Alatorre, Pacheco es un gran lector. Él lo explica así: "Al leer soy un instante el otro que me habla desde el fondo de sí. Su pasado se vuelve parte de mi experiencia, viajo a donde no estuve ni estaré, veo lo que no vi, conozco lo que ignoraba, pienso en lo que nunca había pensado".

Pacheco investiga, traduce, opina sobre investigaciones y traducciones, critica y comenta a los críticos, homenajea, juega, inventa, adapta, hace teatro, ensayo, narrativa y poesía, separa y yuxtapone y como él mismo dice, "calumnia y transcribe", revisa ediciones, rastrea influencias (aunque la palabra no le guste y considere que "es sólo nuestra semieducación la que así les llama", por lo que prefiere usar la palabra "correspondencias"), busca repercusiones, semejanzas y diferencias en estructuras y estilos, descubre fuentes, compara literaturas y prosas, admira, cuenta anécdotas, habla con la historia y con la poesía y la narrativa nacionales y extranjeras, de hoy y de ayer, porque es suya la divisa de José Martí: "Conocer diversas literaturas es el medio mejor de librarse de la tiranía de alguna de ellas".

La manera pachequiana de hacer crónica es absolutamente original en la cultura mexicana. A un tiempo ensayo y narrativa, a un tiempo historia y literatura, pretende dar cuenta de muchos asuntos y también establecer un mecanismo de intercambios y apropiaciones sin el cual "la literatura no puede existir". Y esta actividad suya tiene además una cualidad también muy original: se puede decir lo que él dijo de Nicolás Guillén: "Aunque sus crónicas describen la realidad de la época en los terrenos social e histórico, escribe como poeta".

Las crónicas de Pacheco fluyen amenas y ágiles, ligeras y breves pero nunca superficiales, informativas pero siempre rigurosas. Son capaces de llevarnos a todo tiempo y lugar, de atraer lo lejano y distanciar lo próximo (que es, según este autor, lo que hace a la literatura) y aunque él las pretendía efímeras, definitivamente no lo son.

De entre lo que se aprende con Pacheco en estos escritos destaca el cómo hacer la crítica literaria, pues la suya es una propuesta de método, una propuesta de una crítica que nada tiene que ver con los elogios ni con las injurias, sino que se sustenta sobre argumentos. "Nada me gusta tanto —escribió Pacheco poniéndolo en boca de Juan Ramón Jiménez— como la crítica seria y noble que da, en expresión justa, el pensamiento y el sentimiento del escritor". Y en otro texto agregó: "Detesto la crítica halagüeña, la infame, y sobre todas las cosas la entreverada". Por eso arremete contra la crítica que pretende, "en tres líneas desdeñosas, liquidar con una frase feliz el trabajo de muchos años de un escritor". A eso le llama "canibalismo". Para él la crítica es necesaria y cumple una importante función, pero ella debe ser producto del trabajo riguroso, de los argumentos y de la inteligencia.

Para Pacheco, hacer crónicas es un trabajo difícil, que exige mucho tiempo y mucho esfuerzo, mucho leer y releer y no sólo las obras de los autores sino también las obras en torno a ellas: "La única manera de hacerle preguntas a un autor es leyéndolo" afirma, así como "la única manera de aprender a escribir es escribiendo".

Leer y releer, estudiar, aprender, corregir, revisar y rectificar. Nadie en nuestro medio corrigió y revisó como José Emilio Pacheco; su trabajo de revisión y corrección es tan importante y significativo como el de creación original. Y es que es suya la idea de "guardar en el cajón o tirar a la basura la mayor parte de lo producido" y aceptar que las más de las veces el esfuerzo concluye en absoluto fracaso.

Porque la literatura es un recorrido penoso y largo, que se cocina despacio, que requiere de mucha paciencia y mucho trabajo arduo, pero que también, y sobre todo exige profunda humildad.

Para ser leídos hay que leer, dice Pacheco, para llegar hay que "recorrer el camino". No se puede "erigir la pirámide sin empezar por los cimientos". Sobre todo en un país como el nuestro en donde los que leemos y escribimos tenemos un doble trabajo, pues los europeos no tienen que leernos a nosotros y en cambio nosotros a ellos sí: "Nosotros tenemos que leer a Gamboa y a Stendhal, a Flaubert y a Prieto, a Tolstói y Altamirano", dice aludiendo y respondiendo a aquella vieja proclama de Jorge Cuesta según la cual: "Preferir las novelas de Gamboa a las novelas de Stendhal y decir don Federico para los mexicanos y Stendhal para los franceses, por lo que a mí respecta, ningún Abreu Gómez logrará que cumpla el deber patriótico de embrutecerme con las obras representativas de la literatura mexicana. Que duerman a quien no pierde nada con ellas. Yo pierdo *La cartuja de Parma* y mucho más".[12]

En un texto sobre Vasconcelos, Pacheco dice cómo se debe leer a un autor: ir hasta su tumba a interrogarlo, a reclamarle y agradecerle lo que hizo, lo que dijo, lo que fue. Verlo con resentimiento y con amor, con cólera y ternura, pero jamás con indiferencia. Porque nuestros autores hicieron posible la situación actual de los grandes escritores hispanoamericanos que se hallan completamente a la altura de los europeos: "Fundaron una literatura pobre que en modo alguno es una pobre literatura".

El crítico, sostiene Pacheco, no tiene elecciones ni preferencias, pues no hay una sola forma de hacer las cosas. Él sólo busca la buena literatura y en eso no hay nada absoluto ni nada definitivo, el único camino es, como afirma Pacheco de Borges, "la flexibilidad que humaniza". No hay y no puede haber normas obligatorias, ni valores o estéticas absolutos, ni siquiera palabras definitivas, pues todo cambia, hasta la posteridad y "el tiempo se encarga de abolirlas".

Para ejemplificarlo, pone el caso de los parnasianos: "Aunque su actitud nos repugne, debemos rescatar lo rescatable de ellos y admitir que hicieron contribuciones de primer orden al arte de la poesía".

¡Qué apertura! ¿De dónde sale en nuestra cultura de intolerancia este bicho raro abierto a todo?

Y sin embargo, a pesar del discurso, de todos modos la clave del trabajo crítico de Pacheco consiste en buscar las obras "únicas, irrepetibles, insustituibles" y a los autores "significativos por su calidad o su interés histórico". Esto lo pone en práctica en las diversas antologías que realizó de narrativa y de poesía.

¿Qué quiere decir Pacheco con autores y textos significativos? Quiere decir aquellos que abren caminos como Borges, Cortázar, Paz, Darío, Flaubert, Hugo, Salado Álvarez, Aleixandre, Azevedo Oliveira, Díaz Mirón, Capote, Altamirano, Martí, Chumacero.

Es suya la idea de que "las acciones de los poetas son sus poemas y no sus vidas", y que por eso la única relación que debería existir entre lector y autor es la de la lectura de las obras, que por lo demás resulta ser "la más íntima y pudorosa, pero en modo alguno la menos vital".

Y sin embargo, Pacheco busca datos que permitan relacionar la situación social e histórica de un escritor con su literatura, su vida y obra, o como dice él: "sumemos al condicionamiento social el factor personaje". Pero es que es suya una concepción de la literatura no sólo como trabajo creador, sino también como microhistoria: "El escritor piensa, siente y refleja las ideas, las pasiones, dolores y alegrías de la sociedad en que vive". Una y otra vez insiste en esto: la literatura es o debe ser "un objeto verbal bien hecho, que honre el idioma en que está escrita y que diga algo significativo acerca de una realidad común a todos nosotros pero vista desde una perspectiva única", "la poesía no es un objeto eterno que va más allá de las contingencias espaciales o temporales", "narrar es convertir los hechos en palabras", afirma siguiendo a Pavese.

Así pues, las condiciones sociales son un elemento fundamental para Pacheco. Porque "la famosa e infame torre de marfil" no fue entre nosotros otra cosa "que una venganza imaginaria contra el adobe, las joyas de tantos poemitas de los noventa no fueron sino las baratijas que inundaron los parisitos de las Américas. En ellas se dilapidaron las ganancias de los sucesivos auges que se disolvieron en sucesivas crisis".

Para entender la poesía de Darío, hay que recordar la guerra del 98 y sus quince años de vida con una sirvienta en Madrid, dice. O la del modernismo como "producto del choque y la tensión que significó para Hispanoamérica haber recibido el mundo moderno que llegaba a insertarse en el mundo antiguo". O la de Gamboa, que sólo fue posible "con la base social que le había dado el porfiriato". En síntesis, escribe Pacheco en el prólogo a su *Antología de la poesía mexicana, 1810-1914*: "Nadie deja de respirar lo que está en el aire". Y la fuerza del aire es tal, que

Darío "llegó cuando más falta hacía" y "si no hubiera existido, habría que inventarlo".

A diferencia de aquellos críticos que sólo buscan el placer del texto en el juego de la palabra o en el deslumbramiento de la inteligencia —que sin duda Pacheco también busca y disfruta, desmonta y analiza, entiende e interpreta—, él, alejándose de la actitud parnasiana, está convencido de que el arte "está en el mundo". Por eso afirma: "Ahora ya nadie es inocente: sabemos que el arte que no se paga con dinero, lo subsidia con su explotación la misma plebe a que desprecian los estetas".

Para hacer sus crónicas literarias, para convertir a la literatura en crónica, Pacheco toma aquello que le parece útil de los métodos más diversos. Un texto que ejemplifica bien esta afirmación es el que escribió sobre Flaubert y en el que hace distintos tipos de análisis:

- estructural: "*Madame Bovary* es el recurso de la subliteratura, antinovela rosa, invierte la situación arquetípica de todas las Corín Tellado que en el mundo han sido";
- literario: "Aquí se da eso lo que los analistas literarios llaman el estilo indirecto libre";
- sociológico: "*Salambó* es una típica novela francesa del segundo imperio. Su afán colonizador de nuevas tierras bien se corresponde con las empresas imperiales de Luis Bonaparte en Argelia, Indochina y México";
- sicológico: "Su exotismo es una proyección imaginativa del deseo sexual";
- histórico: "El héroe de *La educación sentimental* es heredero del fracaso revolucionario de 1848";
- crítico: "El juicio de los críticos tiende a considerar a *La educación sentimental* como la obra maestra de Flaubert y del realismo francés".

Con frases cortas, con una prosa perfectamente pulida y cuidada, lenta y segura, Pacheco vierte sobre el papel una larga cadena de lecturas atentas, de estudio cuidadoso y de inteligencia crítica. O como afirmó Jaime

García Terrés en su respuesta al discurso de entrada de Pacheco a El Colegio Nacional: "Investigación disciplinada, cultura general amplia, pupila selectiva y agilidad en la exposición".

En sus crónicas se materializa, sin afirmaciones teóricas de ninguna especie ni fárragos académicos, toda la teoría y la erudición que tiene, más una idea muy precisa respecto a cómo debe leerse e interpretarse la literatura. Y encontramos que:

- explica: "El modernismo significa ruptura del encierro de siglos, fantasía, pasión, imaginación, placer verbal, erotismo, ironía, conciencia crítica del lenguaje, explotación del inconsciente y muchas cosas más" o "El cuadro de costumbres es la piedra de fundación del realismo hispanoamericano y una de las primeras formas que encontró la sociedad para observarse a sí misma y dejar memoria de sí misma" o "'La duquesa Job' es el primer poema que se escribe para una clase media urbana";

- afirma: "La primera edad de oro de la novela hispánica es hace un siglo: 1868, la segunda transcurre hoy"; o "La de 1857: la mejor generación que ha nacido"; o "'Idilio salvaje' de Othón, el mejor poema de nuestro siglo xx"; o "El porfiriato no produjo al modernismo, pero naturalmente el modernismo está condicionado por el porfiriato" o "El estridentismo fue un producto de la desaparecida colonia Roma" o "La poesía mexicana es melancolía, cólera, ambiente crepuscular" o "Nervo tenía una habilidad rítmica y una variedad temática que nadie igualó" o "La novela de folletín es el libro del pueblo";

- busca raíces: "Los poetas toman lo que les interesa donde lo encuentran y se apropian de lo que necesitan, por eso la poesía es un sistema de vasos comunicantes" o "Una novela como *Los bandidos de Río Frío* es un fenómeno universal que se da en las sociedades basadas en la agricultura y que se componen fundamentalmente de campesinos sin tierra y trabajadores oprimidos y explotados";

- une: "Salado Álvarez es el eslabón que explica el paso en menos de veinticinco años de una novela como *Santa* a *El águila y la serpiente* y *La sombra del caudillo*";

- supone: "Tal vez si a Nervo lo hubieran traducido al inglés sería tan famoso como Hesse o Gibrán";

- plantea problemas: los del éxito, los del dinero, los de la ficción, los de la verosimilitud, los de los profesores de literatura;

- rastrea influencias (correspondencias como a él le gusta decir): entre Balzac y Stendhal y la vanguardia del siglo xx, entre los parnasianos y los neoclásicos (por extraño que parezca), entre el modernismo mismo (o "los modernismos" como prefiere decir porque, según él, cada autor hace el suyo propio);

- sigue la evolución de los estilos: "Del costumbrismo la novela pasa al realismo y se convierte en obra de observación inmediata y de cuidadosa elaboración documental. El narrador se propone fijar los elementos históricos de la sociedad, esclarecerla ahondando en sus motivos y fines y erigir virtudes: energía, honestidad, valor";

- sigue la evolución de los escritores: "¿Cómo el poeta de *Prosas profanas* se transformó en el autor de *Cantos de vida y esperanza*, la cumbre poética del modernismo?";

- y sigue también la evolución del lenguaje: "Darío cambió la lengua española hace sesenta años; Borges lo hizo en los años sesenta de este siglo";

- exige: "Sin el dominio del lenguaje de fin de siglo no hay entendimiento posible del modernismo"; "Los poemas deben verse bajo las categorías de la literatura europea de la época y situarse en las condiciones locales en que se produjeron, evitando el peligro de que los contextos nos hagan perder de vista los textos";

- desconcierta: "La autobiografía de Vasconcelos es un monumento al amor" o "*Pero Galín* es la utopía agraria del México revolucionario de Calles";

- propone: "La literatura mexicana de hoy espera a su Capote, a su Mailer, a su Kapuściński local" o "Alguien debería escribir hoy novela histórica";

- lamenta: "Antes a un autor se le exigía como requisito indispensable tener medio siglo de muerto. Hoy hemos pasado al extremo contrario y se necesita un valor a toda prueba y una muestra inquebrantable de criterio propio para atreverse a proponer un curso o una tesis sobre Gallegos, Azuela, Güiraldes, Guzmán, Rivera";
- enseña: "Las categorías europeas no deben pasarse por fayuca sino adaptarse a las circunstancias de América, porque en la complejidad de lo que sucede hay más cosas de las que sueñan nuestros marcos teóricos" o "Un escritor debe recibir esa enseñanza irreemplazable que sólo pueden darle sus contemporáneos";
- recoge modos de expresión: "El verbo chingar no se forjó durante la colonia sino lo trajeron los obreros españoles casi todos anarquistas llegados en los años setenta del xix" o "En época de los Siete Sabios fragmentarismo se llamaba a hacer del artículo y el ensayo principal medio de expresión" o "Se perdió la palabra platicar que todavía en 1920 empleaban Azorín y Unamuno". Él mismo incorpora a su crónica expresiones de uso reciente como "Qué nos pasa" puesta de moda por la televisión;
- pone ejemplos: "El modelo perfecto de la crítica son dos libros de Castro Leal, uno sobre Juan Ruiz de Alarcón y otro sobre Díaz Mirón: sus características deberían ser obligatorias para los textos críticos mexicanos";
- califica: Habla de libros "irremplazables", "definitivos", de poemas "perfectos";
- compara: "*Clemencia* es una novela dickensiana";
- se pone paradójico: "México, en que todo cambia y todo sigue igual";
- se pone definitivo: "No nos fue dada la mentalidad teórica";
- se pone romántico: "La literatura se alimenta de dolor, de fracaso y de derrota" o "La naturaleza diabólica de toda actividad narrativa";
- se pone triste: "Vivimos en el siglo de las sombras" o "Somos el país de las derrotas" o "Ser mexicano es ser triste, tristeza de lo

que uno ya no fue, ya no será nunca" o esa frase pachequiana más profunda que mil ensayos filosóficos y que explica lo que es nuestro país: "En algún momento los mejores de cada generación se estrellan contra el muro de México, esa inflexible pared que frena los entusiasmos, humilla las altiveces, pulveriza los talentos y acaba con las promesas";

- hace preguntas: "¿Por qué no hay carreras largas entre los literatos mexicanos?";
- toma decisiones: "El noventa y nueve por ciento de la producción anual de poesía debería tirarse a la basura";
- llega a conclusiones: "¿Cuántos poemas de verdad excelentes escribe un gran poeta a lo largo de su vida? Muy pocos, poquísimos, cinco o seis" o "Ningún poeta es un manantial inagotable. Por variados y ricos que sean sus dones, tiene una sola visión del mundo que no puede cambiar";
- trae todo a México: "Emma Bovary sigue viviendo entre nosotros. Hoy se aburre en su condominio de dos piezas, lee *Cosmopolitan* y los best sellers de Grijalbo y Diana, adquiere vestidos en Perisur, se avergüenza de su marido y espera al galán que la hará vivir una historia romántica en sórdidos moteles";
- y trae todo al día de hoy: "La lista de lo que describe Payno nos sigue hiriendo en 1985 como en 1845".

Y por supuesto, como todo creador, se contradice: por un lado afirma que nuestra cultura es "de retazos, de saldos, de baratillo, de todo lo que el mar arroja en desorden de este lado del mundo" y por el otro habla de "la excelente literatura de nuestras tierras: los grandes escritores hispanoamericanos se hallan completamente a la altura de los europeos" y más todavía, asegura que "los españoles e hispanoamericanos que nacieron entre 1890 y 1905 fueron la más grande generación poética del siglo xx y ningún otro idioma ofrece en aquel momento una generación comparable en calidad y en número"; o por un lado se queja de que "México es el país de la improvisación" y que aquí "todos tocan de oído" y por el otro afirma que "nuestra única esperanza es el trovador analfabeta que improvisa versos, el mecánico que improvisa piezas y no el doctor ni el graduado"; o se enoja con quienes ocupan su tiempo en leer la crítica en lugar de las obras: "El peligro es siempre comentar la opinión de los críticos en vez de la obra de los poetas", pero después insiste en que la crítica es necesaria para poder leer, pues ella orienta y aclara; se enoja contra los que hacen prólogos pero él mismo los hace; se enoja contra la pérdida de tiempo que son las entrevistas pero asegura que "éstas pueden tornarse mucho más interesantes que toda la literatura con pretensiones de perdurable" y de hecho él las lee, las disfruta y las cita; se enoja contra los que hacen homenajes pero los acepta complacido; se molesta contra quienes "reúnen en libro lo que el escritor quiso deliberadamente dejar disperso o sin publicar", pero le fascinan los libros que reúnen cartas, artículos sueltos, diarios y notas de los escritores y recurre a ellos agradeciendo a quien tuvo la ocurrencia y la paciencia de compilarlos, editarlos, publicarlos.

A José Emilio Pacheco le gustan las generaciones, los grupos literarios, la continuidad. En su revisión de la historia literaria de México define algunos momentos que le parecen clave:

- la Academia de Letrán, "modalidad mexicana del liberalismo", fundadora de la literatura mexicana que "responde a una afirmación nacional cuyas consecuencias tenemos hoy, ciento cincuenta años después";
- Altamirano con sus afanes democráticos para educar y con su voluntad de estilo para deleitar;
- el modernismo (los modernismos, prefiere decir), tentativa de romper con tres siglos de humillación y aspirar a un desarrollo semejante al de las metrópolis;
- la Revolución, cuando Vasconcelos tiene "otra visión de los vencidos", llena de grandeza y Revueltas una visión trágica, al punto de convertir "el cuento y la novela en instrumentos de crítica radical";
- Paz, quien transformó nuestra manera de hablar, leer, escribir y pensar, y Fuentes, ejemplo de equilibrio entre las preocupaciones

sociales "indispensables al escritor de nuestro tiempo" y la vigilancia estética.

Las crónicas de José Emilio Pacheco parten de un punto de vista moral: "El disfrute de la poesía exige una moral", dice. Ésta es muy clara: "Imposible concentrarse en los versos si hay tanta gente sin suerte", dice el autor repitiendo lo que dice Dos Passos sobre John Reed.

Es también una perspectiva nacionalista, que aunque parte del enojo con México (por ese muro que todo lo frena, por las "pesadillas incurables" que son "la corrupción gubernamental y la deuda externa", por la injusticia y el desastre ecológico, por la terrible ciudad capital, "la más horrible e inhabitable del mundo") se enfurece contra quien habla mal del país y les llama "antipatriotas", "afrentosamente mexicanos".

Es un purista (está contra el tabaco), un defensor de causas (la selva amazónica), un cursi ("contra todas las formas de la muerte se alzará siempre el árbol de la vida"), un comprometido ("no es posible olvidar ni permitir que se repita la historia"), un nostálgico ("todo eso volverá sin duda, pero volverá para otros porque nosotros no volveremos"), un deprimido ("el mundo se desploma ante mis ojos"), que está a favor de los pobres ("con aquellos que no saben ni de pintura ni de poesía sino de sufrimiento, horror, lucha, esperanza"), que es defensor de las mujeres, liberal, antirrepresión, moderno, culto, antiimperialista, apasionado, trabajadorsísimo, dedicado, inteligente, tremendamente serio.

Para Pacheco la literatura es disciplina y trabajo. Como para los neoclásicos, es un arte que exige estudio y práctica; como para Borges, disfruta el privilegio de la lectura; como para Gamboa y Torri, es suya una actitud de humildad y modestia; como Altamirano y Gutiérrez Nájera, quiere relacionar la literatura con la circunstancia social en la que ella se produce, pero cuidando también la forma; como Revueltas, quiere a la literatura como compromiso, como algo útil, que "aspira a la credibilidad"; como Pound y Diderot es perfeccionista; como Azevedo Oliveira se quiere fuera de todos los grupos y como Walsh se quiere obrero de las letras.

José Emilio Pacheco es un cronista de las letras, obsesionado por algunas obsesiones. Las centrales son:

- encontrar si hay un lugar en este mundo para la poesía, "en medio del estruendo, de la confusión de sonoridades que nos rodean";
- saber si la literatura puede cambiar la vida y si tiene objeto escribir para abogar por el fin de las torturas y matanzas.

La única manera de dar cauce a esas obsesiones, asegura Pacheco, es que la literatura cumpla con la función de "dar identidad y voz a un conglomerado que no puede encontrarlas en ninguna otra parte". La literatura entonces como crónica.[13]

José Joaquín Blanco es un cronista enorme cuando habla de literatura. En sus textos la pasión está puesta al servicio de la mejor causa: convertir a la literatura en electricidad, en deslumbramiento, en nervio puro. Los suyos son textos que vigorizan y vivifican al lector, que le dan lucidez, que le abren los ojos, que le hacen sentir más robusto y más inteligente y por si eso no bastara, lo transfiguran, lo transforman.

Porque Blanco incita a gozar de la literatura, una cualidad que por sí sola bastaría para hacer indispensables sus libros. Pero además, obliga a reflexionar: sobre gustos, temas y autores, pero principalmente sobre la vida, sobre la manera de vivirla, de pensarla, de escribirla. Y más todavía: incita a tomar partido, a agitarnos, ponernos nerviosos, enojarnos, a violentarnos incluso. Es, como dijo él de algún escritor, "el agudo temple de la inteligencia" desplegándose a toda vela.

Ése es el secreto y la fuerza y el encanto y el atractivo de la escritura crítica de José Joaquín Blanco cuando hace crónica de la literatura. Sus propuestas y ataques, sus medidas de valor, intereses y preocupaciones, pero sobre todo su modo de problematizar, los desarrolla con tal inteligencia, con una manera tan vehemente de argumentar, que termina por alterar no sólo las convicciones del lector sino incluso su equilibrio.

Blanco convierte a la lectura en un modo de vida, a la literatura en la única posibilidad de hacer el mundo habitable y en el camino de la liberación. Y la crítica se convierte en un asunto ético, en un acto moral de, para y sobre la vida. Leer a José Joaquín Blanco produce un choque

que abre las puertas y las compuertas "a un nuevo espacio moral", para usar las palabras del cronista, porque él es, como dice que dijo Walter Benjamin de Gide, un "inquietador", "un director de conciencia", "una instancia moralmente inspirada".

¿En qué consiste el signo moral de la crónica literaria de José Joaquín Blanco?

- En que todo lo cuestiona y no acepta ningún supuesto, idea, preconcepto o mistificación: él establece sus propias coordenadas de lectura, su propia problematización;
- en su idea de que un buen texto es "una clandestinidad en resistencia", de modo que escribir y leer son una lucha íntima y personal para la sobrevivencia y para la lucidez;
- en la elección que hace de autores y textos. Para Blanco todo texto "delata un espacio de opciones personales en el cual por registro, omisión o invención de utopías, se diseñan los positivos y los negativos fotográficos de la vida". Blanco elige lo que va a leer (y luego o al mismo tiempo lo que va a cronicar) a partir de un elemento: la actitud que hay en los escritores y en los textos hacia la propia literatura y hacia la vida. Nada más;
- en la forma como lee a los autores y textos, hasta convertir a la crítica en la más creativa y radical de las formas literarias y al mismo tiempo, según una frase que él aplica al crítico literario Edmund Wilson, en "una forma personal de lucha";
- en que se niega a jugar el juego de la objetividad y de la imparcialidad que se supone son esenciales a este tipo de quehaceres. Es más, ni siquiera lo pretende, o como lo dice con una frase de Villaurrutia: "No creo en la imparcialidad del crítico pero sí en una parcialidad bien cimentada y compleja". La suya es, como lo advierte en algún lado, "una lectura personal" hecha con el único fin de "hacer habitable el mundo", "recuperar el optimismo", "tener ganas de vivir";
- en su objetivo de conseguir atraer a algunos lectores hacia ciertos autores y textos que le parecen importantes para la literatura

y para la vida. Más que un objetivo, en él es una misión, o puesto en sus propias palabras: "hacer el servicio";

- en la pregunta que constituye su punto de partida: ¿Qué estamos leyendo?: "¿Leemos acaso lo que dicen los autores o lo que nosotros podemos y queremos digerir?". Tampoco en eso se engaña Blanco: "Uno entiende sólo en relación con lo que ha vivido, uno traduce lo que lee según su riqueza personal";
- en su decisión de reconquistar la cultura que las instituciones usufructúan y de redimir a ciertos autores y textos del uso fraudulento que se hace de ellos.

Y allí están los textos de José Joaquín Blanco para dar fe de todo esto: en sus análisis de la literatura mexicana: *Crónica de la poesía mexicana* (1978), en el que solamente aborda los cuatro momentos que le parecen importantes en el desarrollo de ese género literario, porque elige nada más a los "poetas más seductores o representativos" ya que no está dispuesto a trabajar sobre quienes no le interesan: "En el amplio conjunto de la poesía cada lector va buscando los poetas y poemas que le interesan, como en las amplias ciudades cada persona encuentra a sus amigos"; "Ofrezco al lector una crónica y no una historia de la poesía mexicana. La diferencia consiste en que la crónica es un análisis narrativo de cosas que el lector conoce poco, una invitación a conocer, mientras que una historia pretendería un aparato especializado", escribe en la advertencia preliminar; y al contrario, en los prodigios de investigación detalladísima que son los dos tomos sobre *La literatura en la Nueva España* publicados en 1989 (*Conquista y Nuevo Mundo*, *Esplendores y miserias de los criollos*), los cuales con todo y la especialización y erudición (que dice detestar y de la que de todos modos hace gala), no por eso dejan de ser una invitación a conocer a fondo tres siglos de literatura, con un espléndido análisis; y por fin en sus ensayos reunidos en *Retratos con paisaje* (1979) y *La paja en el ojo* (1980). En aquél están Stendhal (con su búsqueda de la belleza que lo convirtió en el más romántico de los románticos), Wilde (con su brillantez enorme, pero también con esa enorme debilidad que era su capacidad de autohumillación), Radiguet (que escribe para usar su inteligencia), Gide (decidido a trascender el espacio moral

163

restrictivo en el que vive), Mishima (con su vocación trágica), Mann (con su ideal fáustico en la vida y en el arte), Breton (con su desesperación). En éste están desde Jorge Cuesta con su idea de que la tradición de la cultura nacional es externa, hasta los viajeros extranjeros que han escrito sobre México, pasando por los Contemporáneos y afines que les rodean (López Velarde, Villaurrutia, Gorostiza, Novo, Pellicer), Luis Cardoza y Aragón y Mariano Azuela que se convertirá en obsesión lo mismo que Revueltas.

¿El mejor libro de Blanco?

*Retratos con paisaje,* un texto en el no hay ningún compromiso que no sea con la literatura misma. Dado que son autores de otras tierras, Blanco no tiene obligación de nada (de amistad, por ejemplo, con algún autor) y por lo tanto, no tiene ninguna interferencia. Y entonces puede escribir con toda la libertad y poner en juego toda la lucidez de que dispone, que es mucha.

¿El peor libro de Blanco?

*Letras al vuelo* (1992), un texto que se echa a perder precisamente por el motivo contrario que el anterior, pues en él tiene que hablar bien de sus amigos, aunque ello signifique contradecir y echar por tierra todas sus propuestas literarias. Desde Jean Franco a Luis González, desde Elena Poniatowska a Silvia Tomasa Rivera, pasando por José María y Rafael Pérez Gay, Héctor Aguilar Camín, Luis Miguel Aguilar, Sergio González Rodríguez y Oliver Debroise, Blanco, el profundo conocedor de la literatura, el apasionado de los grandes, termina diciendo de todos estos autores cuán seminales, definitivos y esenciales son para la literatura mexicana.

Encuentro en José Joaquín Blanco:

- a un escritor que parte de un impulso semejante al de los grandes hombres de letras de la Antigüedad, a partir del cual él se arroga el derecho a tratar cualquier tema siempre desde su particular punto de vista, sin concesiones ni miramientos (bueno, casi), aunque ese tratamiento no siempre resulte afortunado;
- a un lector que lee para disfrutar y aprender y también para escribir, para convertir en escritura a la lectura, pues eso es lo que le interesa;

- a un escritor que lee y escribe para vivir mejor la propia vida. Y eso es, a su vez, lo que logra darles a los lectores. Con sus textos se vuelve absolutamente cierto que la literatura es el alimento y el abono de la vida, que nos vigoriza y agiliza incluso físicamente, que nos insufla vida interior y nos da energía para caminar por la calle, que nos calienta porque es la zona más acogedora de la existencia, el fuego de la utopía, la única manera de soportar;
- a un escritor y un lector que a partir de los libros y de la vida de los autores que elige, reflexiona sobre el poder, el cuerpo, la sexualidad, las instituciones, las restricciones y las represiones. Porque en la literatura Blanco busca reconocer raíces y procesos, defender algunas verdades y denunciar los mecanismos de opresión. Una de las razones por las cuales como cronista de la literatura crece tanto a los ojos del lector, es por la forma como va pasando de un texto y de un autor a las reflexiones más amplias y profundas;
- a un lector y un escritor obstinado, que tiene amores y odios y prejuicios muy arraigados y muy definitivos y que llega a la lectura de los libros ya con ellos. Blanco busca héroes y villanos, culpables e inocentes y en su escritura decide dónde está todo lo bueno y todo lo bello y todo lo malo y todo lo feo;
- a un cronista decidido a destruir nuestras convenciones, recetas y dogmas, para imponernos sus ideas y triunfar a toda costa sobre el lector, sea por "la buena" vía de los argumentos o, si no, con "el desdén y el escupitajo", el calificativo, el insulto y la satanización. Así que aunque afirme que la lógica y la ética son relativas, y aunque admire la generosidad y la tolerancia de algunos autores, él no es ni generoso ni tolerante ni condescendiente y sus propuestas literarias, lógicas y éticas, las plantea como universales y absolutas;
- a un lector y un escritor que, una vez elegidos sus autores y sus libros, entonces sí se cuestiona todo y los interroga desde todos los ángulos sin aceptar ideas o interpretaciones de otros lectores, críticos, cronistas o épocas;

165

- a un autor profundamente contradictorio que a un tiempo ama a los autores elitistas y a los textos difíciles y profundos y se conduele por el pueblo ignorante; que es a un tiempo un académico riguroso en sus investigaciones y un periodista de opinión y de artículo a vuelapluma; a un lector que quiere aprehender el mundo pero que de partida está cerrado para lo que ha decidido que sí sirve y que no sirve; a una flor de asfalto que sin embargo en la ciudad sólo ve desastre, violencia, miseria, decadencia;

- a un autor soberbio y arrogante pero sobre todo radical: el suyo no es un radicalismo ni de derecha ni de izquierda ni anárquico ni liberal ni mucho menos humanista, sino visceral y estrictamente literario, pues para él la literatura es todo, nada queda fuera de ella. En su obsesión destructora de mitos, en su enojo contra el orden, las convenciones y las complicidades, en su furia contra ciertos autores, termina muchas veces siendo hasta panfletario;

- pero también a un autor apasionado —y por ello apasionante— totalmente entregado a lo suyo, profundamente conocedor de lo suyo, que se dedica a la lectura y escritura sin administrarse, sin prudencia, dejándose llevar hasta perderse, desgastándose en cada texto, consumiéndose en cada lectura hasta "exponerse a contraer una pulmonía", como dice Blanco que dice Villaurrutia. Es un crítico que, como dice él mismo del crítico Edmund Wilson, busca autores poderosos y problemáticos para no aburrirse con víctimas prontas y fáciles, y esto lo atestigua el ejemplo mayor: su crónica-crítica de la obra de Carlos Fuentes, el intocable. Seguro de sí mismo, de su inteligencia y de su verbo (o mejor dicho, de su adjetivo), Blanco se lanza a interpretar, defender, atacar, calificar y descalificar, elogiar, injuriar e insultar, decidir y determinar, con la misma soberbia y el mismo radicalismo sin concesiones que le atribuye a Cuesta y a Rimbaud y que, oh paradoja, es lo que asegura que acabó con ellos. Los resultados de su método son impresionantes (en el sentido literal y metafórico de este término), cuando el autor elegido es del signo moral que le interesa, porque entonces los textos enchinan la piel y abren un mundo de lucidez para el lector. Y es que Blanco está convencido con Thomas Mann de que el único remedio son las letras, que la literatura es la única opción y que lo único que queda, para sobrevivir en este mundo, es la literatura. Y se juega todo por esa creencia.[14]

Carlos Monsiváis se ha esforzado, como cronista de la literatura mexicana, por dar una visión totalizadora de lo que sucede en la narrativa, la poesía, el ensayo y el teatro. A diferencia de Pacheco y Blanco que eligen a sus autores favoritos o a los que consideran indispensables, Monsiváis se propone recoger todo y a partir de allí, hacer los mapas por los que se pueda transitar para conocer la literatura mexicana y para poner un cierto orden en el bosque de lo mucho que se ha escrito en México desde mediados del siglo XIX hasta hoy.

Ejemplos ejemplares de esa voluntad son las "Notas sobre la cultura mexicana del siglo XX" (1976), sus antologías de poesía, de crónica y de pensamiento de los liberales, sus muchísimos prólogos a autores del siglo XIX y sus artículos en revistas y capítulos en libros sobre la cultura nacional.[15]

Con la guía de Monsiváis, podemos recorrer la literatura escrita en la segunda mitad del siglo XIX, conocemos la novela de la Revolución, el Ateneo y las vanguardias, a los poetas y novelistas que escribieron en los años cuarenta, cincuenta y sesenta del siglo XX. Con una precisión que deslumbra, con una brevedad contundente pero a la que nada se le escapa, el cronista da cuenta de personalidades y tendencias y también de polémicas y atmósferas culturales. Y más todavía, de los ejes sobre los que en cada momento histórico se estructuran y desarrollan los procesos para permitir el surgimiento de las individualidades.

Así por ejemplo: para hacernos entender los orígenes de un nacionalismo cultural con afanes didácticos, nos explica la obsesión decimonónica por construir una nación y de manera concomitante una nacionalidad. Y para hacernos entender la filosofía tajante y definitiva que es el positivismo, nos explica cómo la tranquilidad porfiriana despojó de agresividad, urgencia y hasta razón de ser esa obsesión. Eso también le sirve para dar cuenta de las novelas realistas y de la poesía modernista. Y precisamente la importancia del Ateneo de la Juventud radica en que reúne en su seno a individualidades brillantes, cuya actitud hacia la cultura es ante todo moral: Vasconcelos y Caso, Reyes y Guzmán. Pero la Revolución mexicana modificó de raíz la vida nacional y determinó lo que en adelante sería su cultura. Monsiváis afirma que así como ella fue responsable de lo mejor que se hizo en el siglo xx en el terreno de la pintura, la música, la escritura y el cine, sobre todo la novela —que es la gran épica de la violencia, de la sangre vertida y del encumbramiento de los bribones— así también fue responsable de su mitificación y petrificación. Algo que el grupo de Contemporáneos evitó con su estilo de entender y vivir la cultura.

En los años veinte, se iniciaron los esfuerzos por construir instituciones. Ello se hizo con el nacionalismo como ideología y con la visión mesiánica de las posibilidades de la cultura. Desde entonces el Estado no ha tenido una política cultural rigurosa y coherente, pero sí un decidido afán autocelebratorio y por la elaboración y fijación de Grandes Mitos.

En los años cincuenta van perdiendo su prestigio la Revolución y el nacionalismo ("¿Como andarán las cosas que hasta a los mejores mitos les llega su desmitificación?"), y se va produciendo primero el paso del provincianismo y lo rural al centralismo y lo urbano, y después el desplazamiento hacia la cultura norteamericana que marca la década de los "inolvidables sesenta".

Inolvidables dice el cronista, aunque él no pudo durante mucho tiempo entender (y denostó) lo que en ellos se gestaba: una literatura de jóvenes, clasemedieros, preocupados de sus cotidianas preocupaciones.

El movimiento estudiantil de 1968 fue, según Monsiváis, el momento en que dio inicio el cambio que hoy vivimos. Poco a poco se crearon nuevos espacios culturales: publicaciones independientes, grupos de danza, teatro y rock. El mercado de los libros y revistas se diversificó como resultado de una dinámica expansión del idioma español y se obligó al Estado a abandonar la censura de cine y teatro: "La cultura oficial quedó en ruinas", escribe.

A fines de la centuria, aunque el Estado seguía siendo el principal mecenas de las artes en el país, dando fondos a más del noventa por ciento de los acontecimientos culturales y becas a sus creadores, había una diferencia importante en cuanto a cómo se concebía esto: se consideraba que es una obligación del gobierno hacerlo y un derecho de los artistas y creadores recibirlo. Eso permitió que, aunque el sistema siga siendo el mismo, la vida cultural haya logrado autonomía.

No contento con darnos las explicaciones del origen y desarrollo de la cultura mexicana en los siglos XIX y XX, y con elaborar el mapa y la guía necesarios para conocerla, el cronista literario Carlos Monsiváis nos da también las conclusiones:

- que el gran tema ha sido y sigue siendo siempre comprobar hasta qué punto somos autónomos y en qué medida somos derivados truncos;
- que la cultura mexicana ha sido colonial, definiendo a este término como "todo lo que engrandece lo de afuera por sentirse habitando la absoluta falta de alternativas";
- que la cultura mexicana ha oscilado entre dos fuerzas: el instinto actualizador y la obsesión por preservar la tradición;
- que la cultura mexicana ha oscilado entre el nacionalismo y el valor que le asigna a lo internacional, a lo extranjero, a lo cosmopolita: "ser ciudadano del mundo" y "ser orgullosamente mexicano";
- que en el país no hay un público receptor de eso que se conoce como "la alta cultura";
- que a partir de los años setenta de este siglo resulta inevitable tomar en cuenta eso que se llama "la cultura popular". Sea por influencia del marxismo de los años sesenta-setenta, sea por el crecimiento de las industrias de la diversión, sea por la influencia de los medios masivos de comunicación ("¿Por qué no prendes la tele para ver si ya empezó la realidad"?), el hecho es que hoy por hoy, la cultura se conforma también con la música de rock, los ídolos del cine, la canción romántica, el deporte y las telenovelas. Y sobre todo, se conforma con el lenguaje con el que ellos se crean.

Fiel a su propia conclusión, Monsiváis analiza por igual a las telenovelas (*Aires de familia*, 2000) que a Salvador Novo (*Lo marginal en el centro*, 2000).

Y es así como, casi sin darnos cuenta, de la mano del cronista, hemos recorrido dos siglos de literatura y hemos conocido el conjunto y los momentos, sus problemas y sus hallazgos, sus tendencias y personalidades, sus "estímulos primordiales". Y además, hemos ido recogiendo las claves para una interpretación que, trascendiendo su objeto de estudio, permite comprender a la Cultura Nacional, esa que se escribe con mayúsculas.

## 4. Crónica de la crónica

En el principio fue el verbo, dice la Biblia. El creador dijo "hágase" y se hizo todo: la luz y la oscuridad, el cielo y la tierra, los animales y las plantas, los seres humanos.

Luego éstos inventaron la palabra y la escritura, y se pusieron a narrar: lo que veían y oían, lo que necesitaban y deseaban, lo que temían.

Pues bien: con su verbo, su palabra y su escritura, los cronistas han contado la realidad y también la han construido: lo que es, ellos lo dicen y lo que ellos dicen, es.

Ésta es la grandeza de la crónica del fin de siglo XX mexicano: que recoge y recrea, construye y narra, genera y cambia eso que llamamos "la realidad", y lo hace de tal manera que es literatura de la más alta calidad.

Por lo que se refiere a los temas, la crónica del fin del siglo XX repite y reitera los asuntos de toda la crónica que se ha escrito en este país nuestro, territorio, patria, nación, república: desde la llamada "de Indias" hasta la del siglo XIX, desde la del modernismo hasta la del medio siglo XX. Por supuesto, cada cual lo hizo con lo pertinente a su tiempo, pero todas se propusieron recoger lo que es México y lo que son los mexicanos, para conocerlos y para entenderlos.

Entonces, así como Sigüenza y Góngora relató lo que llamó los "levantamientos del populacho" que tuvieron lugar en 1692, así los cronistas de fin del siglo XX relataron el movimiento estudiantil de 1968, el levantamiento zapatista en Chiapas de 1994 y el plantón postelectoral del año 2006; y así como Fernando Benítez relató lo que llamó los "desastres", como una inundación en el siglo XVII que duró tres años y sólo cedió cuando sacaron la imagen de la virgen de Guadalupe de su nicho, en la época que nos incumbe, los cronistas hablaron sobre las explosiones de gas en San Juanico, los temblores de 1985 que devastaron la ciudad de México y el ciclón que asoló el sureste del país en el 2006; y así como las crónicas de sucesos políticos y de nota roja fueron tan socorridas en el siglo XIX, lo siguieron siendo a fines del XX para referirse a cómo quitaron a alguien del poder o al asesinato de algún personaje.

Y suma y sigue: están las crónicas de viaje que fascinaron a Laura Méndez de Cuenca, Salvador Novo y hoy a Juan Villoro y las de entretenimientos, tan usuales en la era virreinal como en el porfiriato y a principios del siglo XX y que en tiempos del esplendor al que nos referimos, se convirtieron en relatos sobre cine, espectáculos y música. En particular destaca la crónica de la literatura y de lo que ella nos obsequia para ayudarnos a vivir, como las que hicieron Altamirano y Luis G. Urbina en el XIX y a fines de la centuria pasada José Emilio Pacheco y José Joaquín Blanco.

Y sin embargo, la crónica ha tenido sus particularidades en cada momento histórico: en sus premisas ideológicas, en lo que hay que mirar, en a quiénes hay que cronicar, en cómo se debe narrar.

Así, a mediados el siglo XIX, se le dio énfasis a retratar a los pobres y por eso Prieto y Cuéllar relataron el mundo de "las mayorías astrosas" como las llamaría Monsiváis, pero hacia finales de la centuria y principios de la siguiente, ya se relató a los ricos y Gutiérrez Nájera y Novo contaron de quienes vestían a la moda, iban al teatro y a fiestas, viajaban y gustaban del arte y luego la crónica de fines del siglo XX recoge ambos mundos, mostrando así la coexistencia en la sociedad mexicana de ricos y pobres, criollos, mestizos e indios y evidenciando la voluntad de los cronistas de dar el panorama total.

El otro aspecto importante es que si históricamente la crónica recogió los paisajes y entornos, en algunos momentos dando más énfasis a la naturaleza y a los pueblos y en otros más a las ciudades, con sus calles y plazas, mercados, iglesias y cafés, ceremonias y fiestas, durante la época a que nos referimos, desaparecieron completamente aquéllos y la crónica se ocupó de manera muy principal de la ciudad y sobre todo de la capital, pero no sólo como lugar de las maravillas y las infinitas posibilidades como creía Salvador Novo, sino también como lo contrario, con su devastación y sus "percepciones y saberes fragmentados", como escribió Néstor García Canclini.

Desde el punto de vista del método utilizado, en el siglo XIX los cronistas, que eran de la clase media e ilustrados, miraban de lejos lo popular y también a los ricos, porque no pertenecían a ninguno de los dos bandos. En la crónica de fin del siglo XX, los escritores, aunque siguen siendo de la clase media e ilustrados, y aunque también miran, no lo hacen de lejos sino como testigos involucrados y muchas veces como participantes con plena pertenencia en lo que relatan.

Como ideología, no hay en las crónicas del fin del siglo XX, ni la hubo en las de épocas anteriores, la intención de objetividad y neutralidad sino al contrario, hay toma de posición y hasta compromiso. Al recoger "hábitos y personajes", lo que los cronistas buscan es, como quería Mariano Azuela con sus novelas, "abrir sin piedad la carne", y como dice Elena Poniatowska, "abrir puertas y crear conciencia".

En esto coinciden todos. Y en algo más: su posición respecto a la religión y a la para ellos ineludible necesidad del laicismo, así como a la urgencia del respeto a todos por igual. Y coinciden también en que el gobierno debe intervenir para resolver carencias y problemas. En este sentido, como bien dijo Monsiváis, la crónica liberal ganó la partida en la literatura mexicana y esto es evidente en la de fines del siglo XX, que no duda en oponerse a las imposiciones por igual de los poderosos de gobiernos, iglesias y grupos empresariales, que de la cultura oficial y de los medios de comunicación, pues se quiere libre en todos los frentes: ideológicos, formales, estilísticos y lingüísticos.

Por lo que se refiere a su sentido, si la idea de toda la crónica es "desentrañar la realidad", hay en la crónica de fin del siglo XX también una voluntad de modificarla, que la convierte en deliberadamente política. La potencia transformadora de estos textos, su vitalidad, su infinito desdén por temas y formas ya caducados, por el orden y el poder y las instituciones tanto en la realidad como en la literatura, han hecho que puedan "desentrañar la artificialidad de la realidad" y "sean una reiterada acusación de lo retórico de nuestro desarrollo, de lo tramposo de nuestro progreso", como dice uno de estos cronistas.

Y por eso los cronistas, a diferencia de lo que sucedía en otras épocas, no sólo consignan sino que también acusan y condenan. Y encuentran que el modo de ser de los mexicanos no es producto de complejos o incapacidades como tantos dijeron (desde Ramos hasta Paz, desde Portilla hasta Ramírez), sino de una sociedad con enormes desigualdades, que son resultado de una dinámica en la que "la participación, el desarrollo y la riqueza del polo moderno se funda en el marginalismo, la pobreza y el atraso del arcaico", como apuntó un estudioso.[16]

Porque saben eso, los cronistas ya no hacen ni se proponen hacer solamente el retrato de los paisajes o las personas o de las costumbres, sino también un acto deliberadamente político: lo que eligen ver, oír, recoger y relatar es lo necesario para darle la razón a los pobres y marginados. Ya no es cosa de educarlos y cambiarlos y volverlos catrines como tantos quisieron (desde Cuéllar hasta Rabasa, desde Mondragón hasta Fuentes), sino por el contrario, se trata de que todos los demás entiendan que ese "pueblo" tiene la verdad (a veces hasta maniqueamente) y que somos los otros quienes debemos aprender de ellos y cambiar.

De allí que también por primera vez en la larga historia de la crónica en México, los textos no estén hechos desde la nostalgia de quien extraña épocas o situaciones pasadas o "mejores", sueños utópicos ni advertencias apocalípticas, pero tampoco desde la arrogancia de quien se siente superior o mejor capacitado (aunque pretenda ser sencillo y lleno de simpatía por sus sujetos), sino desde el punto de vista de quien está dispuesto a cambiar el estado de las cosas y también a dejarse cambiar por lo que cronica.

Y en este sentido, aunque libres de moralina, las crónicas del fin del siglo xx son (como lo fueron las de los cronistas liberales decimonónicos) profundamente moralistas.

## 5. Crónica de los cronistas[17]

He recogido las voces más conocidas en el terreno de la crónica escrita en las últimas décadas del siglo xx. Lo he hecho así porque son las voces más contundentes, las más firmes y coherentes, las de gran calidad literaria, las que se han sostenido durante muchos años con disciplina y trabajo y rigor y a las que los lectores reconocemos y seguimos.

Lo he hecho así también porque, aun cuando lo que todos ellos relatan ya no tiene vigencia en el México actual, pues tanto la cultura como la sociedad han cambiado profundamente, aun así son los maestros que han impuesto modos de ver las cosas y lenguajes para recogerlas y todo lo que se ha hecho después han sido ramas del mismo árbol, continuidad (lograda o no lograda) a veces formal y siempre ideológica y moral.

Por eso son los grandes cronistas de fines del siglo xx, como diría la estudiosa Jean Franco, "conciencia de su país" y "superestrellas".

Algunos hacen lo suyo siendo parte de lo que describen (como Loaeza), otros formando voluntariamente parte de otro mundo (como Blanco), algunos están orgullosos de su pertenencia (como Ramírez), otros avergonzados (como Poniatowska). Unos quieren retratar con exactitud (como Bellinghausen), otros quieren recrear (como Cristina Pacheco), y unos más se proponen interpretar (como Monsiváis). Hay quienes se hacen presentes en el texto (como Loaeza) y quienes se esconden hasta hacernos olvidar que hay un autor (como Poniatowska). Hay quienes lo hacen con humor (como Loaeza) o con ironía (como Monsiváis) y quienes tienen una vena trágica (como José Emilio Pacheco) o un enorme enojo (como Blanco) o una gran compasión (como Bellinghausen).

Hay quien finge inocencia (como Poniatowska) y quien nos echa por delante lo que sabe, sea su inteligencia (como Monsiváis) o su erudición (como Blanco). Los hay que se pretenden nobles (como José Emilio Pacheco) y los hay que se presentan agresivos (como Ramírez). Algunos prefieren el mundo de la literatura (como José Emilio Pacheco), otros el de la realidad descarnada (como Cristina Pacheco) y hay quienes transitan por los dos (como Blanco).

Algunos nunca salen de su ámbito (como casi todos los mencionados), mientras que otros buscan entender descolocándose por completo de él (como Bellinghausen).

Pero todos, absolutamente todos, escriben como dice aquella canción de Julio Jaramillo, "con tinta sangre del corazón": todos se dejan arrastrar y envolver por sus sujetos-objetos de estudio, por sus luchas y sufrimientos y alegrías y sueños, y también por sus lenguajes. "Los escritores —escribió Carlos Fuentes— le niegan al orden establecido el léxico que éste quisiera y le oponen el lenguaje de la alarma, la renovación, el desorden y el humor."[18]

Y todos, absolutamente todos, convierten en literatura, en gran literatura, lo que es nuestra vida de todos los días, la vida de los mexicanos de hoy. Y lo hacen al mismo tiempo como continuadores de la gran tradición de la crónica en México, pero también con rupturas e innovaciones muy significativas.

Pero sobre todo, porque cada uno de ellos está comprometido con ir más allá de la descripción y de la crítica, para insistir en la urgencia del cambio. Y en ese sentido son, como diría Edward Mendelson, "agentes morales".[19]

Por eso llevaron al género a su esplendor, un esplendor que nunca antes se había alcanzado ni nunca después se volvió a alcanzar.

# LOS NUEVOS TIEMPOS

> *O ya pasó lo que estaba entendiendo o*
> *ya no entiendo lo que está pasando.*
>
> CARLOS MONSIVÁIS

1

En el siglo que corre, la crónica sigue muy viva y con muchos cultivadores, tantos, que vale decir, como escribió Margo Glantz sobre los novelistas que empezaron a proliferar en las últimas décadas del xx: "Parece que hemos caído en la sección del Génesis donde… los descendientes empiezan a multiplicarse de manera infinita". Y en efecto, basta con abrir un periódico o una revista, con acudir a una librería para revisar los nuevos libros o con escuchar la radio y, ¡zas!, allí están los cronistas.[1]

Algunos muy buenos, otros regulares y muchos bastante malos.[2] Porque hoy parece que todo mundo fuera o quisiera ser cronista. La crónica ha pasado de ser un género marginal a estar en el centro de la moda literaria y muchos creen que la practican porque "escupen vísceras" como dijo alguna vez José Joaquín Blanco, porque imitan a los grandes,[3] o porque suponen que "escribir frases verdaderas"[4] o juntar palabras sobre el papel significa escribir.[5]

**2**

Por supuesto, las fronteras entre ambos siglos no son (no pueden ser) rígidas. Los cronistas de fines del siglo XX siguieron escribiendo en el siglo XXI, y a su vez, autores que consideramos del nuevo siglo, empezaron a escribir en las postrimerías de la centuria anterior.

Entonces ¿qué los separa?

Es una ruptura triple: en los temas, en el modelo escritural y en la forma de ver el mundo.

Por eso, considero como cronistas del siglo XXI a aquellos que no siguen el modelo temático y formal de la crónica finisecular inmediatamente anterior, independientemente de las fechas en que hayan publicado sus textos. Es decir, son aquellos cuya manera de mirar y de escribir y de pensar y cuyos objetos y objetivos corresponden a otro modelo, a otra época.

**3**

Puente entre ambas generaciones son:

Juan Villoro, cronista de registro amplio, tanto en sus temas como en sus soportes, pues por igual escribe en un periódico o revista que publica libros, por igual reseña un libro de reciente publicación que dicta una conferencia sobre Amado Nervo, por igual se refiere a la desaparición de 43 estudiantes en Ayotzinapa, que a lo complicado que es pedir un café en una cafetería, por igual relata sus viajes a Yucatán que a Japón, un concierto de rock que un partido de futbol:

> El oficio de chutar balones está plagado de lacras. Levantemos veloz inventario de lo que no se alivia con el botiquín del masajista: el nacionalismo, la violencia en los estadios, la comercialización de la especie y lo mal que nos vemos con la cara pintada… Cada aficionado encuentra en el partido un placer o una perversión a su medida. En un mundo donde el erotismo va de la poesía cátara a los calzones comestibles, no es casual

que se diversifiquen las reacciones. Los irlandeses aceptan el bajo rendimiento de su selección como un estupendo motivo para beber cerveza, los mexicanos nos celebramos a nosotros para no tener que celebrar a nuestro equipo, los brasileños enjugan sus lágrimas en banderas king size cuando sólo consiguen el subcampeonato y los italianos lanzan el televisor por la ventana si Baggio falla un penal.[6]

Sergio González Rodríguez, autor de crónicas, ensayos y novelas sobre antros, bohemia, table dance, prostitutas y toda esa zona "oscura" de las diversiones y entretenimientos, así como los feminicidios y el problema con nuestra vecindad con Estados Unidos en lo que se refiere al tráfico de drogas, armas y personas, pero que también consignó diligentemente durante muchos años las novedades literarias:

> En el ámbito de la cultura, y con ganas de esquematizar un proceso creativo que implicaría las últimas cinco décadas de procederes en disciplinas artísticas que van del arte a la poesía y del cine a la narrativa, se podría afirmar que hay cuatro perspectivas dominantes en términos estéticos: el realismo, el vanguardismo, el hiperrealismo y la cursilería.[7]

Guillermo Sheridan, académico e investigador universitario, gusta de escribir en algún periódico o revista sobre literatura y sobre situaciones que se presentan para los ciudadanos en su vida cotidiana, como cuando hay ruido o deben enfrentarse a la burocracia. Y sobre ellas "reflexiona con un tono sarcástico y humorístico… lúdico":[8]

> Luego de lustros de meditación y después de mil reencarnaciones y de miles de horas de especulación filosófica, el sabio Nāgārjuna resumió en un solo y complejísimo *sutra* su pensamiento. Un *sutra* breve e infinito a la vez: "a". Semilla que es una letra, letra que es una puerta, puerta vacía que exhibe la vacuidad. Buda se la dio a Ananda: "Recibe, para bienestar y dicha de todos los seres, esta perfección de la sabiduría en una letra: *a*".[9]

179

Víctor Roura, quien en sus crónicas acusa por igual la estupidez de los funcionarios que la mezquindad de los periodistas, pero su trabajo se dirige de manera importante a consignar las actividades de la cultura, con un interés particular en la música:

> Se congregan, entusiastas, cientos de personas… desde las cuatro de la tarde hasta dos horas antes de la medianoche. Verdadera masa que se extiende más allá de lo previsto. No es un suceso común. Es, se siente, una formación con otras inquietudes. Gente que busca aminorar su desconsuelo por la falta de espacios donde distribuir su tiempo libre.[10]

Guillermo Fadanelli, cronista del escepticismo:

> Cuando despierto en una cama que no es la mía o en la banca de un parque, puedo sentir un poco de frío pero jamás arrepentimiento… Mis bolsillos están vacíos porque no he escatimado ni un solo peso, no se puede beber con calma mientras se cuenta dinero. He invertido todo mi dinero en la destrucción de mi cuerpo, suelo decirle a mis amigos que sólo de verme saben que no les he mentido. No ahorraré para comprarme una casa que después de mi muerte ocuparán extraños, ni tampoco seré un viejo que ha ahorrado unas monedas para vivir dignamente, moriré sin un peso en la bolsa como debe hacerlo cualquier hombre que se respete.[11]

Jaime Avilés, cronista de la sociedad politizada:

> Desde el Zócalo, a las cuatro de la tarde, empiezo a dictar estas líneas con profundo dolor. Y todo porque anoche propuse la organización de una clínica de odio con excesivo énfasis… ¿En qué momento se instaló el odio entre nosotros? Hoy en día todo el mundo conoce anécdotas de personas que se liaron a golpes porque una llevaba el moñito tricolor en la solapa o una cartulina de vidrio pegada al vidrio del coche con una leyenda de "repudio total al fraude de Fecal", en tanto que la otra ostentaba en el vidrio trasero de su vehículo el muñequito de AMLO creado

por Hernández, pero adulterado por el vengativo mensaje de: "Sonríe, no gané".[12]

Alma Guillermoprieto cuenta del México visto desde fuera:

> Algunos de los más pobres, o de los más débiles de estos desplazados vienen a parar al Bordo. Me fui caminando de la zona de pepena hacia las oficinas del tiradero con una mujer que cargaba un costal de frascos de vidrio casi tan alto como ella. Vivía a unas cuadras de distancia, dijo, pero su marido se había quedado sin trabajo y ya no podía costear los pagos de su lote. Pronto, si don Celestino lo permitía, se mudaría al tiradero con su familia… Es un hombre muy bueno, dijo del patrón del basurero. No les cobra nada a los que viven aquí. Nomás hay que pedirle permiso y prometer que uno le va a vender su material solamente a él.[13]

**4**

En el siglo XXI, se produce un cambio significativo en la crónica, que deja de ser el retrato de personajes (pobres o ricos, desconocidos o poderosos) en situaciones diversas y pasa a ser la descripción de lo que significa vivir en un país asolado por la delincuencia y la violencia, la mentira y la corrupción, el engaño y la impunidad.

¿Por qué se produjo este cambio?

Así lo explica la joven cronista Daniela Pastrana: "Como a todos en este país, desde hace tres o cuatro años, la violencia se me cruza en cada historia y creo que ésta es la historia que los periodistas en México estamos obligados a contar".[14]

Por eso, tantos dejaron de hacer crónicas de arte, de conciertos y deportes, de la vida nocturna, o de cualquier otro tema, para ponerse a contar sobre la violencia y para dar fe de "lo que significa vivir con miedo".[15] Porque el crimen y el narco se han apoderado de la vida mexicana,[16] son el elemento central no sólo de la realidad, de las noticias en los medios, de las conversaciones en torno a las mesas, de los comentarios en las redes sociales, del cine, de las canciones, del periodismo, del arte y de la literatura, sino también y sobre todo del imaginario colectivo: "Hemos metido al narco en nuestras camas. Copulamos con él".[17]

Y por supuesto los cronistas se decantan hacia la urgencia de develar lo que sucede.

Fabrizio Mejía Madrid:

Doscientas cincuenta y siete muertas oficiales que no tienen otro rasgo en común que ser mujeres jóvenes… que eran peatones. Caminaban largas distancias para tomar un transporte hacia el otro lado de la ciudad. Las muertas no tenían coche y, sin duda, eso es una condena en una ciudad planeada para automovilistas y camiones de carga.[18]

Laura Castellanos:

"¡Mátenlos como perros!", gritaron los policías federales al irrumpir disparando contra un centenar de integrantes y simpatizantes de la Fuerza Rural, que realizaban un plantón en los portales del Palacio Municipal de Apatzingán, a las 2:30 de la madrugada del 6 de enero de 2015. Ninguno de los manifestantes tenía armas largas. Seis de ellos portaban pistolas registradas y las pusieron en el piso. Los demás cargaban palos y ramas de limonero, de acuerdo con diversos testimonios e imágenes que aparecen en este reportaje.

Todos cumplieron las indicaciones dadas por Nicolás Sierra, El Gordo Coruco, líder de su grupo G250, creado por el entonces Comisionado Federal de Seguridad en Michoacán, Alfredo Castillo, y que por ocho meses cazó en la sierra a Servando Gómez, La Tuta, cabeza del cártel de los Caballeros Templarios. Nadie disparó…

Rubén, un elemento de la Fuerza Rural, escuchó la balacera y brincó de su camioneta, cuando un policía federal le vociferó: "¡Levanta las manos y ponte de rodillas!". Estaba por obedecer cuando a unos metros vio a otro hombre hincado, los brazos en alto, encañonado por los uniformados. Rubén atestiguó la ejecución.[19]

Alejandro Almazán:

> Nunca has caminado por el Cerro de la Cruz, pero por la manera en que el guía llama al lugar, la Pus de La Laguna, sabes que inspira miedo el mero hecho de nombrarlo. Apenas subas, te darás cuenta de que, en vez de trepar hacia el cielo, bajarás hacia el infierno… De estos barrios salen a diario la chispa y la leña que han mantenido encendido el matadero en Torreón y Gómez Palacio… Desde que me acuerdo, aquí en el cerro se matan. Mis papás me contaron que, en sus tiempos, la gente pasó de los machetes a los cuchillos y de los cuchillos brincaron a las balas.[20]

Fernanda Melchor:

> Te despiertas con el ruido de las metralletas tronando afuera de tu casa. Saltas de la cama y cruzas corriendo el pasillo para entrar al cuarto de tu hijo: yace en su cama, despierto y asustado. Tu esposo se asoma por la ventana de la sala y te grita que te arrojes al piso. Te dice que afuera hay soldados, que van armados, que acaban de agarrar tu auto como parapeto, que apuntan a una camioneta volcada al final de la calle.
>
> No te atreves a abrir la puerta de tu casa hasta bien entrada la mañana. Algunos reporteros tocan el timbre pero no les abres.[21]

Javier Valdez:

> Hasta la tierra de Yoselín bajan los cargamentos de mariguana y cocaína. La yerba viene de la sierra, cerca de 50 kilómetros de estas costas empieza la montaña y poquito más allá están los plantíos de mariguana y un poco más arriba los de amapola. La carga es bajada en camionetas de redilas, en camiones de carga, trocas y camiones rabones… La yerba llega hasta la costa… Es descargada clandestinamente en bodegas y puntos cercanos a la playa… La coca se mueve igual. Llega por la costa y por la costa se va.[22]

Marco Lara Klahr:

¿Qué tendrías tú de valor que pudieras regalarle al siervo de Dios? Leticia le respondió con una candidez infantil: Pues sólo el escritorio que me dio mi papá. De un tirón, Ana Medina la situó en la realidad: ¡Oféndale tu virginidad! Después de eso, que se asumía como una forma de iniciación espiritual, la llevaron a la recámara principal de la Casa Real: Samuel Joaquín me desnudó y se acostó conmigo. Quiso penetrarme pero yo me movía y le gritaba que me dolía. Al ver que el Siervo de Dios comenzaba a impacientarse, Magdalena Padilla la acostó de un jalón y la inmovilizó durante el tiempo que duró la violación.[23]

Alberto Chimal:

Si usted va un día a Iztapalapa, podrá encontrarse la Cabeza de Juárez, ese monumento tan extraño que es, ejem, una cabeza de Benito Juárez montada en cuatro patas de concreto, con las facciones pintadas en colores chillones y el rostro orientado hacia ningún sitio en particular, como si su único deber fuera mirar la desolación circundante… Y por otro lado está lo que se cuenta de su interior:
—Es hueco el monumento y antes era como casa de seguridad.
—¿De quién? —pregunté.
—No sé, sicarios. O del gobierno. O la policía. No sé. El caso es que metían gente ahí y la torturaban.[24]

Magali Tercero:

La mujer habla. Los ojos fijos en el vacío. No gesticula. Sus padres lo quisieron hacer. ¿Vivir de esta manera? No, por Dios, ayúdanos hija. La mujer relata los hechos. Sofocó a la madre. Administró una dosis mortal de barbitúricos al padre. Está contenta: ellos ya no sufren.[25]

Héctor de Mauleón:

> 8 de abril de 1941: una llamada telefónica pone en movimiento al repor-
> tero de policía del periódico *La Prensa*. En la cerrada de Salamanca nú-
> mero 9, le dicen, acaban de ser encontradas en un caño "unas piernitas
> de niños".[26]

Humberto Ríos Navarrete:

> Roberto tiene 35 años. A los 10 formó parte de una pandilla Los Chupo-
> nes y más tarde militó en las filas de Los Bulocs. Su radio de acción abar-
> caba las colonias Consejo Agrario, Lomas de San Lorenzo y Reforma.[27]

Humberto Padgett:

> El 18 de agosto de 2016 El Gor citó a Carla para comer. La mujer acce-
> dió, y también a ir con Víctor a la bodega donde él trabajaba. Pronto
> levantaron la voz, se empujaron, él la golpeó, la arrojó al suelo. Carla se
> golpeó la cabeza y comenzó a sangrar… Envolvieron el cuerpo de Car-
> la con plástico, lo vendaron con cinta canela y lo ocultaron en el mismo
> bodegón. Dos días después acomodaron el cadáver en la cajuela del auto
> del Gor. Esperaron la noche. Salieron hacia Cuernavaca, tomaron la au-
> topista México-Acapulco y cerca de Chilpancingo detuvieron el auto y
> arrojaron el cadáver de Carla de un puente.[28]

Susana Iglesias:

> La muerte como última verdad… cuando abran nuestras cajas, armarios,
> cuando alguien huela nuestra ropa, aquella comida olvidada en el refri-
> gerador, las botellas vacías, los discos que sonaban en lunes. Somos de-
> testables errores.[29]

**5**

Hay cronistas a quienes les preocupan las víctimas. Marcela Turati recoge las voces de los desaparecidos, a través de los familiares que los buscan:

> Bajo la sombra de un frondoso árbol, en el jardín de la casa de retiros espirituales en las afueras del Distrito Federal, un grupo de madres con hijos de desaparecidos, y un par de varones, comparten sus frustradas experiencias de búsqueda y maldicen el muro de la negligencia gubernamental con el que han topado. Al reconocerse huérfanos de autoridades se abre paso una propuesta.
>
> —Sabemos que hay cavernas, sierras, sembradíos, bodegas donde tienen secuestradas a muchas personas y aunque se da aviso a la autoridad, no hace nada. Es momento de planear un trabajo de campo para ir todos a rescatarlas.
>
> La idea atiza las brasas de los corazones de las mujeres presentes.
>
> —No queda de otra: las familias vamos a tener que ir bajo nuestros recursos y nuestro propio riesgo a rescatarlos, aunque los que los tienen estén armados.[30]

Geney Beltrán recuerda su sufrimiento:

> La imagen de un país en que casi todos están en angustiado movimiento buscando rastros de los seres perdidos: las mismas familias, conscientes de su disfuncional y rasgada naturaleza, tienden a la secrecía, la verdad a medias y la impostura, y las instituciones del Estado son incapaces de investigar con pulcritud. Si lo piensa usted bien, los expedientes *siempre* están incompletos. Recrear la realidad es imposible, los hechos ocurren y se fugan.[31]

Moysés Zúñiga escribe sobre migrantes que cruzan las fronteras de México, por el sur y por el norte:

El día 17 partió de Arriaga el tren *La Bestia* con mil 500 migrantes indocumentados sobre 40 vagones, rumbo a Ixtepec, Oaxaca. El recorrido de 300 kilómetros se realiza en 12 horas, durante el día con temperaturas de 40 grados. Cientos de indocumentados de Ecuador, Honduras, Nicaragua, El Salvador y Guatemala. Hombres y mujeres, incluso embarazadas y algunos niños pretenden llegar al centro y norte de México y a Estados Unidos, "para encontrar trabajo", a decir de Josefa, salvadoreña de 26 años que espera el tren en la casa hogar junto con su hijo de cuatro años.[32]

Emiliano Pérez Cruz sobre los que regresan:

Si vas creyendo que el pariente, el paisano, te recibirá con los brazos abiertos, estás mal. No por ser familiar te hacen el paro. Desde que llegas y antes de tener ingresos, ya tienes gastos.[33]

Y Brenda Ríos sobre los inadaptados:

Hay huérfanos que tienen ambos padres vivos. Así yo no tengo país aun cuando siga en él. No empato con él. No creo en él. Los hombres de aquí no son para mí. Por fin me ha quedado claro. Tantos años han pasado y yo chocando con su arquitectura, con su planeación urbana, con sus jardines enjaulados, con los vendedores de chinerías pululando en las paredes: son hongos.[34]

Y es que, como afirma Leila Guerriero:

Hoy el músculo de la crónica está entrenado para contar lo freak, lo marginal, lo pobre, lo violento, lo asesino, lo suicida… en cambio tiene un cierto déficit a la hora de contar historias que no rimen con catástrofe y tragedia.[35]

Otros cronistas son: María Rosas quien ha escrito sobre el movimiento social en Tepoztlán, Carlos Tello Díaz sobre el levantamiento indígena en Chiapas, Diego Enrique Osorno sobre Oaxaca:

El oaxaqueño común y corriente piensa que todos los políticos, todos, sin excepción alguna, roban. Que una persona llegue al gobierno significa que buscará mejorar su situación económica, luego la de su familia, después la de sus amigos y finalmente, la del resto de la sociedad... no hay diferencia entre gobernar y robar, van de la mano.[36]

## 6

La crónica de las primeras décadas del siglo XXI ha cambiado de manera significativa respecto a la anterior no tanto en sus objetivos, pues sigue contando (y denunciando) lo que sucede, que (a pesar de su obviedad) el discurso oficial se empeña en negar, silenciar o minimizar, pero sí respecto a los temas: ya vimos en el rápido repaso hecho aquí que ahora lo que domina es la violencia pura y dura.

Jezreel Salazar lo pone así:

El desplazamiento del campo de interés de lo cronicable... lo alejó de personajes excéntricos, movimientos sociales, cambios en las costumbres, cultura popular... y lo llevó hacia el desmantelamiento de las instituciones, el abismo de la impunidad y la violencia sobre una sociedad cada vez más desamparada y desprovista de derechos.[37]

Esto es lo que quedó atrás:

- la capital del país como tema central;
- la preocupación demográfica. Hoy los apretujamientos y los excesos de personas en todas partes ya son aceptados como naturales;
- el interés por movimientos sociales, personajes, tradiciones y costumbres;
- el interés por la cultura y literatura.

Esto es lo que tenemos hoy:

- aunque hay regiones privilegiadas para cronicar (el norte del país), de hecho el territorio completo es escenario, pues ya no hay lugares que se salven;
- los narcos y sicarios como personajes centrales, los migrantes y las mujeres como víctimas;
- la convicción de que esto no va a terminar pronto;[38]
- la seguridad de que absolutamente nadie (y menos que nadie el gobierno) nos puede proteger del horror;
- el enojo, el miedo, la indignación.

## 7

Respecto a los métodos de trabajo: Hoy los cronistas hablan desde el yo, desde la primera persona. Martín Caparrós dice que toda la crónica demanda la primera persona, pero "no como un énfasis del yo sino para conformar a un sujeto que mira".[39]

Pero en la crónica mexicana de hoy, los autores ya no son sujetos que miran y escuchan, sino que se incluyen, son parte de lo que relatan y, más todavía, se ponen a sí mismos en el centro del relato:

> —No puede pasar —me dice el policía federal que con su patrulla y unos botes con letreros improvisados desvía a los autos… A éste no le ha gustado la credencial, ni mis tenis, ni que le hable de tú. Me lo ha dicho… Llama a su superior quien me revisa de nuevo y pregunta genuinamente extrañado:
> —¿Viene usted a pie? —Y le digo que sí, que ser peatón es mi protesta contra lo descomunal. Siento que caminando el país conjuro de alguna manera lo que ya no tiene dimensiones humanas. Soy un poco como los de Atenco, le explico…[40]

Este fragmento de una crónica de Fabrizio Mejía Madrid sobre Atenco, más bien parece sobre lo que le sucedió al cronista cuando fue a Atenco.

Pero ésa es la tónica del día, una que según Ignacio Sánchez Prado tiene una perspectiva "más individual y afectiva":[41] "Durante 14 días percibo la violencia como una fuerza invisible. Sólo me toca una intimidación directa", escribe Magali Tercero;[42] "Para entonces te das cuenta de que hay dos hombres parados junto a tu vehículo. No te miran fijamente pero notas que se colocaron en tu punto ciego. No puedes mirarlos de lleno porque tendrías que volver la cabeza por completo y no quieres que se den cuenta de que te diste cuenta", escribe Fernanda Melchor.[43]

Así lo justifica un autor: "El uso de la primera persona es más cómodo [porque] ideas sobre el mundo tengo pocas, pequeñas, inciertas… pero la primera persona es subjetiva, puede equivocarse… [pero] yo soy el protagonista de mi delirio emotivo".[44]

Con este nuevo enfoque, los que hablan ya no son los sujetos involucrados sino el cronista: "Me cuenta un ejidatario que…" escribe uno, y otro: "En la voz del campesino urbano hay ese clima de fatalidad que envuelve a la muerte", y otro más: "Yoselín afirma que se le han acercado narcos. Le dicen, incitantes, '¿No quieres ser mi reinita?'".

El resultado es que ya no escuchamos directamente las voces (por mediadas que pudieran estar, tenían la intención de ser exactas),[45] sino que escuchamos al cronista, con su lenguaje, sus giros y modismos y tonos, con "el idioma de los ilustrados, no el de los retratados".[46]

Esto sucede incluso en los casos en que los cronistas pretenden que no es así, por ejemplo:

> Entró tentonichando el cabrón al vagón del Metro yo lo periscopeé con ganas de amadrearme la jeta con una sanjuaniza que ni en mi cantorro me reconocerían y sólo por mi vestimenta. Me le aventajé y le di un guamazo pitonizo que lo dobló en la moyeroba y él nomás se puso a petuñar yo estoy hecho para armar despelotes a los morrocotudos que se dedican a guadañear en los vagones con sus desembuchonerías desoplanto a la nostra Sec. 1 que nomás andamos ahí emponzoñando el telele pero

yo sí le tocamboleo y a veces hasta me vuelvo fugable no me dejo y si me dejo es para el aire.[47]

Y es que la crónica (como toda la literatura) se construye sobre una contradicción fundamental: que quien escribe tuvo una educación, buena o mala, escasa o suficiente, pero eso lo separa la mayoría de las veces de aquellos a quienes relata. Eso es muy claro sobre todo en el lenguaje, aunque se haga todo por desacralizarlo y por preferir el de "la calle, los hospitales públicos y las terminales de autobuses", algo que, según Monsiváis, es imposible pues "el viento del pueblo es un habla intraducible".[48]

Porque, nos guste o no reconocerlo, escribir es todavía un privilegio en nuestra sociedad. Por eso una cronista se enoja y acusa: "El 99% de los libros son ficciones de chicos mimados que quieren vivir otra cosa. Escritores que se van de meseros y toman toda clase de extraños oficios, luego escriben de sus experiencias marginales".[49]

Pero además, la crónica de hoy ya no hace investigación, no hurga en el pasado ni busca en los libros y archivos. Heriberto Yépez asegura que el escritor mexicano actual "está anímicamente incapacitado para el aliento largo, para el viaje consumado, en que cada estación depara un propósito",[50] y sólo atiende a lo que está allí, dispuesto a dejarse ver a primera vista.[51]

El resultado es que la crónica es solamente información, "consignación de lo que sucede", como lo puso Ignacio Trejo, o como dice un cronista, para "levantar un acta",[52] lo que Alfonso Nava llama "literatura descriptiva y tradiciones naturalistas".[53]

Por ejemplo, Magali Tercero va dos semanas a Culiacán a mirar y a hablar con algunos periodistas, el dueño de un bar, la cajera en una tienda y con eso regresa a la CDMX y escribe un libro completo sobre Sinaloa, la cuna del narco en México, lugar al que unos investigadores le han dedicado su vida completa como Luis Astorga. Por eso Julio Villanueva Chang afirma que "reportear se ha convertido sobre todo en entrevistar".[54]

Esto es lo que quedó atrás:

- la mirada panorámica, con vocación totalizadora, sobre los grupos y fenómenos sociales (las mujeres, los indios, los pobres, los jóvenes, la ciudad, el campo, la fábrica, los políticos, los estudiantes, etc.);
- la historia para explicar las situaciones presentes y permitir verlas de manera más completa;
- la utopía de que es posible cambiar para mejorar la sociedad;[55]
- el humor, la ironía, la exageración como elementos que permiten decir las cosas.

Esto es lo que tenemos hoy:

- la mirada fragmentaria y parcial sobre situaciones, grupos y casos concretos;
- el yo del narrador como centro del mundo;
- el desinterés en cualquier cosa que no sea lo que se ve a primera vista;
- la demostración de que se puede cambiar pero para empeorar.

8

Por lo que se refiere a la escritura, el cambio más significativo es una menor preocupación por el lenguaje, por la construcción narrativa, por la creación de un estilo. Según Caparrós, la crónica tendría que "articular y estructurar el relato, [cuidar mucho] cómo arranca y termina el mismo, en qué cantidad se despliegan adjetivos, con qué agilidad se dota al texto de verbos".[56] Pero eso no sucede para nada. La estructuración es simple, plana, el lenguaje directo y sin complicaciones.

Esto llega tan lejos que se confunde una crónica con otra, un autor con otro, se diría que hasta son intercambiables. Algunos lo justifican diciendo que eso no es lo importante, sino lo que se cuenta. Otros, diciendo que de todos modos, hagan lo que hagan, "las palabras son predecibles, discursos trillados".[57]

**9**

Una característica de la nueva crónica es que todo es demasiado rápido. Como dice Juan Villoro, es "literatura bajo presión".[58]

No hay interés ni tiempo ni ganas por retratar con detalle, por explicar. Este desinterés nace de los propios autores en un mundo con prisa, pero también es exigencia de los editores. A ello se agrega la limitación al tamaño de los textos: hoy la brevedad es condición absoluta, pues los diarios no aceptan más de 3 a 4 mil caracteres y las revistas de 10 a 12 mil y entonces no se puede pasar del relato de lo que está allí a algo más profundo, más denso, hay que quedarse en lo superficial. De hecho por eso hay quien considera que la crónica es periodismo y no literatura.[59]

El resultado es que, como dijera una conocida editora alemana respecto a las novelas mexicanas: "Se tiene la impresión de que quizás escriben demasiado rápido, de que quizás son poco autocríticos y de que sus textos necesitan urgentemente una elaboración".[60]

**10**

¿Cuál es la explicación para el cambio en la crónica entre el fin del siglo xx y las primeras décadas del siglo xxi?

Según Jezreel Salazar:

> Las políticas de corte neoliberal, el fracaso de la transición democrática, la erosión de la visibilidad pública del intelectual, el regreso de la censura, el financiamiento desmesurado de los aparatos de comunicación social y la crisis institucional generalizada, han limitado al proyecto ideológico que sostenía al género... El desmantelamiento del tejido social, el embate contra certezas y proyectos colectivos, así como la crisis de ciertas ficciones que permitían la ilusión de un proyecto de modernización social, política y cultural... y la disolución de lo nacional como proyecto viable... El principio de esperanza que se hallaba detrás de la crónica

parece haber sido sustituido por la incertidumbre y la desazón propias de las inseguridades que habitan y definen al país.[61]

Desde mi punto de vista, un elemento importante, aunque apenas se lo ha mencionado, es el hecho de que la crónica dejó de ser un género marginal y pasó a convertirse en el género central de la literatura mexicana (con distintos nombres, pues además de crónica se le llama periodismo narrativo o novela sin ficción).

Ello ha significado que, por una parte, surjan montones de autores (ya lo dije arriba) y por otra, que los editores impongan su preferencia por ciertos temas para vender: "Marco Lara Klahr elige sus temas en razón directa de los requerimientos de la publicación donde trabaja", afirmó Carlos Monsiváis.[62]

O tal vez, lo que sucede es que así son las cosas en "la modernidad líquida" de que habló Zygmunt Bauman, cuando se vive en un mundo en el que cada instante suceden mil cosas y al mismo tiempo se puede vivir como si no pasara nada.[63]

O tal vez así son las cosas en México porque, como dice Diego Osorno "lo inverosímil se ha vuelto la realidad" y todo lo que se relate de todos modos va a ser "leve comparado con la realidad".[64] En ese sentido tiene razón Orlando Cruzcamarillo cuando se pregunta para qué esforzarse si de todos modos "la batalla está perdida: la realidad siempre superará a la ficción".[65]

## 11

De lo dicho hasta aquí, hay que concluir que atrás quedaron los tiempos en que los cronistas eran pensadores, estudiaban, investigaban, conocían el pasado, conocían de teoría. Como dice Santiago Gamboa:

> Los escritores mexicanos eran intelectuales y por su obra desfila toda la filosofía, la política, la historia, el arte y la literatura no sólo del siglo xx sino de los siglos pasados… podían detenerse en cualquier instante de

sus vidas y súbitamente producir una brillante disertación sobre los sonetos de Shakespeare, la figura de la aporía en la sofística griega o la Escuela de Frankfort.[66]

O como dice Heriberto Yépez:

> Los mejores poetas mexicanos han compuesto con la mente. Han sido pensadores. Desde Sor Juana hasta Gorostiza... Hay una crisis en la poesía... Una falta de reflexión... A la poesía mexicana hoy le falta mente.[67]

Pero eso es algo que ha pasado de moda, que ha perdido su prestigio y que hasta es motivo de descalificación y burla. Hoy la aspiración de los autores es otra: no leer ("Leo con extrema dificultad, poco. No leo o leo apenas")[68] y burlarse de lo que huela a conocimiento ("El mejor libro está en la calle").[69]

## 12

Y sin embargo, la nueva crónica tiene enormes méritos. Uno de ellos es el tipo de historias que relata. Como apunta Julio Villanueva Chang: "La gente no busca historias porque quiere leer, la gente busca experiencias".[70] Y los autores se las están dando, como dice Mónica Maristain, con "frescura y honestidad brutal", "al saberse frente a un hecho que quiere(n) narrar tal cual lo vive(n)".[71]

Esto ha llegado tan lejos que los escritores lo persiguen aun a riesgo muchas veces de la propia vida o integridad física. Los cronistas van a los lugares para hablar con los involucrados y, con eso, se la juegan. Así lo relata Fabrizio Mejía Madrid: "Llego a Ciudad Juárez en la misma semana en que la Sociedad Interamericana de Periodistas decretó a la franja fronteriza como 'de alto riesgo'. No es que yo sea periodista, pero quién va a saberlo cuando me encuentren tasajeado en el desierto";[72] y eso le sucedió a Héctor de Mauleón cuando denunció a quienes se apropiaron de un edificio sacando a punta de pistola a los habitantes y recibió amenazas vía twitter.[73]

Otro mérito es precisa y paradójicamente su retrato rápido de la realidad del día y la posibilidad de darlo a conocer también con la rapidez de las nuevas tecnologías (sin tener que esperar los tiempos de las publicaciones). Por eso Mónica Maristain dice: "Nace una generación de escritores para quienes dar a conocer sus textos es un paso superado incluso antes de comenzar a hacerlo".[74]

Y por último, el mérito más importante es que las crónicas son "declaraciones morales", como diría John Banville, no porque sus autores las hayan escrito con un objetivo moral sino porque son objetos completamente auténticos, la mejor obra que el escritor ha sido capaz de crear.[75]

# DE TODO ES CRÓNICA A NADA ES CRÓNICA

---

*Que al fin no invento sino refiero.*
EMILIO RABASA

## 1

En la literatura mexicana, desde sus inicios hasta mediados de los años ochenta del siglo XX, todo ha funcionado como crónica, no sólo las crónicas propiamente dichas, sino también las novelas y poemas e incluso los ensayos.

Y es que unas y otros siempre recogieron "la realidad", aun si se pretendían "obra de imaginación", "obra de análisis", y con ello cumplieron el mismo objetivo y le dieron el mismo sentido de lo que se propone la crónica.

## 2

El primer poema en castellano escrito en estas tierras es una crónica:

En Tacuba está Cortés
Con su escuadrón esforzado
Triste estaba y muy penoso
Triste y con muy gran cuidado

197

> Una mano en la mejilla
> Y la otra en el costado.[1]

También lo es uno de los últimos del virreinato:

> Tú, virrey provisional
> ¿eres tonto o animal?[2]

Al comenzar el siglo XIX, cuando se quiso la independencia de España hubo poemas que son crónicas:

> Arriba Miguel Hidalgo,
> que ha llegado a nuestra tierra,
> que ha matado gachupines,
> que les hace la guerra.[3]

Y los hubo también cuando se la consiguió:

> Que somos libres
> la ley pronuncia
> y todo anuncia
> felicidad.
> Pues las cadenas
> del despotismo
> al hondo abismo
> cayeron ya.[4]

Durante toda esa centuria, la literatura recogió hechos sociales y políticos y dio fe de costumbres y personas en las situaciones que se vivían cotidianamente, desde levantamientos armados hasta robos en los caminos, desde cambios constantes de gobierno hasta falta de dinero. Escribió Manuel Payno en una novela de la primera mitad del siglo:

Donde hay guerra civil allí me dirijo a envenenar las pasiones, a aumentar los odios y los rencores políticos. Cuando hay batallas me paseo en medio de los fuegos y de la metralla, inspirando la venganza y la rabia en el corazón de los combatientes. Si se trata de diplomacia, me meto en las cuestiones de los gabinetes y no inspiro más que ideas de maldad, de engaño y de falsía... Así me divierto a pesar de mis infortunios, así olvido la memoria de una patria donde vivía dichoso y de donde salí para no volver a entrar más en ella. [5]

Y escribió el mismo Manuel Payno en una novela de la segunda mitad:

El Portal de Mercaderes tiene en México un carácter, un tipo especial que no se encuentra en ninguna otra ciudad del mundo. Es una especie de feria o de exposición que se repite todo el año los domingos y días festivos. Dadas las diez de la mañana llegaron Casilda y Evaristo a la calle de Plateros y no sin dificultades penetraron por entre la gente que se apiñaba en la esquina leyendo los carteles de las diversiones públicas e invadiendo por bandadas el Portal. No pasó un cuarto de hora sin que se presentara un aguilita, y con autorización del ayuntamiento o sin ella, les cobró cuatro pesetas por el piso que ocupaba la mesa, que no sería ni una vara cuadrada. Por fin, uno de tantos, y cuando era cerca de la una y Evaristo perdía la esperanza, preguntó a Casilda cuánto valía la almohadilla. Evaristo se apresuró a responder resueltamente: —Doscientos pesos. —¡Uf, uf, uf! Doscientos pesos y en estos tiempos en que el gobierno no paga a los empleados hace ocho meses —exclamaron los concurrentes, como si fuese el coro de la ópera.[6]

Hacia fines del siglo, ya en tiempos de don Porfirio, eso siguió sucediendo: la literatura recogió las situaciones sociales y políticas de la época. Escribió Juan de Dios Peza:

El Tianguis de San Hipólito
mercado que estuvo fuera

de la traza y destinado
a gente pobre y plebeya.[7]

Y Emilio Rabasa:

El jefe político había colocado la bandera en el templete, a un lado del retrato del Libertador, sentándose después, con la gravedad del caso, en el descuadernado sillón presidencial. Las demás autoridades ocupaban las pocas sillas que rodeaban el altar de la patria y la gentecilla menuda se había de propia autoridad posesionado de unas cuatro bancas que la previsión municipal agregara para los particulares. Un campanillazo seco anunció que el orador oficial se encaramaba en la tribuna...[8]

Al comenzar el siglo xx, la narrativa dio cuenta de que se incubaba un cambio. Escribió Carlos González Peña:

Es preciso señores, es preciso digo, reaccionar contra la infame dictadura de Porfirio Díaz. ¿Qué pasa en este país?, ¿por qué no hay sufragio?, ¿por qué no hay derechos del hombre?, ¿por qué no hay libertades para el pobre pueblo oprimido?[9]

Y en efecto, hubo un cambio: un movimiento armado que puso de cabeza al país. Escribió Mariano Azuela:

Y cuando comienza un tiroteo lejano, donde va la vanguardia, ni siquiera se sorprenden ya. Los reclutas vuelven grupas en desenfrenada fuga buscando la salida del cañón...
—¡Fuego!... ¡Fuego sobre los que corran!... ¡A quitarles las alturas! —ruge después como una fiera.
Pero el enemigo, escondido a millaradas, desgrana sus ametralladoras y los hombres de Demetrio caen como espigas cortadas por la hoz.
Demetrio derrama lágrimas de rabia y de dolor cuando Anastasio resbala lentamente de su caballo, sin exhalar una queja, y se queda tendido, inmóvil. Venancio cae a su lado, con el pecho horriblemente abierto por

la ametralladora y el Meco se desbarranca y rueda al fondo del abismo. De repente Demetrio se encuentra solo. Las balas zumban en sus oídos como una granizada. Desmonta, arrástrase por las rocas hasta encontrar un parapeto, coloca una piedra que le defienda la cabeza y, pecho a tierra, comienza a disparar.[10]

La Revolución fue mucha sangre, mucha muerte, hasta para los que nada tenían que ver con ella. Escribió Nellie Campobello:

Fue al mediodía. Se oyó un balazo grande, retumbó toda la calle, se estremecieron las casas. El brazo de mi hermanito, hecho trizas, apareció arrastrado por un cuerpo ennegrecido; su ropa y su cara destrozadas, renegridas. El plomo se le incrustó en todas partes. Corrió llevando su carne rota ante mamá. Primero caminaron una cuadra: iban a buscar un médico. Luego se devolvieron porque ya no pudieron seguir: el niño se moría. Ella, enloquecida, iba y venía. Se le moría su hijo. Le gritaba a Dios, le pedía a la Virgen, lloraba.[11]

Y las novelas y poemas fueron crónicas de esa época brutal que en palabras de Rubén Salazar Mallén puso "la ciudad de rodillas y los congales llenos de mujeres".[12]

Y luego, en lo que se convirtió el país cuando volvió la paz.

En los años veinte, están los militares enriquecidos y las nuevas modas:

Tres autos esperan a tres generales
un vaho de pianola
nos salpica cabeza,
tronco y extremidades.
¡Esa chica no trae medias![13]

En los treinta, están el reparto agrario y los sueños de convertirse en clase media:

Las Amézquita no querían más acordarse de su tierra, un pueblecito de Jalisco... desde donde dieron el salto mortal del lavadero y de la mesa de la plancha hasta los elegantes escritorios de acero de la Secretaría de Hacienda.[14]

En los cuarenta, entran en escena los políticos civiles:

> ¿En qué acabaron?
> aquellos generales
> tan gloriosos
> ¿qué se hicieron?[15]

Hay nuevos ricos y muchos pobres, que empiezan a irse a trabajar a Estados Unidos para sustituir la mano de obra de quienes se habían incorporado al ejército durante la Segunda Guerra Mundial, una migración que ya jamás se habría de detener:

—¿Mojados? —indagó el barquero.

Estaban sentados a la orilla del canal, cerca de las canoas. Estaban allí porque el gasolinero les había dicho que con un poco de suerte podrían engancharse en cualquiera de las lanchas pescadoras. El barquero parecía bonachón y amable. Los había estado observando, durante más de un cuarto de hora, sin dejar de escarbarse las narices.

—¿No se nos echa de ver? —ironizó Paván—. Mojadísimo y escurriendo...

—Digo, del otro estilo. Todos los que vienen aquí lo son. Santa Isabel de los Mojados debería llamarse el pueblo. Siempre hay trabajo, comida y un rincón para dormir.

—¿Y tendremos vela en el entierro?

—Depende

—¿De qué?

—De que haya entierro, de que haya trabajo —y el barquero soltó la carcajada.

Paván sintió que su hambre se hacía pesada como piedra dentro del estómago.

—Mientras hay trabajo, ¿no tiene un taco?[16]

En los cincuenta, el presidencialismo todopoderoso:

> México… necesita
> un hombre fuerte
> un presidente enérgico
> que le lleve la rienda…
> Yo soy ese
> solitario,
> odiado,
> temido
> Pero amado
> Yo hago brotar las cosechas
> caer la lluvia
> callar el trueno
> sano a los enfermos
> y engendro toros bravos
> Yo soy el Excelentísimo Señor
> Presidente de la República.[17]

Y los políticos corruptos que tienen esposa y una o más "casas chicas":

> La mamá de Jim es la querida de ese tipo. La esposa es una vieja horrible que sale mucho en sociales, espantosa, gordísima. Parece guacamaya o mamut. En cambio la mamá de Jim es muy guapa, muy joven. Dicen que tiene mujeres por todas partes. Hasta estrellas de cine y toda la cosa. La mamá de Jim sólo es una entre muchas.[18]

Todo esto va a cambiar en 1968, cuando la represión al movimiento estudiantil acaba de tajo con una época:

> La sangre. Embarrada en la pared provocaba náusea… Todo el costado del terraplén estaba manchado de sangre… la sangre a secas, seca, negra, oxidada, rechupada por la piedra, vorazmente tragada… hacia adentro, deglutida en la panza de la Plaza de las Tres Culturas de Tlatelolco.[19]

En los setenta, es fuerte la inquietud social:

> El gobierno les dice a ustedes que deben matar campesinos dizque porque son bandidos y gente mala, cuando sólo son pobres. Por eso quiero que lo digan en el cuartel. Aquí estaremos nosotros luchando contra todo el soldado que quiera seguir matando campesinos, y que acabaremos con todos los que explotan y maltratan al campesino.[20]

Y en los ochenta, es la crisis, la económica y la social:

> Lo que siguió después, para ser exactos, fue nada más que un velorio: la carrera de administración de empresas; la gerencia de Sears Tlalpan; la idea del buen partido; la noviecita santa; la boda con damas y testigos de peso; el banquete para cumplir con los compromisos.[21]

## 3

También el ensayo funcionó como crónica. Octavio Paz explica los orígenes:

> La conquista fue la gran ruptura, la línea divisoria que parte en dos nuestra historia: de un lado, el de allá, el mundo precolombino; del otro lado, el de acá, el virreinato católico de Nueva España y la República laica e independiente de México. El segundo periodo comprende dos proyecciones opuestas, excéntricas y marginales de la civilización occidental: la primera, Nueva España, fue una realidad histórica que nació y vivió en contra de la corriente general de Occidente, es decir, en oposición a la modernidad naciente; la segunda, la República de México, fue y es una apresurada e irreflexiva adaptación de esa misma modernidad. Una imitación, diré de paso, que ha deformado a nuestra tradición sin convertirnos, por lo demás, en una nación realmente moderna.[22]

Lucas Alamán relata el desorden del siglo xix:

> Santa Anna estuvo presente en todas las guerras, ya sea porque él mismo
> las promovía o porque tomaba parte en ellas, ora trabajando para el en-
> grandecimiento ajeno ora para el propio, proclamando hoy unos prin-
> cipios y mañana los opuestos, elevando a un partido para oprimirlo y
> después levantar al contrario.[23]

Y Ramón López Velarde, la vuelta de la paz y el orden:

> El descanso material del país, en treinta años de paz, coadyuvó a la idea
> de una Patria pomposa, multimillonaria, honorable en el presente y epo-
> péyica en el pasado.[24]

Después Jesús Silva Herzog los años cuarenta:

> México es un país de dos millones de kilómetros cuadrados, situado en-
> tre los Estados Unidos y la América Central, el Océano Pacífico y el Atlán-
> tico. Se dice que su forma —ironía geográfica— se asemeja al cuerno de
> la abundancia… La población es de algo más de veintidós millones…
> Unos cuantos son inmensamente ricos; algunos tienen un mediano pa-
> sar; la mayoría es inmensamente pobre y desoladoramente ignorante.[25]

Y Pablo González Casanova el llamado "milagro":

> La sociedad civil compartió en gran medida los mitos y perspectivas ofi-
> ciales. La comunicación fue particularmente fácil… El lenguaje común
> habló el lenguaje oficial, el sentido común fue el oficial, la interpreta-
> ción de la historia, de la economía y de las perspectivas del futuro fueron
> parte de una sociedad civil que pensó como su gobierno.[26]

En la segunda mitad del siglo, Carlos Fuentes da fe de los contrastes sociales que siguen existiendo:

El potentado mexicano evoluciona en esta época de la casa de merengue neocolonial (Polanco) a la mansión de líneas japonesas con parte de la piscina dentro de la sala (Pedregal); del traje de gabardina y sombrero tejano al casimir de solapa angosta y el zapato de punta italiana;... de la publicidad pagada de sus saraos a la discreción.

Indios, candelilleros, cultivadores de la lechuguilla y el algodón, parias de un país dividido en dos, separados por un océano de hambre del otro México, cruzados de brazos, impotentes en medio de tierras que han dejado, nuevamente, de pertenecerles, cerca de bosques talados, al lado de mares improductivos, en una desolación de andrajos, de pies descalzos, de piojos: así vive la mayoría de los mexicanos.[27]

Enrique Krauze el 68:

Una generación crítica decide poner sus armas al servicio del Estado en lugar de conservar y promover el espacio crítico... La costosa experiencia de incorporación al régimen echeverrista, provocó en el sexenio siguiente desorientación, querellas internas, silencio. Algunos recobran lentamente su distancia crítica y su voz. La mayoría permanece a la expectativa.[28]

José Agustín los setenta:

El primer apogeo del rock mexicano de entrada reveló varias cosas: que en México, al igual que en muchas partes, los jóvenes necesitaban una música que en verdad los expresara y que les permitiera una liberación emocional... Esto, que puede parecer inocuo, es decisivo si se considera que vivíamos en una sociedad autoritaria, hipócrita, mezquina, con culto al qué-dirán y que para mostrar su "seriedad" exigía la rigidez, la inmovilidad, la inacción.[29]

Enrique Serna los ochenta:

> De los 70 para acá, el mote de naco se ha entronizado como uno de los calificativos más hirientes del español mexicano... No está muy clara ni lo estará nunca la línea divisoria entre los nacos y la gente bien... Cuando el naco irrumpió en el escenario capitalino, México no era un país rico, pero había cierta movilidad social y el PIB crecía más aprisa que el índice demográfico. Los años sesenta y setenta, comparados con el derrumbe en cámara lenta que vino después, fueron una época de relativa prosperidad.[30]

Y en la última década de la centuria, Humberto Beck:

> La idea de progreso propone la visión de la historia como un tren que, a pesar de repliegues momentáneos y pausas ocasionales, se dirige sin remedio al paraíso... Creer en el progreso lleva a la certeza de que lo nuevo siempre es lo mejor: estar al día, ser de avanzada, estar a la moda resulta un imperativo no sólo estético sino moral.[31]

## 4

Basten estos ejemplos para mostrar que la narrativa, la poesía y hasta el ensayo funcionaron como crónicas a lo largo de la historia de México porque relataron los paisajes, los habitantes, las costumbres, los lenguajes y los procesos de cambio social, político y demográfico. Tan es esto así que hay quien asegura que México es una idea creada por la crónica y no la crónica expresión del México real.

## 5

Pero hasta allí nada más. Hoy ya no sucede eso, hoy la literatura ha dejado de funcionar como crónica. Es un proceso que comenzó desde mediados de los años ochenta del siglo XX, cuando autores como Margo Glantz,

Hugo Hiriart, David Huerta, María Luisa Puga, Luis Zapata, Ángeles Mastretta, Alberto Ruy Sánchez, crearon una narrativa y poesía que se interesó en sus propias experiencias o como dice un crítico "en sus propias
preocupaciones".[32]

Escribe Carmen Boullosa:

Aventaba las palabras con la insistencia de un vómito, como tiran sus la-
dridos los perros heridos, sus maullidos silenciosos los gatos que niños
crueles ahogan en cubetas de agua hirviendo: ¡vengan!... ¡tienen que
verlo! Algo así debió gritar, y revoloteamos alrededor de eso todos sus
hijos, convertidos de súbito en mosquitas indecisas alrededor de él sin
atrevernos a permanecer junto a eso para inspeccionarlo lo suficiente,
sin saber que había llegado para quedarse a convivir con nosotros por
un tiempo infinito. No nos atrevíamos a preguntar ¿qué es? O ¿de qué
está hecho?[33]

Escribe Coral Bracho:

Vivo junto al hombre que amo,
en el lugar cambiante; en el recinto que colman los siete vientos. A la
orilla del mar.
Y su pasión rebasa en espesor a las olas.[34]

A partir de los noventa y durante las primeras dos décadas del siglo XXI,
dos líneas principales dominan la literatura en México. Una es la que tiene que ver con la violencia (del narco y de la migración, sobre todo), y
otra la que tiene que ver con el yo de los propios autores.

En la primera línea, se trata de narraciones que exhiben su tema
de manera directa y poco sutil: entre más sangre y más brutalidad mejor,
entre más asesinados y más torturados mejor:[35] Antonio Ortuño, Diego
Enrique Osorno, Iris García, Yuri Herrera, Eduardo Antonio Parra y un
largo etcétera conforman la nómina de este tipo de literatura.[36]

Escribe Élmer Mendoza: "La modernidad de una ciudad se mide
por las armas que truenan en sus calles".[37]

Escribe Jennifer Clement: "Podía ver las estrellas de quemadura de cigarro. Hasta sus pies estaban cubiertos de quemaduras redondas".[38]

Escribe Fernanda Melchor: "La liga de la resortera tensa en sus manos, el guijarro apretado en la badana de cuero, listo para descalabrar lo primero que le saliera al paso si la señal de la emboscada se hacía presente".[39]

Escribe Emiliano Monge: "Asustados, los que vienen de muy lejos se detienen, se encogen, e intentan observarse unos a otros: los potentes reflectores, sin embargo, ciegan sus pupilas".[40]

Todos ellos crean un realismo tan de rompe y rasga, que más bien parece el naturalismo que encantaba a escritores como Émile Zola en Francia y Federico Gamboa en México, pero que de hecho resulta ser, por su propia condición, la invención[41] de un mundo creado a partir de la imaginación de los escritores. Pierre Bourdieu diría que lo que nos relatan es una ilusión, que "consiste en poner en la cabeza de los agentes los pensamientos que el sabio forma para con ellos".[42]

Esto es algo que los propios escritores saben, como lo dice Emiliano Monge: "Una parte de mí sentía que era demasiada ficción, me dio vergüenza que no estuvieran las voces de la realidad".[43]

Es evidente que los escritores están (¿paradójicamente?) tan fascinados con la violencia y con los personajes que la practican, que los llevan a situaciones que lindan con la exageración y lo inverosímil, como bien ironiza el título de una novela de César López Cuadras: *Cuatro muertos por capítulo.*[44]

Y no sólo llevan sus temas al extremo del artificio, también sus lenguajes, pues como dice Eduardo Antonio Parra:

Eluden el español "neutro", ese que da la impresión de haber sido escrito por traductores, no por escritores; evitan también las reflexiones teóricas dentro del relato y los relatos-problema, carentes de vida, donde los personajes son el pretexto para que el autor satisfaga su necesidad de deslumbrar a los lectores con su erudición, su ingenio y los chispazos de su inteligencia. La literatura es artificio, sí. El artificio se despliega no sólo en la concepción de un rompecabezas, sino en cada uno de los elementos del relato: lenguaje, técnicas adecuadas, estructuras, trazo de los personajes.[45]

Eso sí, consiguen "horadar los tejidos de tu cuerpo desde los meñiques hasta el pelo", como diría Orlando Ortiz.[46]

## 6

La segunda línea dominante es la que se ocupa del yo. Si bien, como ya se dijo tiene antecedentes, su plena existencia se da en los años finales del siglo pasado y los que van del XXI, que son los del individualismo feroz, de la generación X, de cada quien para su santo pero todos los santos para mí, porque soy lo único que existe, lo único que vale, lo único que cuenta.

Se trata de escribir sobre ese "gran tema" que es su propia persona,[47] con absoluto desinterés por lo social y lo político, y por cualquier cosa que no sea el yo del propio autor. Así lo dice Luis Chumacero, en una afirmación casi idéntica a la que unos años antes había expresado Salvador Elizondo: "En ninguno de mis cuentos aparece ninguna motivación social y política. Ésa se la dejo a los que en algún momento quieran transformar la sociedad".[48]

Los autores son el centro a partir del cual todo irradia y al que todo llega. Los otros "no existen o sólo son periferia de mí o proyección de mis creaciones interiores".[49] Crean un universo propio, una realidad independiente y paralela, en la cual "el yo del escritor-narrador es el que ordena el mundo ficcional",[50] una literatura que "deja el campo casi totalmente libre a nuestra voluntad",[51] y narraciones que, como decía Jacques Derrida, "me obligan a leer al autor y no al texto".[52]

Según Danilo Martuccelli, esta novelística pudo nacer porque "la modernidad disocia entre individuo y mundo. Esa disociación es la experiencia moderna, es lo que la define. Las experiencias individuales se convierten en el horizonte linear de nuestra comprensión del mundo".[53]

Es extraño que esto suceda en un mundo en el que, como escribió Carlos Monsiváis, "a unos milímetros de nosotros, se apretujan millones de personas".[54] Pero ¿será tal vez por eso? ¿Para olvidar el ruido, el caos y lo difícil que es encontrar un pequeño espacio y un poco de silencio? ¿Será tal vez por "el miedo a la sobreproximidad del otro", como dice Slavoj Žižek?[55]

¿O será porque de ese modo los escritores se oponen a la era de la obsesiva comunicación y el exceso de información?

¿O quizá porque la vida no les da lo que esperaban, ni el Estado ni la familia, ni el trabajo, ni las diversiones ni el ocio? ¿Es por eso que deben hacer una literatura "de la falta de aventura, del vivir sin nada excepcional ni heroico"?[56]

¿O será que la inseguridad y la violencia y la desilusión y la inestabilidad y el escepticismo y la confusión no dejan otro camino y como aseguró un antropólogo: "En las incertidumbres de este andar como a la deriva, esa sensación compartida con muchos más de que el camino es otro, aunque no sepamos todavía marcar la dirección ni trazar el sendero"?[57]

¿O será por el puro y simple hartazgo? Escribe Álvaro Enrigue:

> En alguna de mis frecuentes mañanas de hartazgo, salí a darle rienda suelta a mis iras entre las multitudes perezosas que han situado el paseo que conduce a mi casa.[58]

¿O será al contrario, porque a pesar de todo, la vida sigue como si nada para tantos? Escribe José Joaquín Blanco:

> Al ver a esta gente uno pensará que pasarán aperturas democráticas, vendrán alianzas para la producción, transcurrirán crisis, devaluaciones, siglos, dinastías, atlas, cosmos, cosmogonías… y ellos seguirán impune, graciosa, sofisticada, soberanamente de tienda en tienda.[59]

Quién sabe.

Lo que es un hecho es que mientras más infernal es la realidad, en lugar de combatirla "para convertirla en paraíso" como quería Octavio Paz, tantos escritores prefieren olvidarse de ella y hablar de su propia vida, de los pequeños ritos diarios, del amor, de la familia, de los enojos y los deseos, y prefieren conversar consigo mismos, lo cual, como diría Michel Leiris, hacen "con gran satisfacción".[60]

Escribe Héctor Manjarrez:

Ayer caminé y troté 4.5 km. Hoy, 2.7. Me dolieron las pantorrillas. Me retiré sin embargo con la sensación del deber cumplido: con mi cuerpo, tan maltratado, y ante la comunidad de joggers tan vanidosa y satisfecha de sí misma en las personas de sus más atléticos exponentes, los cuales suelen pavonearse, hombres y mujeres... en la especie de semicírculo donde inicia la pista del bosque de Tlalpan, mismo que (ahora me pavoneo yo) sólo ha sido consignado en literatura por mí, hasta donde yo sé.[61]

Escribe Mónica Lavín:

Un hombre y una mujer cruzan la plaza. Van tomados de la mano. Es de noche en una ciudad ajena; hace sólo unos instantes que las manos se encontraron, y así el andar uno al lado del otro pareciera un proceder familiar. Apenas se conocen, dos días hay en su haber.[62]

Escribe Mario Bellatin:

No pasó ni una semana del arribo al país de mis padres cuando tuve que visitar un hospital infantil, donde permanecí durante muchos días dentro de una cámara de oxígeno. Acababa de sufrir el primer ataque de asma de mi vida.[63]

De modo, pues, que la literatura ha cambiado. Hoy ya no se escuchan las voces del campesino, el taxista, el albañil, la prostituta, el revolucionario, el político, la madre, la enamorada, y no se ven los paisajes de la provincia, el campo o las ciudades. Lo que se escucha son las voces de los autores que parten de sus miradas y sus intereses absolutamente personales.

"Bienvenidos a la era sin causa romántica, afán revolucionario, política pública o proyecto heroico que logre capturar nuestro interés",[64] bienvenidos a la era de "no más personajes, no más tramas elaboradas, ni siquiera el hombre desnudo en medio de ese despojo... Al traste así, con centurias de literatura descriptiva y tradiciones naturalistas. El grueso de la realidad pasa por órdenes de pensamiento más que de percepciones materiales".[65]

Hoy en la segunda década del siglo XXI, la tendencia yoica se agudiza: Ana Clavel, Xavier Velasco, María Baranda, Valeria Luiselli, Laia Jufresa. Escribe Guadalupe Nettel:

Tras la muerte de Ximena la presencia de los insectos se volvió mucho más frecuente y cotidiana pero ya no me asustaban... También hay que decir que los insectos que se me aparecían dejaron de ser tan venenosos como al principio. En vez de azotadores o tarántulas, veía ahora lombrices de tierra, escarabajos y cucarachas. Estas últimas en particular, mostraban en mis visiones una actitud amable, incluso benevolente hacia mi persona... Por eso, cada vez que encontraba una en mi cuarto, en vez del nerviosismo de siempre, me invadía una misteriosa calma.[66]

Escribe Luigi Amara:

Estoy viviendo el gozo de un bostezo muy largo
contento en mi postura,
en la pesantez de mi carne.[67]

Escribe Rocío Cerón:

Que nadie contradiga cuán abierto es el deseo
de estar así, bajo las sábanas de otoño,
mirando destejer del día a las sombras.[68]

## 7

Esta manera de mirar y escribir el mundo no es exclusiva de la narrativa y la poesía, también está en otros géneros. Juan Pablo Villalobos escribe un ensayo para homenajear a Juan Rulfo, pero lo que hace es contar su propia vida:

En enero del 2005, mientras cursaba el doctorado en la Universidad Autónoma de Barcelona, conocí a Andreia, la ahora madre de mis dos hijos. Como éramos gente de letras (creo que lo seguimos siendo), el ritual de intercambios afectivos con el que nos descubrimos, incluyó intercambio de libros... Yo le di *Pedro Páramo*...[69]

Eduardo Huchín Sosa escribe un ensayo para hablar de lo importantes que son los libros, pero lo que hace es contar lo que a él le gusta:

A estas alturas reconozco que nunca he podido salir ileso de los libros ni de las mujeres... Hay mujeres rondando en cada página de mi vida como libros asomándose detrás de cada una de esas mujeres. Imprescindibles los títulos como irremediables las mujeres.[70]

Y Luciano Concheiro escribe un libro para criticar nuestra concepción del tiempo y nuestra prisa,[71] pero al ser entrevistado sobre su texto, elogia sin pudor "mi inteligencia" y "mi aspiración de elaborar ideas originales, arriesgadas".[72]

Leer estos textos recuerda aquella historia de cuando Stalin abrió un concurso para ver quién hacía la mejor estatua del escritor Pushkin y el ganador fue quien propuso una de Stalin leyendo un libro de Pushkin. Dicho de otro modo, que son pretexto para relatar otra cosa: la persona, los intereses y los deseos de los autores.

También en el llamado periodismo narrativo estamos viendo que sucede lo mismo. En su columna en un diario de circulación nacional, Rafael Pérez Gay relata:

Volví a dormir mal. Hablo de abrir el ojo a las 4 de la mañana perseguido por fantasmas en raros episodios oníricos... Se jodió la noche y si me apuras mucho el día siguiente también, como si tuvieras que arrastrar una tristeza del tamaño de un elefante. Pero carajo, si hiciste ejercicio y tomaste gotas de Rivotril.[73]

214

Y Verónica Murguía:

> Soy mi propio jefe. Todo depende de mí: el tiempo que destino para la comida, el fodongo atuendo que decido ponerme para trabajar, los encargos que acepto… no checo tarjeta, como en mi casa, y, si quiero, me quedo todo el día en bata.[74]

La crónica no se ha salvado de este contagio del yoísmo. Para relatar la Feria Internacional del Libro de Guadalajara, Verónica Maza no habla de libros ni de autores, sino de cómo se iba de fiesta todas las noches, cuánto se divirtió, lo que pensó:

> Caminas así, sin nadie a tu vera, con tu tripié en el brazo, tu micrófono colgando del pecho, tus libros (de tu autoría y de la ajena) dentro de esa bolsa de colores que los unifica, tu gafete al cuello y una buena canción en tu iTunes. Los pies adoloridos por la danza. Sabes, entonces, que hoy o ayer o mañana no quisieras estar en otro lugar que no fuera aquí.[75]

Por eso, aunque los mencionados sean narradores, poetas, ensayistas y cronistas excelentes, dado que mi pregunta consiste en saber si pueden considerarse dentro de la tradición de la literatura mexicana en la cual todo funciona como crónica, la respuesta es no, no pueden. Hoy ya no todo es crónica. Y demasiadas veces ya ni siquiera la crónica lo es.

# ¿PARA QUÉ LA CRÓNICA?

*Lo que parece obvio, no necesariamente es simple.*

E. H. GOMBRICH

## 1

Dicho todo lo anterior, es necesario preguntarse: ¿A quién le hablan los cronistas? ¿Para quién escriben?

Se supone que su objetivo es que los lea o escuche la gente, la sociedad mexicana, para que conozca, entienda, se conmueva, se preocupe, actúe y hasta cambie las cosas.

Pero ¿sucede eso en un país en el que muy pocos leen? ¿En un país en el cual aquellos que sí leen no necesariamente se interesan en conocer y entender ciertas situaciones y realidades? ¿O en cambiarlas?

"Somos un testimonio que nadie escucha", escribió hace medio siglo Salvador Elizondo.[1] Y hace poco tiempo, un lector mandó una carta a un periódico diciendo: "¿Para qué sirve tener a tantas mentes brillantes que se mantienen encerradas en su círculo vicioso de un grupo selecto de intelectuales? Tal vez vaya siendo tiempo de dejar de ver a los marginales como objeto de estudio".[2]

**2**

La pregunta ha estado allí desde siempre. Hernán Cortés quería que lo leyera el rey de España, quería ser el héroe de la Conquista, además de conseguir favores de su Soberano esperando que estuviera agradecido. Pero nunca supo si éste lo leyó.

A Bernal Díaz del Castillo le interesaba que lo leyeran para que los españoles conocieran una versión diferente de los hechos de la Conquista, hecha por un soldado raso y en la que Cortés no aparecía con tantos atributos como aquéllos con los que se adornó ante su monarca. Pero nunca supo si lo leyeron.

También a los criollos que desde el siglo XVI hasta el XVIII escribieron crónicas, les habría gustado que los leyeran los europeos cultos y así conocieran la Nueva España y se convencieran de que había aquí una civilización refinada y no los salvajes que decían algunos. Pero tampoco supieron si los leyeron y en caso de que sí, los lograron convencer.

Pero en el siglo XIX, ¿a quién le hablaban Fernández de Lizardi, Guillermo Prieto y José Tomás de Cuéllar? ¿Quién esperaban que los leyera?

Suponemos que a ellos les habría gustado que fuera ese pueblo al que retrataron y relataron, sólo que ellos no leían, éste era un país de analfabetas. Y quienes sí leían ¿tendrían ganas de leer lo que les relataban? ¿Les interesaba esa pintura de "lo que de todos modos vemos", como dice Dolores M. Koch?[3]

Lo que llamamos la literatura mexicana se enfrenta desde entonces y hasta hoy a ese problema: para quién escriben los que escriben.

Sólo en algunas épocas, los cronistas tuvieron lectores seguros. Es el caso de Manuel Gutiérrez Nájera, Salvador Novo, el Duque de Otranto, Agustín Barrios Gómez o Guadalupe Loaeza que describieron la vida social de su época, de modo que los mismos relatados fueron sus lectores, o el de Juan Villoro que habla de futbol, deporte que interesa a muchos, o de los ilustrados que leían a Carlos Monsiváis.

Pero para la mayoría de los cronistas, la pregunta sigue allí: ¿Para quién escriben Elena Poniatowska, Cristina Pacheco, Hermann Bellinghausen, Javier Valdez y Fernanda Melchor? ¿Para que los ricos lean sobre los pobres? ¿Para que los ciudadanos sepan de la violencia?

Entonces estamos frente a una situación así: escriben los ilustrados, leen algunos ilustrados, ambos son un puñado de gente y fuera de ellos, nadie: "No se lee nada la literatura mexicana", afirma el poeta Eduardo Lizalde.[4]

Ahora bien: ¿Es eso lo que quieren los escritores? ¿Se esfuerzan tanto solamente para que algunos los lean? ¿O lo hacen para divertirse ellos? ¿O por la responsabilidad histórica de "articular una memoria colectiva"[5] que tal vez en el futuro sirva de algo? ¿O para "incidir" como dice Elena Poniatowska[6] y lograr un cambio? ¿O para ganar dinero como decía Gutiérrez Nájera?[7]


## 3


En la presentación de un libro sobre el hambre en el mundo escrito por el cronista argentino Martín Caparrós, la narradora mexicana Rosa Beltrán dijo que ese texto "nos obliga a experimentar el hambre como hambre".[8]

¿Es eso posible? ¿Es posible experimentar el hambre ajena, la pobreza, el sufrimiento, el dolor, el miedo del otro? ¿Es posible sentir en carne propia "lo ominoso y siniestro, el infortunio y la arbitrariedad", para usar las palabras de Karl Schlögel?[9]

Freud dijo que no, que "lo real siempre seguirá siendo incognoscible",[10] y Fernando Escalante Gonzalbo asegura que "ninguna explicación filosófica, histórica o sicológica, ninguna ideación por realista y sensata que sea, reproduce con exactitud el mundo de la experiencia".[11]

Y esto es inevitablemente así, porque nosotros los lectores no tenemos hambre, no lo hemos perdido todo, no hemos sido golpeados, violados, secuestrados, exiliados, y como bien dice Martín Caparrós: "El hambre no existe fuera de las personas que lo sufren. El tema no es el hambre, son esas personas".[12] Y lo mismo vale por supuesto para todo lo demás.

Escribe Vilma Fuentes:

Interrogarse sobre la existencia de lo real, sobre la verdad de ese real, es sin duda la cuestión más constante que se propone la crónica. Pero no lo consigue. Lo más que consigue es la turbación de una interrogante, que se insinúa en las palabras, en el planteamiento del enigma planteado, que sin embargo, nunca será resuelto, por más que acumulemos información, que seamos capaces de encontrar y reproducir fragmentos de lo real.[13]

Y en este punto nos topamos con la pregunta que hace José Emilio Pacheco: "¿Tiene sentido escribir para abogar por el fin del hambre y el sufrimiento, las torturas y las matanzas?",[14] y nos topamos con la paradoja que señala Jezreel Salazar: ¿Lo que relata la crónica realmente sirve de algo más que hacer sentir "incertidumbre y extravío"?[15] ¿O para "deslumbrar y hacernos cómplices de su palabra devastadora", como dice Mónica Maristain?[16] ¿O para "perturbar e inquietar" como afirma Lilián López Camberos?[17]

Pablo Espinosa se pregunta: "¿A qué conduce esto? ¿Al cambio? ¿A la rebeldía crítica? ¿O sólo a la observación del espectáculo como entretenimiento que dura un instante y se abandona por lo que sigue?".[18]

La realidad como espectáculo es el espíritu de los tiempos, es "la subjetividad contemporánea" como le llama Paula Sibilia,[19] es el "código" de hoy como le llamó Umberto Eco,[20] según el cual se considera que es legítimo el afán por mirar lo que les sucede a los otros, por feliz o brutal que sea.

Pero entonces, ¿es la crónica un espectáculo dirigido a quienes leemos? ¿Es sólo una manera de "hacer arte con la desgracia humana", como afirma Christopher Domínguez Michael?[21]

## 4

Si la crónica no puede permitirnos experimentar lo que les sucede o sienten los otros, ¿puede al menos "contribuir a que cambien las prácticas que tanto daño le hacen a las personas"?[22]

Según José Joaquín Blanco, no. Porque ella lo que hace es "transformar todo en algo digerible que incluso nos ayuda a resistir y evadir lo que realmente dicen",[23] y porque como dice Vilma Fuentes: "Las demasiadas pruebas fatigan la verdad".[24] Así sucede con las imágenes de la guerra que vemos en la televisión, cuya acumulación termina por dejarnos de impactar, por "anestesiarnos", dice Carlos Pardo.[25] Por eso Max Aub decía la "poca influencia de los libros sobre los hechos".[26]

Y sin embargo, para muchos escritores no es así y, por el contrario, ellos consideran que "la escritura derriba muros".[27]

Svetlana Alexievich dice que hay que escribir crónicas para "no permitir justificar nada",[28] Marco Antonio Campos dice que hay que escribirlas para "dar latigazos al cuerpo y al alma sin poder hallar refugio en medio de la tempestad incesante",[29] y Martín Caparrós dice que hay que escribirlas porque: "¿Qué otra cosa se puede hacer? ¿Qué queda? ¿El silencio?".[30]

# ELOGIO DE LA CRÓNICA

*El cronista es el que llega después y pren-
de la luz.*[1]

JUAN VILLORO

## 1

¿**P**or qué los lectores hemos convertido a la crónica en el género con
más autoridad en la cultura[2] y a los cronistas en las superestrellas
del momento cultural?[3]

Según quienes nos estudian y conocen, ello se debe a que a los
mexicanos nos gusta más el relato sin ficción que el relato de imaginación.[4] La razón de ello no es clara, pero puede tener que ver con que durante la Colonia se censuraba y castigaba severamente cualquier intento
de la imaginación:

> Canción huye, no salgas
> ni un punto solamente
> de la romana fe tras que caminas.[5]

O puede tener que ver con que quienes comenzaron a escribir novelas en
el siglo XIX estaban tan desesperados al ver la miseria y la ignorancia en
que vivía la mayoría de los mexicanos, que decidieron que la literatura debería ser un instrumento para educar. Y se abocaron a ello con tal fruición

que por eso nuestra literatura ha sido ostentosamente política y social, ideológica y propositiva. Así lo dijo Rosario Castellanos: "La novela mexicana nunca ha sido pasatiempo ocioso, alarde de imaginación o ejercicio de retórica, sino un instrumento para captar nuestra realidad y conferirle sentido y perdurabilidad".[6] Esta idea se convirtió no sólo en compromiso sino en misión. Y la hizo muchas veces aburrida. O al menos eso pensaba Jorge Cuesta, quien decía que nadie "logrará que cumpla el deber patriótico de embrutecerme con las obras representativas de la literatura mexicana".[7]

O, por fin, puede tener que ver con el hecho de que vivimos en un país en el que tanto el discurso gubernamental como el de las iglesias, los empresarios y los medios de comunicación mienten o sesgan la realidad, de modo que poder confiar en algún discurso resulta de enorme importancia. El discurso de la crónica resulta confiable no sólo por lo que relata sino también por su lenguaje que (con muy pocas excepciones) es accesible a cualquier lector.

Pero además, está también aquello que cada género busca. Como ha señalado José Joaquín Blanco, la poesía "es una inmersión en ciertas zonas de la realidad demasiado intensa y que exige estar todo el tiempo en gran tensión",[8] y como ha escrito Wolfgang Iser, la novela "con su estructura doble, lingüística y afectiva, le lleva ventaja a nuestra experiencia de la vida",[9] de modo, pues, que si bien poemas, novelas y crónicas son estructuras verbales que ordenan los hechos y los organizan en un relato discernible y coherente,[10] la manera como los primeros dos lo hacen, los puede convertir en géneros "desconectados de la realidad", como afirma David Shields.[11]

Esa desconexión viene de las propias características de esos géneros: la perfección con la que todo corre de principio a fin, poniendo demasiado orden y lógica en la realidad, no dejando cabos sueltos, como si la vida no los dejara, siendo que ella "es un desorden que se desliza través de la palabra", decía Roland Barthes.[12] Eso hace que "suene falso", según afirma Rachel Cusk,[13] y que a los lectores no les satisfaga en su afán de conocer "la realidad" y saber "la verdad", mientras que con la crónica no es así pues "interrogarse sobre la existencia de lo real, sobre la verdad de ese real, es sin duda la cuestión más constante que se propone".[14]

Por eso, lo que ofrece la crónica nos atañe de manera tan directa: porque "procura estar a la medida de las cosas, a la medida civil de uno mismo y de la gente".[15]

Pero no sólo eso. También porque si la pregunta es ¿qué busco yo al leer?, y la respuesta sólo puede ser la de Herta Müller: "Yo nunca he leído literatura, siempre he querido saber cómo funciona la vida",[165] "la ficción reacciona con mucha lentitud",[17] y en cambio la crónica con mucha viveza.

Y algo más: aunque la crónica es la mirada de un individuo, no es una mirada sobre lo individual sino sobre lo colectivo. El mundo que cuenta es el de los "otros" (como pide Martín Caparrós),[18] algo que en la ficción difícilmente existe en los tiempos que corren, cuando está de moda que solamente importe la "individualidad absoluta" como quiere Haruki Murakami.[19]

Por todo eso, la crónica sirve a los lectores "cargados de impaciencias sociales, políticas o ideológicas" que, como diría Jordi Gracia, buscan "una mirada analítica que descubra el comportamiento del poder" y que deje atrás "lo complaciente, lo irónico, lo artificioso".[20]

Es pues el género que demuestra que el mundo es menos que las exageraciones y las fantasías de la ficción pero también más que mi sola persona, más que lo que dicen las modas y las estéticas del día y más de lo que pretende "el mercado posmoderno de la identidad", como afirma Fabrizio Andreella.[21]

## 2

Pero sin duda lo más importante de la crónica es su poder subversivo, desde el momento en que nos hace ver las cosas bajo otra luz.

Los ejemplos están allí: desde lo que aprendieron los europeos sobre el nuevo continente hasta lo que aprendemos hoy sobre nuestro país. Si en aquel entonces les hicieron conocer a los habitantes de estas tierras para mejor conquistarlos sojuzgarlos, hoy nos hacen conocerlos para lo contrario, para criticar la dominación y exclusión y aproximarse a quienes están en los márgenes sociales o culturales, como evidencia una crónica de Hermann Bellinghausen sobre la concesión que hizo en el siglo xxi el gobierno mexicano a una empresa extranjera de una mina de plata en la montaña de Guerrero. El cronista compara la situación con la explotación colonial del Congo que describe Joseph Conrad en su novela *El corazón de las tinieblas,* en la que hizo ver la miseria y degradación humanas provocadas por la acción del colonizador, y agrega que eso hoy ya no va a suceder, porque los buscadores de plata "no encontraron [en México] tribus indefensas y esclavizables, sino pueblos indígenas organizados y valientes que se defienden de las tinieblas".[22] O madres de familia que no cejan en luchar por sus hijos desaparecidos. O personas que apoyan a los migrantes. O periodistas que denuncian a narcotraficantes y políticos corruptos.

## 3

La crónica ha tenido una larga vida en México, siempre con enorme fuerza y vitalidad. Y las sigue teniendo hoy en el siglo xxi.

Suyos han sido muchos milagros: desde inventariar a este país y a su gente hasta darle voz a quienes no la tienen; desde desenmascarar los discursos oficiales hasta visibilizar la realidad que no vemos o que deliberadamente se oculta; desde mostrar la vida cotidiana pero también lo excepcional, hasta denunciar la miseria, la violencia, la corrupción y la negligencia; desde inventar una nación y una identidad hasta darnos esperanza. Por eso, como dijo Carlos Monsiváis, ella sigue siendo indispensable hoy, [23] sigue siendo "vitalmente útil" como quería Horacio en su *Arte poética.* Y eso a nosotros los lectores nos consta.[24]

# NOTAS

¿POR QUÉ LA CRÓNICA?

[1] Hermann Bellinghausen, citado en Rafael Torres Sánchez, "Multitudes talladas a metro", *Nexos*, 1 de mayo de 1988.
[2] José Joaquín Blanco, entrevista sin nombre de entrevistador, "Hacia una literatura posible", *Nexos*, 1 de enero de 1982.
[3] Escribe Carlos Monsiváis: "El gran tema, la continua obsesión de estas tierras es la necesidad de comprobar hasta qué punto somos autónomos y en qué medida somos derivados, invenciones truncas". "Cultura nacional y cultura colonial en la literatura mexicana", en Varios autores, *Características de la cultura nacional*, México, Universidad Nacional Autónoma de México/Instituto de Investigaciones Sociales, 1969, p. 57.
[4] José Luis Martínez, "Introducción", en *El ensayo mexicano moderno*, México, Fondo de Cultura Económica, 1984, p. 17.
[5] Iris M. Zavala, *Romanticismo y realismo*, Barcelona, Crítica, 1982, p. 338.
[6] José Emilio Pacheco, *Antología del modernismo (1824-1921)*, México, Universidad Nacional Autónoma de México, 1970, p. xxx.
[7] Rosario Castellanos, "La juventud: un tema, una perspectiva, un estilo", en Aurora Ocampo, *La crítica de la novela mexicana contemporánea*, México, Universidad Nacional Autónoma de México, 1981, p. 78.
[8] Carlos Monsiváis, *A ustedes les consta. Antología de la crónica en México*, edición corregida y aumentada, México, Era, 2006, pp. 33-34.
[9] Sara Sefchovich, *México: país de ideas, país de novelas. Una sociología de la literatura mexicana*, México, Grijalbo, 1987, p. 239.
[10] Linda Egan afirma que se escriben crónicas en momentos de estabilidad, en *Carlos Monsivais. Culture and Chronicle in Contemporary Mexico*, Arizona, The University of Arizona Press, 2001, p. 88. Susana Rotker dice que se las escribe en momentos de crisis en *La invención de la crónica*, Buenos Aires, Ediciones Letra Buena, 1992, p. 125.
[11] Jacques Lafaye, *Quetzalcóatl y Guadalupe. La formación de la conciencia nacional de México*, México, Fondo de Cultura Económica, 1999, p. 433.
[12] Julio Llamazares, entrevista con María Camino Sánchez, *Morada Internacional*, año III, núm. 10, diciembre de 2005, p. 7.
[13] Aníbal González, *La crónica modernista hispanoamericana*, Madrid, José Porrúa Turanzas, 1983, p. 120.
[14] Ignacio Corona y Beth Jörgensen consideran lo contrario y afirman que la función de la crónica del siglo XIX es diferente de la que desempeñó durante la Colonia y de la que desempeñaría durante el Porfiriato, en "Introduction", *The Contemporary Mexican Chronicle. Theoretical Perspectives on the Liminal Genre*, Nueva York, State University of New

York Press, 2002, pp. 8-9. Me parece que confunden función de la crónica con objetivo del autor, que no son lo mismo.

[15] *Ibid.*, p. 3.

[16] Michael Coffey citado por Lev Grossman en "El problema con las memorias", *Time*, 22 de enero de 2006, p. 60.

## La crónica y las dudas

[1] Por ejemplo, Belem Clark de Lara en "La crónica en el siglo xix", Belem Clark de Lara y Elisa Speckman Guerra, *La república de las letras. Asomos a la cultura escrita del México decimonónico: ambientes, asociaciones y grupos, movimientos, temas y géneros literarios*, México, Universidad Nacional Autónoma de México, 2005, p. 328.

[2] E. H. Gombrich, "The Evidence of Images: The Variability of Vision", en Charles S. Singleton, *Interpretation: Theory and Practice*, Baltimore, The Johns Hopkins University Press, 1969, p. 60.

[3] Eva María Valero Juan, *El imaginario popular en un clásico americano: las* Tradiciones peruanas *de Ricardo Palma*, Biblioteca Virtual Miguel de Cervantes, online.

[4] Marcelino Menéndez y Pelayo, "La historia considerada como obra artística", en *Obras completas*, tomo VII: *Estudios históricos*, Biblioteca Virtual Menéndez Pelayo, online.

[5] Aníbal González, *La crónica modernista hispanoamericana*, Madrid, José Porrúa Turanzas, 1983, p. 128.

[6] José Ortiz Monasterio afirma: "Hay textos que no soportan esta disyuntiva y no queda más remedio que considerarlos historia y literatura". "Estudio preliminar" a Vicente Riva Palacio, *Ensayos históricos*, México, Instituto de Investigaciones Dr. José María Luis Mora/Universidad Nacional Autónoma de México/Consejo Nacional para la Cultura y las Artes, 1997, p. 13.

[7] Juan de Dios Peza en Jorge Ruedas de la Serna, "Una literatura para la vida", introducción a Vicente Riva Palacio y Juan de Dios Peza, *Tradiciones y leyendas mexicanas*, México, Instituto de Investigaciones Dr. José María Luis Mora/Universidad Nacional Autónoma de México/Consejo Nacional para la Cultura y las Artes, 1996, p. 25.

[8] Luis de la Rosa citado en *ibid.*, p. 16.

[9] Asunción Lavrin, conferencia, México, Centro de Estudios Históricos Condumex, 25 de mayo de 2006.

[10] Anónimos, citados en Luis Mario Schneider, *Ruptura y continuidad. La literatura mexicana en polémica*, México, Fondo de Cultura Económica, 1975, p. 51.

[11] Christopher Domínguez Michael, "La interrogación realista", *Confabulario*, suplemento de *El Universal*, 2 de julio de 2017.

La crónica y las certezas

[1] Paul Hernadi, *Beyond Genre: New Directions in Literary Classification*, Ithaca, Cornell University Press, 1972.

[2] Jacques Derrida citado en Umberto Eco, *Los límites de la interpretación*, Barcelona, Lumen, 1998, p. 39.

[3] La idea me surgió de leer a Susana Rotker, *La invención de la crónica*, Buenos Aires, Ediciones Letra Buena, 1992, p. 129.

[4] Todos ellos citados en estas notas.

[5] Paul Ricoeur considera el discurso como el conjunto de palabras que organizan y hacen concreta la realidad. *Teoría de la interpretación. Discurso y excedente de sentido*, México, Siglo xxi, 2003, p. 15. Para Gilberto Giménez se trata de una práctica enunciativa que es a un tiempo "información, transmisión de sentido y efecto de significado". "Nuevo enfoque semiológico de la semiótica literaria", *Semiosis*, Xalapa, Universidad Veracruzana, núm. 3, julio de 1979. Este modo de ver las cosas plantea la indisociabilidad de los dos universos, el textual y el extratextual, así como el hecho de que el discurso construye sentidos. Gilberto Giménez, "El discurso jurídico como discurso del poder", en *Poder, Estado y discurso, perspectivas sociológicas del discurso político-jurídico*, México, Universidad Nacional Autónoma de México, 1981.

[6] Existen muchos discursos: el de la historia, la religión, la literatura, el periodismo, la ciencia, la calle, los jóvenes, la academia y un largo etcétera. Cuando se los concreta en el papel, la foto, la obra musical o el movimiento corporal se les llama texto. El texto es, pues, la concretización del discurso. Esta idea me surge de leer a Yvette Jiménez de Báez, "Intertextuality and History", en Kemy Oyarzún (ed.), *Bordering Difference: Culture and Ideology in 20th Century Mexico*, Riverside, University of California Press, 1991, pp. 76 y 92, nota 19.

[7] Ignacio Corona y Beth E. Jörgensen, "Introduction", en *The Contemporary Mexican Chronicle. Theoretical Perspectives on the Liminal Genre*, Nueva York, State University of New York Press, 2002, pp. 8 y 10.

[8] Los tres pasos me los sugirió la lectura de E. H. Gombrich, "The Evidence of Images. The Variability of Vision", en Charles Singleton, *Interpretation, Theory and Practice*, Baltimore, The Johns Hopkins University Press, 1969, pp. 35-36.

[9] Estas ideas se me ocurrieron a partir de Jean-Pierre Vernant, "Tensions and Ambiguities in Greek Tragedy", en *ibid.*, p. 105.

[10] Dominick LaCapra, *Rethinking Intellectual History. Texts, Contexts, Language*, Ithaca y Londres, Cornell University Press, 1983. Ver la introducción, sobre todo la p. 20. La palabra *contexto* ha generado un debate porque se le ha tomado como lo extradiscursivo, pero no es así: el discurso no es una correspondencia de relaciones interioridad-exterioridad sino una unidad.

[11] Gombrich, "The Evidence of Images: The Variability of Vision", *op. cit.*, p. 56.

[12] Cultura: "Creencias, signos y símbolos, reglas y prácticas que se aprenden, internalizan

y reproducen y que determinan no nada más nuestra manera de pensar y de actuar sino también el sentido de ambos"; cultura: "los productos, bienes y servicios que se crean como resultado de los actos libres de autoexpresión". Sara Sefchovich, *La marca indeleble de la cultura*, México, Universidad Nacional Autónoma de México/Coordinación de Humanidades, 2016, pp. 11 y 12.

[13] *Ibid.*, y Gombrich, "The Evidence of Images: The Variability of Vision", *op. cit.*, p. 57.

[14] Fredric Jameson, *The Political Unconscious. Narrative as a Socially Symbolic Act*, Ithaca, Cornell University Press, 1981; Richard Rorty, "The Pragmatist's Progress", en Umberto Eco *et al.*, *Interpretation and Overinterpretation*, Cambridge, Cambridge University Press, 1992.

[15] Mijaíl Bajtín citado en el curso "Análisis del discurso literario", México, Universidad Nacional Autónoma de México/Facultad de Filosofía y Letras, 1982.

[16] Oswald Ducrot citado en *ibid.* Por "código" me refiero a que los discursos tienen una serie de estrategias (lexicales, sintácticas y semánticas, de lugar y proceso de la enunciación, de formas de organizar y operar) y una lógica, y que constituyen una práctica socialmente ritualizada y regulada en una situación coyuntural determinada y con premisas ideológico-culturales que son ampliamente compartidas por la sociedad. Giménez Montiel, *Poder, Estado y discurso: perspectivas sociológicas y semiológicas del discurso político-jurídico, op. cit.*, pp. 124-126. Véase también Umberto Eco, *Apocalípticos e integrados ante la cultura de masas*, Barcelona, Lumen, 1975, pp. 107 y 110.

[17] Ambigüedad: "Lógica no lingüística sino de sentido que permite prever la variación de una significación a otra como si a la misma idea le pudieran corresponder significados diferentes", Jean Michel Adam, *Lingüistique et discourse littéraire. Théorie et pratique des textes*, París, Larousse, 1976. René Wellek y Austin Warren la definen como la tensión entre lo connotativo y lo denotativo en su clásico *Teoría literaria*, Madrid, Gredos, 1985.

[18] Sentido y significado: uno es el motor del desarrollo textual, otro un resultado, un efecto del mismo. Adam, *ibid.*, p. 42.

[19] Walter D. Mignolo, "La historia de la escritura y la escritura de la historia", en Merlin H. Forster y Julio Ortega (eds.), *De la crónica a la nueva narrativa mexicana*, México, Oasis, 1985, p. 27.

[20] El concepto "época cultural y mental" se refiere a un sistema de representaciones, ideas, opiniones, creencias, costumbres, "un universo de significados verbales e intelectuales, categorías de pensamiento y tipos de razonamiento, sistemas de representaciones, creencias, valores, formas de sensibilidad, modalidades de acción y de conducta", dice Vernant, "Tensions and Ambiguities in Greek Tragedy", *op. cit.*, pp. 105-106.

[21] Gabino Barreda citado en Leopoldo Zea, *El positivismo en México, nacimiento, apogeo y decadencia*, México, Fondo de Cultura Económica, 1981, p. 56.

[22] Gilberto Giménez Montiel, *La teoría y el análisis de las ideologías*, México, Secretaría de Educación Pública/Consejo Mexicano de Ciencias Sociales/Universidad de Guadalajara, 1988, p. 253.

[23] Por eso Antonio Gramsci dice que la verdadera autoridad está "en la esfera cultural

antes que en el dominio económico, político o militar". Citado en Beth Miller, "Historia y ficción", en Forster y Ortega (eds.), *De la crónica a la nueva narrativa mexicana, op. cit.*, p. 414.

24 Xavier Villaurrutia, según Guillermo Sheridan a Sara Sefchovich, 13 de septiembre de 1986.

25 Ferdinand de Saussure citado en Gombrich, "The Evidence of Images. The Priority of Context over Expression", *op. cit.*, p. 68.

26 Basadas, ampliadas, adaptadas y modificadas, a partir de lo que dice José Luis Martínez sobre el ensayo en su "Introducción" a *El ensayo mexicano moderno*, México, Fondo de Cultura Económica, 1984, pp. 7-27.

27 Ignacio Corona y Beth E. Jörgensen, "Introduction", *The Contemporary Mexican Chronicle. Theoretical Perspectives on the Liminal Genre, op. cit.*, p. 17.

28 José Joaquín Blanco citado en *ibid.*, p. 62.

29 Paul Smith citado en Beth E. Jörgensen, *The Writing of Elena Poniatowska: Engaging Dialogues*, Austin, University of Texas Press, 1994.

30 Barbara Foley, *Telling the Truth. The Theory and Practice of Documentary Fiction*, Ithaca, Cornell University Press, 1986. Chaim Perelman habla de base de acuerdo entre el locutor y su auditorio, citado en Dominique Maingueneau, *Initiation aux méthodes de l'analyse du discours, problèmes et perspectives*, París, Hachette, 1976.

31 Umberto Eco, "Interpretation and Overinterpretation", en Eco *et al.*, *Interpretation and Overinterpretation, op. cit.*; Mignolo, "La historia de la escritura y la escritura de la historia", *op. cit.*, p. 27.

32 Umberto Eco, "Interpretation and History", en Eco *et al.*, *Interpretation and Overinterpretation, op. cit.*, p. 24.

33 Jameson, *The Political Unconscious. Narrative as a Socially Symbolic Act, op. cit.*, p. 112.

34 Jonathan Culler citado en *ibid.*, p. 134.

35 Foley, *Telling the Truth. The Theory and Practice of Documentary Fiction, op. cit.*, p. 81. Thomas Lewis, citado en *ibid.*, p. 82. También Murray Krieger habla de esto, le llama "la cosa en sí misma", en "Mediation, Language and Vision in the Reading of Literature", en Singleton, *Interpretation: Theory and Practice, op. cit.*, p. 212.

36 Krieger, *ibid.*, p. 215.

37 Robert Scholes citado en Foley, *Telling the Truth. The Theory and Practice of Documentary Fiction, op. cit.*, p. 11.

38 Beth E. Jörgensen, "Matters of Fact: The Contemporary Mexican Chronicle and/as Nonfiction Narrative", en Corona y Jörgensen, *The Contemporary Mexican Chronicle. Theoretical Perspectives on the Liminal Genre, op. cit.*, todo el capítulo pero sobre todo pp. 71-94.

39 Según la definición clásica de Erich Auerbach citado en Pierre V. Zima, "El discurso mimético", en *Pour une sociologie du texte litteraire*, París, UGE, 1978, pp. 267 y ss.

40 Roman Jakobson citado en Susana González Reyna, "Lenguaje y comunicación", online.

[41] Rotker, *La invención de la crónica, op. cit.*, p. 202.

[42] Mónica E. Sacarano citada por Juan G. Gelpí, "Walking in the Modern City: Subjectivity and Cultural Contacts in the Urban *Crónicas* of Salvador Novo and Carlos Monsiváis", en Corona y Jörgensen, *The Contemporary Mexican Chronicle. Theoretical Perspectives on the Liminal Genre, op. cit.*, p. 217 nota 1.

[43] Gérard Genette según Michel Pecheux a Sara Sefchovich, 17 de noviembre de 1977.

[44] Esta idea me surgió a partir de la lectura de Linda Egan, "Play on Words: Chronicling the Essay", en Corona y Jörgensen, *The Contemporary Mexican Chronicle. Theoretical Perspectives on the Liminal Genre, op. cit.*, p. 100. También Ralph Warner cree esto y afirma que "el encanto" de los textos de Altamirano está en que nos muestra lo familiar, cosas conocidas. Ralph E. Warner, *Historia de la novela mexicana en el siglo XIX*, México, Antigua Librería Robredo, México, 1953, p. 102.

[45] Umberto Eco, *Apocalípticos e integrados ante la cultura de masas*, Barcelona, Lumen, 1975, p. 110.

[46] Umberto Eco, *Tratado de semiótica*, México, Nueva Imagen, 1978, p. 77.

[47] Umberto Eco, "Overinterpreting Texts", en Eco *et al.*, *Interpretation and Overinterpretation, op. cit.*, p. 48.

[48] Thomas Kuhn citado en Foley, *Telling the Truth. The Theory and Practice of Documentary Fiction, op. cit.*, p. 38; ver también Steven Pinker, *How the Mind Works*, Nueva York-Londres, Norton, 1997.

[49] Tzvetan Todorov y Oswald Ducrot, *Diccionario enciclopédico de las ciencias del lenguaje*, México, Siglo XXI, 1996, p. 182.

[50] Lucille Kerr, "Gestures of Autorship: Lying to Tell the Truth in Elena Poniatowska's *Hasta no verte, Jesús mío*", citada en Jörgensen, *The Writing of Elena Poniatowska: Engaging Dialogues, op. cit.*, bibliografía p. 160.

[51] Foley, *Telling the Truth. The Theory and Practice of Documentary Fiction, op. cit.*, p. 27.

[52] Ignacio Corona Gutiérrez, *Después de Tlatelolco: las narrativas políticas en México (1976-1990)*, Guadalajara, Universidad de Guadalajara, 2001, p. 15.

[53] Egan, "Play on Words: Chronicling the Essay", *op. cit.*, p. 97.

[54] Ignacio Corona, "At the Intersection: Chronicle and Ethnography", en Corona y Jörgensen, *The Contemporary Mexican Chronicle. Theoretical Perspectives on the Liminal Genre, op. cit.*, p.129.

[55] Beth E. Jörgensen, "Matters of Fact: The Contemporary Mexican Chronicle and/as Nonfiction Narrative", en Corona y Jörgensen, *ibid.*, p. 74.

[56] Wolfgang Iser, "La estructura apelativa de los textos" y "El acto de la lectura. Consideraciones previas sobre una teoría del efecto estético", en Dieter Rall, *En busca del texto. Teoría de la recepción literaria*, México, Universidad Nacional Autónoma de México/Instituto de Investigaciones Sociales, 1987, pp. 100 y 113.

[57] Estas ideas me surgieron a partir de la lectura de Foley, *Telling the Truth. The Theory and Practice of Documentary Fiction, op. cit.*, "Prefacio", p. 16 y capítulo 1, pp. 25 y 119.

[58] Ignacio Corona y Beth E Jörgensen, "Introduction", en Corona y Jörgensen, *The Contemporary Mexican Chronicle. Theoretical Perspectives on the Liminal Genre, op. cit.*, p. 19.

[59] La idea me surgió de leer a LaCapra, *Rethinking Intellectual History. Texts, Contexts, Language, op. cit.*, p. 124.

[60] Corona Gutiérrez, *Después de Tlatelolco: las narrativas políticas en México (1976-1990), op. cit.*, p. 14.

[61] Martínez, "Introducción", *El ensayo mexicano moderno, op. cit.*, p. 10.

[62] Marca: "un elemento que destaca en función de la organización global del texto", dicen Todorov y Ducrot, *Diccionario enciclopédico de las ciencias del lenguaje, op. cit.*, p. 290.

[63] Foley, *Telling the Truth. The Theory and Practice of Documentary Fiction, op. cit.*, p. 45.

[64] Eco, "Overinterpreting Texts", *op. cit.*, p. 4.

[65] Teun A. van Dijk, "El procesamiento cognoscitivo del texto literario", *Acta Poética*, núm. 2, México, Universidad Nacional Autónoma de México/Instituto de Investigaciones Filológicas, 1980, p. 13.

[66] Ulric Neisser citado por Gombrich en "The Evidence of Images: The Variability of Vision", *op. cit.*, p. 40.

[67] Ésta es una idea que me surgió de leer a LaCapra, *Rethinking Intellectual History. Texts, Contexts, Language, op. cit.*, p. 29.

[68] Foley, *Telling the Truth. The Theory and Practice of Documentary Fiction, op. cit.* Y Rall, *En busca del texto. Teoría de la recepción literaria, op. cit.*

[69] Jiménez de Báez, "Intertextuality and History", *op. cit.*, p. 73.

[70] La idea me surgió por lo que dice LaCapra de que la interpretación de los textos lo que hace es quitarles su excepcionalidad y subrayar sus características más comunes, *Rethinking Intellectual History. Texts, Contexts, Language, op. cit.*, p. 28.

[71] George Vignaux citado en Gilberto Giménez, "La argumentación en la ficción y en la crítica literaria", México, Universidad Nacional Autónoma de México/Instituto de Investigaciones Sociales, mimeo., s. f.

[72] José Escobar Arronis citado en Lía Schwartz, "El imaginario barroco y la poesía de Quevedo", Alicante, Biblioteca Virtual Miguel de Cervantes, 2006, p. 5.

[73] Esta idea me surgió de la lectura de Egan, "Play on Words: Chronicling the Essay", *op. cit.*, p. 98.

[74] Egan, *Carlos Monsiváis. Culture and Chronicle in Contemporary Mexico, op. cit.*, p. 78.

[75] "Marcas de oralidad" es una expresión de Jiménez de Baez, "Intertextuality and History", *op. cit.*, p. 73. Ver más arriba la explicación del uso que aquí se le da a la palabra *cordial*.

[76] Vicente Leñero citado en Jörgensen, "Matters of Fact: The Contemporary Mexican Chronicle and/as Nonfiction Narrative", *op. cit.*, p. 63; Juan Villoro en José Joaquín Blanco, Vicente Leñero y Juan Villloro, "Questioning the Chronicle", en Corona y Jörgensen, *The Contemporary Mexican Chronicle. Theoretical Perspectives on the Liminal Genre, op. cit.*, p. 66.

[77] Krieger, "Medición, lenguaje y visión en la lectura de la literatura", *op. cit.*, p. 212.

[78] Eric Heyne, "Toward a Theory of Literary Nonfiction", *Modern Fiction Studies*, vol. 33, núm. 3, Baltimore, The Johns Hopkins University Press, otoño de 1987.

[79] Carlos Monsiváis, "De la hora del angelus al zapping. La crónica en América Latina", *Letras Libres*, diciembre de 2005, p. 50.

[80] Juan Villoro, "El género Monsiváis", *Letras Libres*, julio de 2010.

[81] Geofrey Galt Harpham citado en Aníbal González, "Modernismo, Journalism and the Ethics of Writing: Manuel Gutierrez Najera's 'La hija del aire'", en Corona y Jörgensen, *The Contemporary Mexican Chronicle. Theoretical Perspectives on the Liminal Genre, op. cit.*, p. 160.

[82] González, *La crónica modernista hispanoamericana, op. cit.*, p. 133.

[83] Martínez, "Introducción", *op. cit.*, p. 22.

[84] González, *La crónica modernista hispanoamericana, op. cit.*, p. 133.

[85] Jörgensen, *The Writing of Elena Poniatowska: Engaging Dialogues, op. cit.*, p. 8.

[86] Martínez lo dice para el ensayo pero vale para la crónica. "Introducción", *op. cit.*, p. 21.

[87] González, *La crónica modernista en Hispanoamérica, op. cit.*, p. 1.

[88] La idea me surgió de leer a Corona,"At the Intersection: Chronicle and Ethnography", *op. cit.*, p. 138.

[89] Roman Jakobson citado en el curso "Análisis del discurso literario", *cit.*

[90] Jiménez de Báez, "Intertextuality and History", *op. cit.*, pp. 93-94 nota 27.

[91] Salvador Novo citado en Antonio Saborit, "El fantasma en el espejo", prólogo a Salvador Novo, *La vida en México en el sexenio de Adolfo Ruiz Cortines*, México, Consejo Nacional para la Cultura y las Artes, 1996, p. XIII.

[92] Oscar Rivera Rodas, "Darío y los modernistas mexicanos", en Forster y Ortega, *De la crónica a la nueva narrativa mexicana, op. cit.*, p. 181.

[93] Jiménez de Báez, "Intertextuality and History", *op. cit.*, pp. 74, 87 y 88 nota 7.

[94] La idea me surgió de leer a Maribel Tamago, "El poder subversivo de la escritura", en Forster y Ortega (eds.), *De la crónica a la nueva narrativa mexicana, op. cit.*, p. 277.

[95] Autor anónimo en la "Advertencia" a Luis G. Urbina, *Crónicas*, México, Universidad Nacional Autónoma de México, 1950, p. v.

[96] Mijaíl Bajtín citado en Rotker, *La invención de la crónica, op. cit.*, p. 202.

[97] Rorty, "The Pragmatist's Progress", *op. cit.*, p. 105.

[98] LaCapra, *Rethinking Intellectual History. Texts, Contexts, Language, op. cit.*, p. 28.

[99] G. N. Orsini, "Las viejas raíces de una idea moderna", en G. S. Rousseau, *Organic Form: The Life of an Idea*, Londres y Boston, Routledge & Kegan Paul, 1972.

[100] Foley, *Telling the Truth. The Theory and Practice of Documentary Fiction, op. cit.*, p. 70. La palabra *replica* sustituye la de *refleja*, tan en boga en la primera mitad del siglo XX, y propone un concepto mucho más preciso.

[101] Que es el modo como funciona el cerebro. Véase Pinker, *How the Mind Works, op. cit.*

[102] Krieger, "Mediation, Language and Vision in the Reading of Literature", *op. cit.*, p. 216.

[103] Stefan Collins, "Introducción: interpretación terminable e interminable", en Eco *et al.*, *Interpretation and Overinterpretation, op. cit.*, p. 3.

[104] Baldomero Sanín Cano citado en Rotker, *La invención de la crónica, op. cit.*, p. 166.

[105] Este texto con ligeros cambios fue publicado con el título de "Para definir la crónica", en *Chasqui, Revista de Literatura Latinoamericana*, vol. xxix, núm. 1, marzo de 1995, pp. 125-150.

La madre de todos los géneros

[1] Miguel León-Portilla, *Literaturas indígenas de México*, México, Fondo de Cultura Económica, 1995, p. 183.

[2] *Ibid.*, p. 178.

[3] "La creación según el *Popol Vuh*", en Gabriel Zaid, *Ómnibus de poesía mexicana*, México, Siglo xxi, 1987, p. 57.

[4] Miguel León-Portilla, *Los antiguos mexicanos*, México, Fondo de Cultura Económica/ Secretaría de Educación Pública, colección Lecturas Mexicanas, 1985, p. 51.

[5] Jorge Ruffinelli citado en Ignacio Corona y Beth E. Jörgensen, "Introduction", *The Contemporary Mexican Chronicle. Theoretical Perspectives on the Liminal Genre*, Nueva York, State University of New York Press, 2002, p. 67.

[6] Francisco López de Gómara citado en David Brading, *Orbe Indiano. De la monarquía católica a la república criolla, 1492-1867*, México, Fondo de Cultura Económica, 1991, pp. 62-63.

[7] Hernán Cortés, *Cartas de relación*, México, Editores Mexicanos Unidos, 1990, pp. 20 y 89.

[8] Bernal Díaz del Castillo citado en Jean Franco, *Historia de la literatura hispanoamericana*, Barcelona, Ariel, 1975, p. 45.

[9] Raimundo Lazo, *Historia de la literatura hispanoamericana. El periodo colonial 1492-1780*, México, Porrúa, 1983, p. 28.

[10] Bernal Díaz del Castillo citado en Miguel León-Portilla, *De Teotihuacán a los aztecas. Antología de fuentes e interpretaciones históricas*, México, Universidad Nacional Autónoma de México, 1983, p. 391.

[11] Bernal Díaz del Castillo citado en Margarita Peña, *Descubrimiento y conquista de América. Cronistas, poetas, misioneros y soldados*, México, Universidad Nacional Autónoma de México, 1982, p. 146.

[12] Franco, *Historia de la literatura hispanoamericana, op. cit.*, p. 76.

[13] Juan de la Puente citado en Brading, *Orbe Indiano. De la monarquía católica a la república criolla, 1492-1867, op. cit.*, pp. 328-329.

[14] Peña, *Descubrimiento y conquista de América. Cronistas, poetas, misioneros y soldados, op. cit.*, p. 11.

[15] José Joaquín Blanco, *La literatura en la Nueva España. Conquista y Nuevo Mundo*, tomo i, México, Cal y Arena, 1989.

[16] León-Portilla, *De Teotihuacán a los aztecas. Antología de fuentes e interpretaciones históricas*, *op. cit.*, p. 109.

[17] Diego de Durán citado en *ibid.*, p. 284.

[18] Bernardino de Sahagún citado en Alejandra Moreno Toscano, "La era virreinal", en Varios autores, *Historia mínima de México*, México, El Colegio de México, 1974, p. 56.

[19] Bernardino de Sahagún citado en León-Portilla, *De Teotihuacán a los aztecas. Antología de fuentes e interpretaciones históricas, op. cit.*, p. 286.

[20] Jacques Lafaye, *Quetzalcóatl y Guadalupe. La formación de la conciencia nacional de México*, México, Fondo de Cultura Económica, 1999, p. 226.

[21] Franco, *Historia de la literatura hispanoamericana, op. cit.*, p. 26.

[22] Joseph de Acosta citado en *ibid.*, p. 27.

[23] *Anales de Tlatelolco* citado por Salvador Novo, *Historia gastronómica de la Ciudad de México*, México, Estudio Salvador Novo/Pórtico de la Ciudad de México, 1993, p. 41.

[24] Germán Vázquez Chamorro, "Alvarado Tezozómoc: el hombre y la obra", en Hernando de Alvarado Tezozómoc, *Crónica mexicana*, edición de Gonzalo Díaz Migoyo y German Vázquez Chamorro, Madrid, Historia 16, 1977, p. 46.

[25] Hernando de Alvarado Tezozómoc, *Crónica mexicáyotl*, p. 5, citada en *ibid.*

[26] Ramón Martínez Ocaranza, *Literatura novohispana*, México, Universidad Michoacana de San Nicolás Hidalgo, 1973, p. 33.

[27] Miguel León-Portilla, *Visión de los vencidos. Relaciones indígenas de la Conquista*, México, Universidad Nacional Autónoma de México, 1971, p. 62.

[28] Por eso estudiosos como Walter Mignolo no consideran a las crónicas de la Conquista como tales, sino como historiografía. "El metatexto historiográfico y la historiografía indiana", *Modern Languages Notes*, vol. 96, The Johns Hopkins University Press, 1981, pp. 358-402.

[29] Andrés Lira y Luis Muro, "El siglo de la integración", en Varios autores, *Historia general de México*, México, El Colegio de México, 1977, tomo 2, pp. 85 y 136.

[30] Eligio Ancona citado por Antonio Castro Leal, *La novela del México colonial*, México, Aguilar, 1972, tomo I, pp. 63 y ss.

[31] Gonzalo Gómez de Cervantes citado en Brading, *Orbe Indiano. De la monarquía católica a la república criolla, 1492-1867, op. cit.*, p. 324.

[32] Francisco de Terrazas citado en Lazo, *Historia de la literatura hispanoamericana. El periodo colonial, 1492-1780, op. cit.*, p. 56.

[33] Francisco Cervantes de Salazar citado en Alejandra Moreno Toscano, "El siglo de la Conquista", *Historia general de México, op. cit.*, tomo 2, p. 71.

[34] Octavio Paz, *Sor Juana Inés de la Cruz o las trampas de la fe*, México, Fondo de Cultura Económica, 1982, pp. 27-29.

[35] Cristóbal Colón citado en Brading, *Orbe Indiano. De la monarquía católica a la república criolla, 1492-1867, op. cit.*, p. 25.

[36] Lazo, *Historia de la literatura hispanoamericana. El periodo colonial, 1492-1780, op. cit.*, p. 6.

[37] Enrique Florescano e Isabel Gil Sánchez, "La época de las reformas borbónicas y el crecimiento económico, 1750-1808", en *Historia general de México, op. cit.*, tomo 2, p. 185.

[38] *Ibid.*, p. 46.

[39] Irving A. Leonard, *La época barroca en el México colonial*, México, Fondo de Cultura Económica, 1986, p. 106.

[40] Bernardo de Balbuena, *Grandeza mexicana*, Imprenta de Diego López, 1604, facsimilar, argumento, p. 5.

[41] Bernardo de Balbuena citado en Carlos Monsiváis, *Antología de la crónica en México*, México, Universidad Nacional Autónoma de México, 1979; edición corregida y aumentada, México, Era, 1980, p. 9, y en Leonard, *La época barroca en el México colonial, op. cit.*, epígrafe.

[42] Bernardo de Balbuena citado en Jorge Manrique, "Del barroco a la Ilustración", en *Historia general de México, op. cit.*, tomo 2, p. 362.

[43] Sor Juana Inés de la Cruz en José Joaquín Blanco, *La literatura en la Nueva España. Esplendores y miserias de los criollos,* México, Cal y Arena, 1989, tomo 2, epígrafe.

[44] María Estrada y Medinilla en José María Vigil, *Poetisas mexicanas siglos XVI, XVII, XVIII y XIX*, México, Universidad Nacional Autónoma de México, 1952, p. 4.

[45] Manuel Romero de Terreros, *Bocetos de la vida social en la Nueva España*, México, Porrúa, 1944, pp. 19-20.

[46] José Joaquín Blanco, *La literatura en la Nueva España. Conquista y Nuevo Mundo*, México, Cal y Arena, 1989, p. 33.

[47] Sermón predicado en el Colegio de la Compañía de Jesús en Oaxaca en 1753, citado por Pilar Gonzalbo, *La mujer en la Nueva España*, México, El Colegio de México, 1987, p. 205.

[48] Romero de Terreros, *Bocetos de la vida social en la Nueva España, op. cit.*, p. 20.

[49] Lafaye, *Quetzalcóatl y Guadalupe, la formación de la conciencia nacional en México, op. cit.*, p. 165.

[50] Bernabé Navarro, *Cultura mexicana moderna en el siglo XVIII*, México, Universidad Nacional Autónoma de México, 1983, p. 29.

[51] Samuel Ramos, *Historia de la filosofía en México,* México, Consejo Nacional para la Cultura y las Artes, 1993, p. 81.

[52] Rafael Landívar, *Rusticatio mexicana (Por los campos de México)*, traducción y prólogo de Octaviano Valdés, México, Universidad Nacional Autónoma de México, 1973.

[53] Alexander von Humboldt, "Descripción física de la Nueva España", en Álvaro Matute, *México en el siglo XIX. Antología de fuentes e interpretaciones históricas*, México, Universidad Nacional Autónoma de México, 1984, p. 38.

[54] Stanley Stein y Barbara Stein, *La herencia colonial de América Latina*, México, Siglo XXI, 1982, p. 121.

[55] Manuel Abad y Queipo, citado en Agustín Cué Cánovas, *Historia social y económica de México*, México, Trillas, 1967, p. 166.

[56] Miguel Hidalgo y Costilla en *Independencia nacional*, México, Universidad Nacional Autónoma de México, 1987, tomo II: *Periodo Hidalgo*, p. 19.

[57] Ignacio Manuel Altamirano citado en Luis Mario Schneider, *Ruptura y continuidad. La literatura mexicana en polémica*, México, Fondo de Cultura Económica, 1975, pp. 73, 75-76.

[58] Raimundo Lazo, *Historia de la literatura hispanoamericana. Siglo XIX, 1780-1914*, México, Porrúa, 1976, p. 10.

[59] José Emilio Pacheco, "Discurso de ingreso a El Colegio Nacional", *Proceso*, núm. 586, 14 de julio de 1986.

[60] José Luis Martínez, *La expresión nacional*, México, Oasis, 1984, p. 119.

[61] Margo Glantz, "Guillermo Prieto", en Varios autores, *Guillermo Prieto. Tres semblanzas*, México, Universidad Nacional Autónoma de México, 1977, p. 53.

[62] José Emilio Pacheco, "Introducción" a la antología *La novela histórica y el folletín*, México, Promexa, 1984, p. v.

[63] Luis G. Urbina, "Estudio preliminar", *Antología del Centenario*, México, Universidad Nacional Autónoma de México, 1985, p. C.

[64] Cecilia Noriega Elío, "Hacia una alegoría criolla. El proyecto de sociedad de Fernández de Lizardi", *Estudios de Historia Moderna y Contemporánea de México*, México, Universidad Nacional Autónoma de México, 1979, p. 33.

[65] Amado Nervo citado en Martínez, *La expresión nacional, op. cit.*, p. 61.

[66] Enrique Florescano, *Imágenes de la Patria*, México, Taurus, 2005, p. 176.

[67] *Ibid.* Se adoptó la costumbre de presentarlos inmersos en el paisaje considerado típico de México o de acompañarlos con los símbolos que identificaban lo mexicano como el nopal, los volcanes, la bandera o el baile del jarabe, y el paisaje típico mexicano sería el rural (sobre todo el ranchero), p. 174. Aunque según Enrique Rubio Cremades, el costumbrismo impuso la funesta discriminación entre lo que es mexicano y lo que no lo es y la clara oposición a lo extranjerizante. "El costumbrismo como documentación novelesca en *Fortunata y Jacinta*", Alicante, Biblioteca Virtual Miguel de Cervantes, 2005.

[68] José Emilio Pacheco a Sara Sefchovich, 19 de agosto de 1990.

[69] José Escobar Arronis, "Costumbrismo y novela: el costumbrismo como materia novelable en el siglo XVIII", Alicante, Biblioteca Virtual Miguel de Cervantes, 2005.

[70] Mariano Barquero Goyanes, "Realismo y utopía en la literatura española", Alicante, Biblioteca Virtual Miguel de Cervantes, 2005.

[71] *Ibid.*

[72] Agustín Yáñez citado en Julio Jiménez Rueda, *Letras mexicanas en el siglo XIX*, México, Fondo de Cultura Económica, 1989, p. 105.

[73] Ricardo Palma citado en Franco, *Historia de la literatura hispanoamericana, op. cit.*, p. 95.

[74] Es interesante, porque al mismo tiempo en Francia estaban teniendo enorme éxito los relatos de Eugenio Sue y Honoré de Balzac que relataban la vida de las clases bajas y de los bajos fondos. Véase Peter Brooks, "The Mysteries of Paris", *The New York Review*

*of Books*, 3-16 de diciembre de 2015, p. 46. Pero los cultos mexicanos preferían "vivir la fantasía de escenas en Europa, con personajes elegantes y refinados, aunque tramaran adulterios o asesinatos". *Capítulos olvidados de la historia de México*, México, Reader's Digest, 1994, p. 227.

[75] Manuel Gutiérrez Nájera citado en Martínez, *La expresión nacional*, *op. cit.*, p. 16.

[76] Francisco Monterde, "Prólogo" a Guillermo Prieto, *Musa callejera*, México, Universidad Nacional Autónoma de México, 1940, p. xi.

[77] *Ibid.*, pp. xi-xiii.

[78] Clementina Díaz y de Ovando en *Guillermo Prieto. Tres semblanzas, op. cit.*, p. 9.

[79] Guillermo Prieto, *Memorias de mis tiempos (Fragmentos)*, México, Fondo de Cultura Económica, 1997, pp. 21-22.

[80] Guillermo Prieto, "Un puesto de chía en Semana Santa", en *Crónicas escogidas*, selección, estudio preliminar, cronología y apéndice documental de Juan Domingo Argüelles, México, Océano, 2004, p. 116.

[81] Ralph E. Warner, *Historia de la novela mexicana en el siglo XIX*, México, Antigua Librería Robredo, México, 1953, p. 15.

[82] Brading, *Orbe Indiano. De la monarquía católica a la república criolla, 1492-1867, op. cit.*, p. 725.

[83] Manuel Payno, "El coloquio. El lépero. La china", en Carlos Monsiváis, *A ustedes les consta. Antología de la crónica en México, op. cit.*, pp. 844-845.

[84] Manuel Payno, "Viaje sentimental a San Ángel", en Manuel Payno, *Obras completas*, compiladas por Boris Rosen Jélomer, México, Universidad Nacional Autónoma de México, 1998, vol. i: *Crónicas de viaje*, pp. 37-38.

[85] José Tomás de Cuéllar, *La linterna mágica*, selección y prólogo de Mauricio Magdaleno, México, Universidad Nacional Autónoma de México, 1941, p. 206.

[86] *Ibid.*

[87] Antonio Acevedo Escobedo, "Prólogo" a Ignacio Manuel Altamirano, *Aires de México*, México, Universidad Nacional Autónoma de México, 1972, pp. xvii-xix.

[88] Ignacio Manuel Altamirano, "El señor del sacromonte", en *ibid.*, p. 154.

[89] Ignacio Manuel Altamirano, *Crónicas de la Semana*, México, Instituto Nacional de Bellas Artes, 1969, p. 46.

[90] Enrique Krauze, *Porfirio Díaz. Místico de la autoridad*, México, Fondo de Cultura Económica, 1987, p. 123.

[91] Jacques Paire, *De caracoles y escamoles. Un cocinero francés en tiempos de don Porfirio*, México, Alfaguara, 2001, pp. 112-113.

[92] *Capítulos olvidados de la historia de México*, México, Reader's Digest, 1994, pp. 199-200.

[93] Carl Christian Sartorius, *México hacia 1850*, México, Consejo Nacional para la Cultura y las Artes, 1990, p. 230; Alicia Pineda Franco y Leticia M. Brauchli, *Hacia el paisaje del mezcal. Viajeros norteamericanos en México, siglos XIX y XX*, México, Fideicomiso para la Cultura México-USA/Aldus, 2001.

[94] Frances Calderón de la Barca, *La vida en México*, México, Editorial Hispano-Mexicana, 1945, tomo I, p. 272.

[95] Concepción Lombardo de Miramón, *Memorias de una primera dama*, México, Libros de Contenido, 1992, p. 8. Emmanuel Carballo hizo el compendio y arregló la sintaxis y la ortografía a partir de la edición completa publicada por Porrúa en 1980.

[96] Agustín Cueva, *El desarrollo del capitalismo en América Latina*, México, Siglo XXI, 1977, p. 17.

[97] Vicente Riva Palacio, "Iturbide. El apoteosis", en Manuel Payno y Vicente Riva Palacio, *El libro rojo*, México, Consejo Nacional para la Cultura y las Artes, 1998, p. 343.

[98] Franco, *Historia de la literatura hispanoamericana, op. cit.*, p. 96.

[99] José Tomás de Cuéllar citado en Warner, *Historia de la novela mexicana en el siglo XIX, op. cit.*, p. 64.

[100] Jean Franco, *La cultura moderna en América Latina*, México, Grijalbo, 1985, p. 26.

[101] Warner, *Historia de la novela mexicana en el siglo XIX, op. cit.*, pp. 82-83.

[102] José Peón Contreras citado en *ibid.*

[103] Martínez, *La expresión nacional, op. cit.*, pp. 64 y ss.

[104] Ángel de Campo, "Los ruidos de México", *Pueblo y canto*, México, Universidad Nacional Autónoma de México, 1973, p. 172.

[105] Adalbert Dessau, *La novela de la Revolución Mexicana*, México, Fondo de Cultura Económica, 1972, p. 15.

[106] Federico Gamboa, "Malas compañías", en *Impresiones y recuerdos*, México, Consejo Nacional para la Cultura y las Artes, 1983, p. 33.

[107] Federico Gamboa, *Santa*, México, Botas, 1947, p. 148.

[108] José Emilio Pacheco, *Antología del modernismo (1824-1921)*, México, Universidad Nacional Autónoma de México, 1970, p. XVIII.

[109] Rubén Darío citado en Franco, *La cultura moderna en América Latina, op. cit.*, p. 31.

[110] ¿A quién le interesa el sufrimiento de los peones encasillados, de los esclavos en Valle Nacional, de los trabajadores en las minas y los ferrocarriles? "La leva, la odiosa leva/ sembró desolación…/al obrero, al artesano/ al comerciante y al peón/los llevaron a las filas/sin tenerles compasión." Canción popular citada en Josefina Zoraida Vázquez, *Una historia de México*, México, Patria, 1994, tomo 2, p. 397.

[111] Aníbal González, "Modernismo, Journalism and the Ethics of Writing: Manuel Gutiérrez Nájera's 'La hija del aire'", en Corona y Jörgensen, "Introduction" a *The Contemporary Mexican Chronicle. Theoretical Perspectives on the Liminal Genre, op. cit.*, pp. 157-158.

[112] Alfredo Maillefert citado en Anónimo, "Presentación" a Manuel Gutiérrez Nájera, *Cuentos, crónicas y ensayos*, México, Universidad Nacional Autónoma de México, 1973, p. X.

[113] Sergio González Rodríguez, "En el antro", *Nexos*, agosto de 1986, p. 32.

[114] Manuel Gutiérrez Nájera en Pacheco, *Antología del modernismo (1824-1921), op. cit.*, p. 73.

[115] Manuel Gutiérrez Nájera, "En el hipódromo", en *Manuel Gutiérrez Nájera*, selección y prólogo de Rafael Pérez Gay, México, Cal y Arena, 1996, p. 365.

[116] Manuel Gutiérrez Nájera, *Narraciones (antología)*, selección, edición, prólogo y notas de Alicia Bustos Trejo y Ana Elena Díaz Alejo, México, Universidad Nacional Autónoma de México/Instituto de Investigaciones Filológicas, 2005, p. 203.

[117] Amado Nervo, *Cuentos y crónicas*, México, Universidad Nacional Autónoma de México, 1993, p. 138.

[118] Luis G. Urbina citado en Irma Elizabeth Gómez Rodríguez, *La crónica finisecular mexicana, del boulevard a los bajos fondos*, curso impartido en la Biblioteca Nacional, Instituto de Investigaciones Bibliográficas/Universidad Nacional Autónoma de México, abril-mayo de 2014.

[119] Luis G. Urbina, "Mérida entre dos luces", en *Crónicas*, México, Universidad Nacional Autónoma de México, 1950, p. 158.

[120] Nemesio García Naranjo según Rafael Solana a Sara Sefchovich, 18 de abril de 1986.

[121] Anuncio publicitario en *Nuestro México: el inicio del siglo*, México, Universidad Nacional Autónoma de México, 1983, tomo I, p. 5. El párrafo completo en Sara Sefchovich, *La suerte de la consorte. Las esposas de los gobernantes de México: historia de un olvido y relato de un fracaso*, México, Océano, 2000, p. 171.

[122] *Violetas del Anáhuac*, citada en Ana Rosa Domenella y Nora Pasternac, *Las voces olvidadas. Antología crítica de narradoras mexicanas nacidas en el siglo XIX*, México, El Colegio de México, 1991, p. 402.

[123] Esto lo dice Juan Pedro Viqueira Albán para otro periodo, pero es exactamente el caso. *¿Relajados o reprimidos? Diversiones públicas y vida social en la ciudad de México durante el Siglo de las Luces*, México, Fondo de Cultura Económica, 1987, caps. II y III.

[124] González Rodríguez, "En el antro", *op. cit.*, p. 32.

[125] Salvador Novo citado en Monsiváis, *A ustedes les consta. Antología de la crónica en México*, *op. cit.*, p. 29.

[126] Sobre las crónicas de este periodo, ver la tesis de Amber Leah Workman, *The Cronista (Re)writes the Nation: Memory and "Alternative Histories" in Cronicas of Mexican Centennial and Bicentennial Commemorations of Independence*, tesis para obtener el grado de doctor en filosofía en lenguas y literaturas hispánicas, Santa Bárbara, University of California, septiembre de 2012.

[127] Juan A. Mateos, *La majestad caída* en Pacheco, *La novela histórica y de folletín*, *op. cit.*, p. 7.

[128] Antonio Castro Leal, "Introducción" a *La novela de la Revolución Mexicana*, México, Aguilar, 1965, tomo I, p. 17.

[129] Vicente Lombardo Toledano citado en Carlos Monsiváis, "Notas sobre la cultura mexicana en el siglo XX", en *Historia general de México*, *op. cit.*, tomo 4, p. 373.

[130] Carlos Monsiváis a Sara Sefchovich, 23 de octubre de 1992.

[131] "La toma de Cuautla por Zapata", en Antonio Avitia Hernández, *Corrido histórico mexicano. Voy a cantarles la historia (1910-1916)*, México, Porrúa, 1997, vol. II, p. 28.

[132] Ricardo Pérez Montfort, *Estampas de nacionalismo popular mexicano. Ensayos sobre cultura popular y nacionalismo*, México, CIESAS, 1994, p. 104.

241

[133] ¿Quién era ese Mariano Azuela?, se preguntaba Victoriano Salado Álvarez en polémica con Julio Jiménez Rueda y con Francisco Monterde, que decían había escrito una novela sobre la revolución que era una novela revolucionaria. Citado en Abelardo Villegas, *Autognosis. El pensamiento mexicano en el siglo XX*, México, Instituto Panamericano de Geografía e Historia, 1985, p. 74.

[134] John S. Brushwood, *México y su novela*, Fondo de Cultura Económica, México, 1973, pp. 37 y 372.

[135] Sara Sefchovich, *México: país de ideas, país de novelas*, México, Grijalbo, 1987, p. 128.

[136] Martín Luis Guzmán, "Tlaxcalantongo", en "Ineluctable fin de Venustiano Carranza. Muertes históricas", en Christopher Domínguez Michael, *Antología de la narrativa mexicana del siglo XX*, México, Fondo de Cultura Económica, 1989, vol. I, pp. 311-312.

[137] Leopoldo Rodríguez Calderón, "Relato verídico de un testigo ocular sobre los acontecimientos en Cananea", en *La Revolución mexicana. Crónicas, documentos, planes y testimonios*, México, Universidad Nacional Autónoma de México, 2005, p. 23.

[138] Práxedis G. Guerrero, "Episodios revolucionarios", en *ibid.*, p. 69.

[139] Francisco Ramírez Plancarte, "La ciudad de México durante la Revolución Constitucionalista", en *ibid.*, p. 305.

[140] Rubén Salazar Mallén, "Acuario", en Guillermo Sheridan, *Monólogos en espiral. Antología de narrativa de los Contemporáneos*, México, Instituto Nacional de Bellas Artes, 1982, p. 199.

[141] Dib Morillo, *Memorias, biografía y datos históricos de mi vida en México*, México, mimeo., s. f., pp. 53-54.

[142] John Reed, "El general se va a la guerra", en *La Revolución mexicana. Crónicas, documentos, planes y testimonios, op. cit.*, pp. 171-172.

[143] Edith O'Shaughnessy, *Huerta y la Revolución vistos por la esposa de un diplomático*, traducción, prólogo y notas de Eugenia Meyer, México, Diógenes, 1971.

[144] Pérez Montfort, *Estampas de nacionalismo popular mexicano. Ensayos sobre cultura popular y nacionalismo, op. cit.*, p. 153.

[145] Manuel Gomez Morin citado en Monsiváis, "Notas sobre la cultura mexicana en el siglo XX", en *Historia general de México, op. cit.*, tomo 4, pp. 331 y 334.

[146] Jorge von Ziegler, "Novelistas o novelas de la Revolución mexicana", *La palabra y el hombre*, Xalapa, Universidad Veracruzana, enero-junio de 1985, p. 53.

[147] Sara Sefchovich, "La literatura en los años cuarenta: la hora de los catrines", en Rafael Loyola, *Entre la guerra y la estabilidad política*, México, Dirección General de Publicaciones/Consejo Nacional para la Cultura y las Artes/Grijalbo, 1990, p. 291.

[148] José Revueltas en Monsiváis, *A ustedes les consta. Antología de la crónica en México, op. cit.*, p. 317.

[149] José Revueltas, *El luto humano*, México, Era, 1982, p. 17.

[150] Anónimo de 1937 citado en Dessau, *La novela de la Revolución Mexicana, op. cit.*, p. 119. Brushwood, *México en su novela, op. cit.*, pp. 37-38.

[151] Rosario Castellanos citada en Pere Foix, *Cárdenas*, México, Trillas, 1976, p. 281.

[152] Martínez, "El ensayo mexicano moderno", *op. cit.*, p. 134.

[153] Manuel Moreno Sánchez según Mario Monteforte Toledo a Sara Sefchovich, 18 de junio de 1979.

[154] Abelardo Villegas, *La filosofía de lo mexicano*, México, Universidad Nacional Autónoma de México, 1988.

[155] Leopoldo Zea, "Prefacio de 1943", en *El positivismo en México, nacimiento, apogeo y decadencia*, México, Fondo de Cultura Económica, 1981, p. 9.

[156] Salvador Novo, "El joven", en Sheridan, *Monólogos en espiral. Antología de narrativa de los Contemporáneos, op. cit.*, p. 6.

[157] *Ibid.*, p. 129.

[158] Artemio de Valle-Arizpe, "Las tortas de Armando", en Monsiváis, *A ustedes les consta. Antología de la crónica en México, op. cit.*, pp. 149 y ss.

[159] Mariano Azuela citado en Dessau, *La novela de la Revolución Mexicana, op. cit.*, p. 123.

[160] Novo, "El joven", en Sheridan, *Monólogos en espiral. Antología de narrativa de los Contemporáneos, op. cit.*, p. 129.

[161] Manuel Maples Arce citado en Luis Mario Schneider, *El estridentismo*, México, Universidad Nacional Autónoma de México, 1985, p. 25.

[162] José Vasconcelos citado en Sara Sefchovich, "¿Dónde tiene su capital el país de las maravillas?", en Varios autores, *Los inicios del México contemporáneo*, México, Casa de las Imágenes/Consejo Nacional para la Cultura y las Artes, 1997, p. 56.

[163] José Alvarado, "La ciudad de México", en Monsiváis, *A ustedes les consta. Antología de la crónica en México, op. cit.*, pp. 116-117.

[164] *Ibid.*, p. 118.

[165] José Joaquín Blanco, "Crónica de la literatura reciente en México, 1950-1980", en *Crónica literaria. Un siglo de escritores mexicanos*, México, Cal y Arena, 1987, p. 441.

[166] Octavio Paz, "México: modernidad y tradición", en *Pequeña crónica de grandes días*, México, Fondo de Cultura Económica, 1990, pp. 57-58.

[167] Fernando Benítez a Federico Campbell, *Conversaciones con escritores*, México, Secretaría de Educación Pública/Diana, 1971, p. 26.

[168] Frase que algunos atribuyen al periodista Carlos Denegri. Luis Spota, *¿Qué pasa con la novela en México?*, México, Ediciones Sierra Madre, 1972.

[169] Octavio Paz, *El laberinto de la soledad*, México, Fondo de Cultura Económica, 1963, pp. 172 y 174.

[170] Monsiváis, "Notas sobre la cultura mexicana en el siglo XX", *op. cit.*, p. 407.

[171] Encuesta publicada por la revista *Hoy* en 1946, citada en Dessau, *La novela de la Revolución Mexicana, op. cit.*, p. 178.

[172] Emmanuel Carballo a Sara Sefchovich, 12 de junio de 1985.

[173] Efraín Huerta, "Declaración de odio", en Octavio Paz, Alí Chumacero y José Emilio Pacheco, *Poesía en movimiento, 1915-1966*, México, Siglo XXI, 1966, p. 241.

174 Agustín Yáñez, *Ojerosa y pintada*, México, Fondo de Cultura Económica, 1959.

175 Huerta, "Declaración de odio", *op. cit.*, p. 242.

176 José Agustín, *Tragicomedia mexicana*, México, Planeta, 1990, vol. 1, p. 236.

177 Carlos Martínez Assad, "La ciudad de las ilusiones", en *Los inicios del México contemporáneo, op. cit.*, pp. 31-33.

178 Jorge Ruffinelli, *El lugar de Rulfo*, México, Universidad Veracruzana, 1980, pp. 11-12.

179 Juan Rulfo, *El Llano en llamas*, México, Fondo de Cultura Económica, 1959.

180 Juan Rulfo, "Luvina", en Christopher Domínguez Michael, *Antología de la narrativa mexicana del siglo XX*, México, Fondo de Cultura Económica, 1989, vol. 1, p. 1179.

181 Carlos Fuentes, *La región más transparente*, en Dominguez Michael, *ibid.*, vol. 2, pp. 80-81.

182 Vicente Leñero según Carlos Monsiváis a Sara Sefchovich, 23 de octubre de 1992.

183 José Alvarado, "La ciudad de Mexico", en Monsiváis, *A ustedes les consta. Antología de la crónica en México, op. cit.*, p. 116.

184 Renato Leduc, "La feria de abril", en *Historia de lo inmediato*, México, Fondo de Cultura Económica, 1997, p. 39.

185 Héctor Aguilar Camín, *Después del milagro. Un ensayo sobre la transición mexicana*, México, Cal y Arena, 1988, p. 151.

186 Francisco Alba, "Evolución de la población, razones y retos", en José Joaquín Blanco y Jose Woldenberg (comps.), *México a fines de siglo,* México, Fondo de Cultura Económica/Fondo Nacional para la Cultura y las Artes, 1996, 2 vols., pp. 135-140.

187 Rubén Bonifaz Nuño en Vicente Quirarte, *Elogio de la calle. Biografía literaria de la ciudad de México, 1850-1992*, México, Cal y Arena, 2001, p. 524.

188 Margo Glantz, *Repeticiones. Ensayos sobre literatura mexicana*, Xalapa, Universidad Veracruzana, 1979, p. 17.

189 Blanco, *Crónica literaria. Un siglo de escritores mexicanos, op. cit.*, p. 449.

190 Fuentes, "Radiografía de una década", *op. cit.*, p. 85.

191 *Ibid.*, p. 84.

192 José Agustín, *De perfil*, México, Joaquín Mortiz, 1993, p. 7.

193 John Brushwood, *La novela mexicana, 1967-1982*, México, Grijalbo, 1984, p. 93.

194 Salvador Elizondo citado en Ruffinelli, *El lugar de Rulfo, op. cit.*, p. 129.

195 Salvador Elizondo citado en Sefchovich, *México: país de ideas, país de novelas, op. cit.*, pp. 208-209.

196 Luis Villoro, "La reforma política y las perspectivas de la democracia", en Pablo González Casanova y Enrique Florescano (coords.), *México hoy,* México, Siglo xxi, 1979, p. 351.

197 Antonio Caso citado en Monsiváis, "Notas sobre la cultura mexicana en el siglo xx", *op. cit.*, p. 311.

198 Luis González de Alba, *Los días y los años*, México, Era, 1971, pp. 178-179 y 183-185.

199 Ignacio Trejo, "Radiografía capitalina", *Sábado,* suplemento de *UnomásUno,* 7 de enero de 1983.

200 Sefchovich, *México: país de ideas, país de novelas, op. cit.*, p. 223.

201 José Emilio Pacheco, "Caverna", en *Islas a la deriva, 1973-1975. Poemas de José Emilio Pacheco*, online.

202 Héctor Aguilar Camín y Lorenzo Meyer, *Historia gráfica de México. Siglo veinte*, México, Instituto Nacional de Antropología e Historia/Patria, 1988, tomo IV, p. 10.

203 José Emilio Pacheco a Sara Sefchovich, 18 de agosto de 1996.

204 Jaime Reyes, "Isla de raíz amarga, insomne raíz", en Domínguez Michael, *Antología de la narrativa mexicana del siglo XX, op. cit.*, vol. 2, p. 546.

205 Julio Scherer, *Los presidentes*, México, Grijalbo, 1986, p. 11.

206 Gabriel Zaid, "Tumulto", en Paz, Chumacero y Pacheco, *Poesía en movimiento, 1915-1966, op. cit.*, p. 107.

207 Brushwood, *La novela mexicana (1967-1982), op. cit.*, p. 39.

208 Monsiváis, *A ustedes les consta. Antología de la crónica en México, op. cit.*, p. 358.

209 Ricardo Garibay, *Acapulco*, México, Grijalbo, 1979, p. 66.

210 Agustín Gendrón, "En los confines de la nada: recuerdo del México de los ochenta", *El Huevo*, núm. 61, agosto de 2001, p. 46.

211 Miguel de la Madrid, "Discurso de toma de posesión", en *Las razones y las obras. Crónica del sexenio, 1982-1988*, México, Presidencia de la República/Unidad de la Crónica Presidencial/Fondo de Cultura Económica, 1988, tomo 1, p. 13.

212 Gendrón, "En los confines de la nada: recuerdos del México de los ochenta", *art. cit.*, p. 47.

213 *Ibid.*, p. 48.

214 *Ibid.*, p. 51.

215 Macario Schettino, *Para reconstruir México*, México, Océano, 1996, p. 51.

216 *Ibid.*, p. 54.

217 Carlos Monsiváis, *Los rituales del caos*, México, Era, 1995, pp. 17-18.

218 Ricardo Castillo, "Los monólogos de Nicolás", *Extrañamiento Inter Red*, 8 de junio de 2011.

219 Carlos Monsiváis, "Del cultivo del alma en los embotellamientos", *Nexos*, México, enero de 2006, p. 86.

220 Monsiváis, *Los rituales del caos, op. cit.*, p. 23.

221 Néstor García Canclini, "Imaginar la ciudadanía en una ciudad posapocalíptica", en *La ciudad de los viajeros*, México, Grijalbo/Universidad Autónoma Metropolitana, 1996, pp. 107-109.

222 David Huerta, "Construcción del mundo", en *Antología general de la poesía mexicana. Poesía del México actual. De la época prehispánica a nuestros días*, selección, prólogo y notas de Juan Domingo Argüelles, México, Océano, 2012, p. 845.

223 Danny J. Anderson, "Difficult Relations, Compromising Positions: Telling Involvement in Recent Mexican Narrative", *Chasqui, Revista de literatura latinoamericana*, vol. XXIX, núm. 1, marzo de 1995, p. 17, nota; Sara Sefchovich, *El cielo completo. Mujeres escribiendo, leyendo*, México, Océano, 2015, p. 29.

[224] Vicente Francisco Torres, *Esta narrativa mexicana*, México, Universidad Autónoma Metropolitana, 1991, p. 13.

[225] *Ibid.*, p. 83.

[226] Martín Solares, "Jorge Volpi", *Bomb, Artists in Conversation*, núm. 86, invierno de 2004.

[227] Raymond Williams y Blanca Rodríguez, *La narrativa posmoderna en México*, Xalapa, Universidad Veracruzana, 2002, pp. 134 y 140.

[228] Fabio Morábito, *Letras Libres*, 31 de mayo de 2010.

[229] Mónica Mateos Vega, *La Jornada*, 21 de junio de 2012.

[230] Cristina Rivera Garza, *Verde Shanghai*, México, Tusquets, 2011, p. 78.

[231] Tom Wise en *La Jornada*, 15 de julio de 2001.

[232] William Clinton, declaraciones en visita oficial a México, mayo de 1997.

[233] Luigi Mazzitelli, representante regional de la Oficina de Naciones Unidas contra la Droga y el Delito, *El Mañana*, online, 14 de febrero de 2010.

## LOS AÑOS DEL ESPLENDOR

[1] Carlos Monsiváis: *Días de guardar*, México, Era, 1970. *Amor perdido*, México, Era, 1977. *A ustedes les consta. Antología de la crónica en México*, México, Universidad Nacional Autónoma de México, 1979; edición corregida y aumentada, México, Era, 2006. *Entrada libre. Crónicas de la sociedad que se organiza*, México, Era, 1987. *Escenas de pudor y liviandad*, México, Grijalbo, 1988. "Sobre tu capital cada hora vuela", en Varios autores, *Asamblea de ciudades*, México, Consejo Nacional para la Cultura y las Artes, 1992. *Los rituales del caos*, México, Era, 1995. *Apocalipstick*, México, Debate, 2009.

[2] Jorge Ayala Blanco, *La búsqueda del cine mexicano, 1968-1972*, México, Universidad Nacional Autónoma de México, 1974, p. 542.

[3] "Contra la costumbre nacional del melodrama y el llanto fácil, Monsiváis siempre apostó por el sentido del humor, el ansia vital del relajo, la ironía jocosa", dice Jezreel Salazar, "En la cama con Monsi", *Replicante*, 12 de julio de 2010.

[4] José Joaquín Blanco: *Función de medianoche. Ensayos de literatura cotidiana*, México, Secretaría de Educación Pública, 1981. *Empezaba el siglo en la ciudad de México*, México, Secretaría de Educación Pública/Martín Casillas, 1982. *Cuando todas las chamacas se pusieron medias de nylon*, México, Joan Boldo i Clement, 1988. *Un chavo bien helado. Crónica de los años ochenta*, México, Era, 1990. *Los mexicanos se pintan solos. Crónicas, paisajes, personajes de la ciudad de México*, México, Pórtico de la Ciudad de México, 1990. *Se visten novias, somos insuperables*, México, Cal y Arena, 1993. *Álbum de pesadillas mexicanas*, México, Era, 2002.

[5] Elena Poniatowska: *Todo empezó en domingo*, México, Fondo de Cultura Económica, 1963. *Hasta no verte, Jesús mío*, México, Era, 1969. *La noche de Tlatelolco*, México, Era, 1971. *Fuerte es el silencio*, México, Era, 1980. *El último guajolote*, México, Secretaría de Educación Pública/Martín Casillas, 1982. *Nada, nadie. Las voces del temblor*, México, Era,

1988. *Luz y Luna, las lunitas*, México, Era, 1994. *Amanecer en el Zócalo. Los 50 días que confrontaron a México*, México, Planeta, 2006.

6  Hermann Bellinghausen: *Crónica de multitudes*, México, Océano, 1987. Artículos en el periódico *La Jornada*, 1994 a 2002. Artículos en *El otro jugador*, México, Ediciones de La Jornada, 2001.

7  Cristina Pacheco: *Para vivir aquí*, México, Grijalbo, 1983. *Sopita de fideo*, México, Cal y Arena, 1984. *Zona de desastre*, México, Océano, 1986. *Los trabajos perdidos*, México, Océano, 1998. *Limpios de todo amor*, México, Océano, 2001.

8  Armando Ramírez: *Chin Chin el Teporocho*, México, Novaro, 1971. *La crónica de los chorrocientos mil días del barrio de Tepito*, México, Novaro, 1975. *Violación en Polanco*, México, Grijalbo, 1980. *Quinceañera*, México, Grijalbo, 1987. *¡Pantaletas!*, México, Océano, 2001.

9  Eduardo León de la Barra, *Los de arriba*, México, Diana, 1979.

10  Guadalupe Loaeza: *Las niñas bien*, México, Cal y Arena, 1985. *Las reinas de Polanco*, México, Cal y Arena, 1987. *Los grillos y otras grillas*, México, Cal y Arena, 1990. *Compro, luego existo*, México, Instituto Nacional del Consumidor, 1992. *Debo, luego sufro*, México, Océano, 2000. *Los de arriba*, México, Plaza y Janés, 2002.

11  Antes de morir José Emilio Pacheco autorizó y alcanzó a revisar una selección de sus artículos de "Inventario", José Emilio Pacheco, *Inventario. Antología*, 3 tomos, México, Ediciones Era/El Colegio Nacional/Universidad Autónoma de Sinaloa/Dirección de Literatura, Coordinación de Difusión Cultural de la Universidad Nacional Autónoma de México, 2017.

12  Jorge Cuesta citado en Guillermo Sheridan, "México, Los Contemporáneos y el nacionalismo", mimeo., s. f.

13  José Emilio Pacheco: *Antología del modernismo (1824-1921)*, México, Universidad Nacional Autónoma de México, 1970. "Prólogo" a *Antología de la poesía mexicana, 1810-1914*, México, Promexa, 1980. "Introducción" a *La novela histórica y el folletín*, México, Promexa, 1984. "Inventario", columna semanal en la revista *Proceso*, de 1981 a 1988. *Tarde o temprano. Poemas, 1958-2000*, México, Fondo de Cultura Económica, 2009.

14  José Joaquín Blanco: *Se llamaba Vasconcelos*, México, Fondo de Cultura Económica, 1977. *Crónica de la poesía mexicana*, México, Universidad Autónoma de Sinaloa, 1978. *Retratos con paisaje*, México, Universidad Autónoma de Puebla, 1979. *La paja en el ojo*, Puebla, Universidad Autónoma de Puebla, 1980. "Aguafuertes: narrativa mexicana 1950-1981", *Nexos*, agosto de 1982. *La literatura en la Nueva España*, México, Cal y Arena, 2 vols.: *Conquista y Nuevo Mundo* y *Esplendores y miserias de los criollos*, 1989. *Letras al vuelo*, México, El Nacional, 1992. *Sentido contrario*, Puebla, Universidad Autónoma de Puebla, 1993. *Crónica literaria. Un siglo de escritores mexicanos*, México, Cal y Arena, 1987.

15  Carlos Monsiváis: "Cultura nacional y cultura colonial en la literatura mexicana", en Varios autores, *Características de la cultura nacional*, México, Universidad Nacional Autónoma de México/Instituto de Investigaciones Sociales, 1969. "Notas sobre la cultura mexicana en el siglo xx", *Historia general de México*, México, El Colegio de México,

1976, vol. IV. "Los de atrás se quedarán (Notas sobre cultura y sociedad de masas en los setentas)", *Nexos*, dos partes, marzo y abril de 1980. "Introducción" a *Antología de poesía mexicana del siglo XX*, México, Promexa, 1980. "Prólogo" a Ignacio Manuel Altamirano, *El Zarco*, México, Océano, 1986. "Sociedad y cultura", en Rafael Loyola, *Entre la guerra y la estabilidad política: el México de los cuarenta*, México, Consejo Nacional para la Cultura y las Artes/Grijalbo, 1990. "De algunas características de la literatura mexicana contemporánea", en Karl Kohut, *Literatura mexicana hoy*, Fráncfort, Vervuert, 1991. *Aires de familia. Cultura y sociedad en América Latina*, México, Anagrama, 2000. *Las herencias ocultas de la Reforma liberal del siglo XIX*, México, Debate, 2007.

[16] Víctor Flores Olea citado en Abelardo Villegas, *Autognosis. El pensamiento mexicano en el siglo XX*, México, Instituto Panamericano de Geografía e Historia, 1985, p. 152.

[17] Este capítulo retoma mi curso "La crónica en México", impartido en la Universidad Estatal de Arizona (ASU), Estados Unidos, durante el primer semeste de 2006, así como mis trabajos sobre los autores:

Carlos Monsiváis: "La crónica del día", reseña a Carlos Monsiváis, *Escenas de pudor y liviandad*, México, Grijalbo, 1988 y *Entrada Libre*, México, Era, 1988, en *Nexos*, núm. 131, noviembre de 1988; "Crónica del cronista", *Eslabones*, núm. 3, Sociedad Nacional de Estudios Regionales, julio de 1992, pp. 17-23; "Carlos Monsiváis: pensador sin paradigma", en Isidro Cisneros y Laura Baca, *Democracia, autoritarismo e intelectuales. Reflexiones para la política de fin del milenio*, México, FLACSO-Triana, 2002; "En defensa del Monsi", *El Universal*, 27 de enero de 2000; "Carlos Monsiváis, cronista", *El Universal*, 20 de junio de 2010; "El legado", *El Universal*, 27 de junio de 2010.

Elena Poniatowska: "Elena", palabras en homenaje a Elena Poniatowska por su designación como la mexicana del año, *Nexos*, núm. 151, julio de 1990; "Elena", en Nora Erro Peralta y Magdalena Maiz, *Elena Poniatowska ante la crítica*, México, Era/Universidad Nacional Autónoma de México-Dirección de Literatura, 2013, pp. 37-40; "Elena", *El Universal*, 24 de noviembre de 2013; "Elena y el ojo cuadrado", *El Universal*, 11 de mayo de 2014; "Elena Poniatowska: cuatro veces ella", en *El cielo completo. Mujeres escribiendo, leyendo*, México, Océano, 2015.

José Emilio Pacheco: "José Emilio Pacheco, crítico", *Revista de la Universidad de México*, núm. 468, marzo-abril de 1990, pp. 58-62; "Pacheco el sabio", *Revista de la Universidad de México*, nueva época, núm. 72, febrero de 2010, pp. 22-24; "Para entender a José Emilio Pacheco", *El Universal*, 2 de febrero de 2014; conferencia "Inventariando los inventarios. El mundo intelectual de José Emilio Pacheco", VI Congreso Internacional "Y si vivo cien años...", UC Mexicanistas/Feria Internacional de la Lectura del Estado de Yucatán/Universidad Autónoma de Yucatán, Mérida, marzo de 2014.

José Joaquín Blanco: "Blanco, el moralista", *Dominical* de *El Nacional*, núm. 226, México, septiembre de 1994, pp. 18-20; "José Joaquín Blanco" en *Ensayo sí, novela no*, en prensa.

Guadalupe Loaeza: "La crónica, grandeza del género", en *El cielo completo. Mujeres escribiendo, leyendo, op. cit.*

Cristina Pacheco: *ibid.*

Armando Ramírez: *México: país de ideas, país de novelas. Una sociología de la novela mexicana*, México, Grijalbo, 1987.

Hermann Bellinghausen: "Los conflictos sociales como conflictos discursivos", *Cultura y Representaciones Sociales*, revista electrónica, año 9, núm. 17, UNAM-IISUNAM, septiembre de 2014.

[18] Carlos Fuentes, *La nueva novela hispanoamericana*, México, Joaquín Mortiz, 1972.

[19] Edward Mendelson, *Moral Agents. Eight Twentieth-Century American Writers*, Nueva York, The New York Review of Books, 2015.

## LOS NUEVOS TIEMPOS

[1] Margo Glantz, *Repeticiones. Ensayos de literatura mexicana*, Xalapa, Universidad Veracruzana, 1979, p. 89. Algunos ejemplos: *Letras Libres*, número 44, agosto de 2002; *Confabulario*, suplemento de *El Universal*, 5 de abril de 2005; *Letras Libres*, número 84, diciembre de 2005; *Babelia*, suplemento de *El País*, 12 de julio de 2008; *La Jornada Semanal*, suplemento de *La Jornada*, número 1150, 19 de marzo de 2017. El Consejo de la Crónica de la Ciudad de México creó una revista, *A Pie. Crónicas de la Ciudad de México*.

[2] Es difícil definir qué es lo bueno y qué es lo malo, pues, como dice Rosa Montero, cada escritor está convencido de que lo suyo es excelente y "los malos artistas se emocionan igual que los buenos". "Los artistas malos", *El País Semanal*, suplemento de *El País*, 7 de julio de 2016. Por lo demás, ¿de quién depende el criterio de bueno y malo?, ¿del autor?, ¿de los editores, del mercado, de los lectores? Pero Jaime G. Velázquez sí tiene un criterio, que es útil recordar: cuando a un texto se le nota lo "talleril, que de no autocuestionarse y criticarse con rigor sólo conducirá al abaratamiento, debido entre otras cosas por un concepto populista de la promoción", "¿Qué pasa con la literatura? Algunas opiniones", *Revista de la Universidad de México*, núm. 36, México, Universidad Nacional Autónoma de México, abril de 1984, p. 3.

[3] Véase este subtítulo de una crónica y dígase si no es demasiado obvia imitación de Monsiváis: "Y en el medio tiempo…: una evocación personal ahí donde lo colectivo se quiere echar una torta". Gustavo Ogarrio, "Cultura de masas y espacios públicos", *La Jornada Semanal*, suplemento de *La Jornada*, 18 de septiembre de 2016. O esta otra, demasiado obvia imitación de Juan Villoro: "Lo primero que hice fue seguir con la mirada el balón pequeñísimo y blanco. Ignoré los gritos de los cerveceros, la oferta masiva de las tortas de jamón… Los hombres de esa nación llamada futbol… sudaban la batalla simulada de la eternidad". *Ibid.*

[4] Dice Enrique Vila Matas que así decía Ernest Hemingway, "Ortuño y las frases verdaderas", *El País*, 11 de julio de 2017.

[5] La literatura, dijo Juan José Arreola, es acomodar las palabras que todos usamos de

249

tal manera que digan más que las palabras, que las conviertan en otra cosa. Juan José Arreola a Sara Sefchovich, 12 de octubre de 1992.

6   Juan Villoro, "El balón y la cabeza", inédito, p. 2.

7   Sergio González Rodríguez, "El debate pendiente", *El Ángel*, suplemento de *Reforma*, 24 de junio de 2007.

8   Roberto Campa Mada, "Guillermo Sheridan y su cronicatura de la burocracia", inédito, p. 4.

9   Guillermo Sheridan, "Fuensanta en Fa menor", *Letras Libres*, 16 de julio de 2017.

10   Víctor Roura, "Acá entre nos, Heavy metal es Rock pesado", en *El viejo vals de casa*, Puebla, Universidad Autónoma de Puebla, 1982, p. 289.

11   Guillermo Fadanelli, *Plegarias de un inquilino*, México, Cal y Arena, 2005, p. 102.

12   Jaime Avilés, "Desfiladero", *La Jornada*, 3 de septiembre de 2006.

13   Alma Guillermoprieto, "Ciudad de México 1999", en *Al pie de un volcán te escribo*, México, Plaza y Janés, 1990, pp. 73-74.

14   Daniela Pastrana, "Las voces de la guerra", en Marcela Turati y Daniela Rea (coords.), *Entre las cenizas: historias de vida en tiempos de muerte*, México, Sur + ediciones, 2011, p. 75.

15   Magali Tercero, *Cuando llegaron los bárbaros. Vida cotidiana y narcotráfico*, México, Planeta, 2011, cuarta de forros.

16   Portada de la revista *Chilango*, núm. 84, noviembre de 2010.

17   Javier Valdez citado en Tercero, *Cuando llegaron los bárbaros. Vida cotidiana y narcotráfico*, *op. cit.*, p. 9.

18   Fabrizio Mejía Madrid, "El teatro del crimen", en *Salida de emergencia*, México, Mondadori, 2007, p. 278.

19   Laura Castellanos, "Fueron los federales", *Aristegui Noticias*, 19 de abril de 2015.

20   Alejandro Almazán, "Carta desde La Laguna", en *Crónica*, compilación de Felipe Restrepo Pombo, México, Universidad Nacional Autónoma de México/Dirección de Literatura, Crónica 1, 2016, p. 10.

21   Fernanda Melchor, "Veracruz se escribe con Z. Escenas de la vida en el puerto", *Replicante*, abril de 2011.

22   Javier Valdez, "Yoselín", en *Miss Narco. Belleza, poder y violencia*, México, Aguilar, 2007, p. 11.

23   Marco Lara Klahr, "El negocio de la fe", en *Días de furia. Memorial de violencia, crimen e intolerancia*, México, Plaza y Janés, 2001, p. 57.

24   Alberto Chimal, "Cuán poco nos quiere el mundo", *Chilango, art. cit.*, p. 38.

25   Magali Tercero, *Cien Freeways. DF y alrededores*, México, Universidad Autónoma de la Ciudad de México, 2006, pp. 61-62.

26   Héctor de Mauleón, "La descuartizadora de la Roma", en *La ciudad. Seis historias negras*, inédito, 2006, p. 1.

27   Humberto Ríos Navarrete, "Crónicas urbanas", *Milenio Diario*, 31 de agosto de 2008, p. 10.

28   Humberto Padgett, *Los muchachos perdidos*, México, Debate, 2012, p. 68.

29   Susana Iglesias, "Requiem", *Milenio Diario*, 15 de julio de 2017.

30  Marcela Turati, "Tras las pistas de los desaparecidos", en Turati y Rea, *Entre las cenizas: historias de vida en tiempos de muerte, op. cit.*, p. 101; Marcela Turati, *Fuego cruzado. Las víctimas atrapadas en la guerra del narco,* México, Grijalbo/Fundación de Periodismo de Investigación/MEPI, 2011.

31  Geney Beltrán Félix, "Los expedientes incompletos", reseña a Vicente Alfonso, *Huesos de San Lorenzo, Letras Libres,* mayo de 2016.

32  Moysés Zúñiga, "Miles suben a la bestia", *Espoir Chiapas,* 14 de mayo de 2012, online.

33  Emiliano Pérez Cruz, "American dream: de mojarras y otros peces", *Laberinto,* suplemento de *Milenio Diario,* 26 de noviembre de 2016.

34  Brenda Ríos, *Las canciones pop hacen pop en mí,* México, Instituto Veracruzano de la Cultura, 2013, p. 132.

35  Leila Guerriero, "Sobre algunas mentiras del periodismo", en Darío Jaramillo Agudelo (ed.), *Antología de crónica latinoamericana actual,* México, Alfaguara, 2012, p. 623.

36  Diego Enrique Osorno, *Oaxaca sitiada. La primera insurrección del siglo XXI,* México, Grijalbo, 2007, p. 49.

37  Jezreel Salazar, "La crítica literaria como crítica cultural", reseña a Carlos Monsiváis, *Aproximaciones y reintegros,* en tierraadentro.cultura.gob.mx

38  Fernanda Melchor cuenta que cuando le dieron un doctorado *honoris causa* a Héctor Aguilar Camín en Veracruz, dijo que "no tenemos que preocuparnos por el narco, pues el narco lleva adentro de sí la semilla de su propia destrucción". Y agrega: "Pensé inmediatamente que eso no es así". Entrevista con Mónica Maristain, *Sinembargo,* 18 de mayo de 2013.

39  Martín Caparrós según Francisco Solano, "Mirar la realidad", *Babelia,* suplemento de *El País,* 12 de marzo de 2016.

40  Fabrizio Mejía Madrid, "Atenco: los días iracundos", en *Salida de emergencia, op. cit.*, p. 67.

41  Ignacio Sánchez Prado citado en Jezreel Salazar, "Trances y trasiegos de la crónica", *La Jornada Semanal,* suplemento de *La Jornada,* 19 de marzo de 2017.

42  Magali Tercero, "Culiacán, el lugar equivocado. Vida cotidiana y narcotráfico", en *Crónica, op. cit.*, p. 304.

43  Melchor, "Veracruz se escribe con Z. Escenas de la vida en el puerto", *art. cit.*

44  Ugo Cornia, "Escribir es una experiencia erótica y compulsiva", entrevista con Maribel Marín, *El País,* 17 de marzo de 2016.

45  Elena Poniatowska, Guadalupe Loaeza, Armando Ramírez sin duda suscribirían el esfuerzo de Svetlana Alexievich por reproducir en sus libros no sólo las palabras sino las inflexiones de voz, las pausas, los cambios de tono, las respiraciones de sus entrevistados. "Yo no escribo, transcribo", dijo la Nobel de Literatura en una conferencia en Barcelona, mayo de 2017.

46  *La Jornada Semanal,* suplemento de *La Jornada,* 28 de marzo de 2010.

47  Alexander S. Naime, "Periscope en Santa Anita", *La Jornada Semanal,* suplemento de *La Jornada,* 18 de septiembre de 2016.

[48] Susana Iglesias, "Letras Anarco Punk", *Chilango, op. cit.*, p. 56. Carlos Monsiváis, "De la hora del Ángelus a la del zapping. La crónica en América Latina", *Letras Libres*, núm. 84, diciembre de 2005, p. 56.

[49] *Ibid.*

[50] Heriberto Yépez, "Poesía mexicana 2012", *Laberinto*, suplemento de *Milenio Diario*, 6 de octubre de 2012, p. 12.

[51] Aunque en el discurso digan lo contrario: "Hay que traspasar los límites de la experiencia, averiguar lo que está oculto", dice Juan Pablo Villalobos. "Inocencia violenta", en *Chilango, op. cit.*, p. 48.

[52] Fabrizio Mejía Madrid, "¿Y qué carajos hago yo aquí?", en *Salida de emergencia, op. cit.*, p. 11.

[53] Alfonso Nava, "Repoblar el despojo", *Confabulario*, suplemento de *El Universal*, 3 de agosto de 2014, p. 14.

[54] Julio Villanueva Chang, "El que enciende la luz. Apuntes sobre el oficio de un cronista", *Letras Libres*, diciembre de 2005, p. 14; "La curiosidad sólo se puede satisfacer con permanencia en el lugar mucho tiempo, tanto como sea necesario, y no sólo hacer preguntas", dice Alberto Salcedo Ramos citado en Yanet Aguilar Sosa, "La diferencia entre contar y cantar es una sola vocal. Conversación con Alfredo Salcedo Ramos", *Confabulario*, suplemento de *El Universal*, 12 de diciembre de 2015.

[55] Según Monsiváis ésta definía la obra de muchos cronistas de principios del siglo xx, en especial de Gutiérrez Nájera. "Manuel Gutiérrez Nájera: la crónica como utopía", *Literatura Mexicana*, vol. vi, núm. 1, Universidad Nacional Autónoma de México/Instituto de Investigaciones Filológicas/Centro de Estudios Literarios, 1995, p. 42.

[56] Martín Caparrós, "El periodismo y yo", entrevista con Jesús Ruiz Mantilla, *Revista Interjet*, núm. 115, julio de 2016, p. 34.

[57] Iglesias, "Letras Anarco Punk", *art. cit.*

[58] Juan Villoro en Leila Guerriero, "(Del arte de) contar historias reales", *Babelia*, suplemento de *El País*, 27 de febrero de 2010, p. 11.

[59] Así lo dice el suplemento *Babelia* del diario *El País* el 12 de julio de 2008.

[60] Michi Strausfeld, "Hacia las nuevas orillas literarias", *Humboldt*, año 45, núm. 139, Instituto Goethe, 2003, p. 63.

[61] Salazar, "Trances y trasiegos de la crónica", *art. cit.*

[62] Carlos Monsiváis, "Del reportaje como reconciliación de los opuestos", presentación a Marco Lara Klahr, *Días de furia, op. cit.*, p. 9.

[63] Brenda Ríos llama significativamente a uno de sus libros *Empacados al vacío. Ensayos sobre nada*, Querétaro, Calygrama, 2013.

[64] Iris García, "Crudeza tras bambalinas", *Chilango, op. cit.*, p. 50.

[65] Orlando Cruzcamarillo, "El invasor de Nezayork", *ibid.*, p. 52.

[66] Santiago Gamboa, "Las cenizas de Gabo", *Laberinto*, suplemento de *Milenio Diario*, 4 de junio de 2016.

67 Heriberto Yépez, "Poesía mexicana 2012", *Laberinto*, suplemento de *Milenio Diario*, 6 de octubre de 2012.

68 Luis Chumacero en *Narrativa de hoy. Técnica e identidad*, México, Universidad Nacional Autónoma de México, Textos núm. 13, 1979, p. 43.

69 Iglesias, "Letras Anarco Punk", *art. cit.*

70 Julio Villanueva Chang, "El que enciende la luz. ¿Qué significa escribir una crónica hoy?", en Jaramillo Agudelo, *Antología de crónica latinoamericana actual, op. cit.*, p. 587.

71 Maristain, entrevista citada.

72 Mejía Madrid, "El teatro del crimen", *op. cit.*, p. 276.

73 Carlos Zúñiga, "Las diez de Milenio", *Milenio TV*, 22 de junio de 2016 y ratificado por el PEN Club de México, correo electrónico, 23 de junio de 2016. En agosto de 2017 circuló un video en el que unos pistoleros disparaban a una fotografía del rostro del cronista.

74 Maristain, entrevista citada.

75 John Banville en Pierre Lemaitre y John Banville, "Cómo leer el mundo", *Babelia*, suplemento de *El País*, 24 de marzo de 2017.

De todo es crónica a nada es crónica

1 Anónimo citado en Alfonso Méndez Plancarte, *Poetas novohispanos. Primer siglo, 1521-1621*, México, Universidad Nacional Autónoma de México, 1942, p. xiv.

2 Anónimo citado en Pablo González Casanova, *La literatura perseguida en la crisis de la Colonia*, México, Secretaría de Educación Pública, 1986, p. 127.

3 Ricardo Pérez Montfort, *Estampas de nacionalismo popular mexicano. Ensayos sobre cultura popular y nacionalismo*, México, CIESAS, 1994, p. 22.

4 Anastasio de Ochoa en Gabriel Zaid, *Ómnibus de poesía mexicana*, México, Siglo XXI, 1987, p. 421.

5 Manuel Payno, *El fistol del Diablo. Novela de costumbres mexicanas*, San Antonio, Casa Editorial Lozano, 1927, p. 11, online.

6 Manuel Payno, *Los bandidos de Río Frío*, IbnKhaldun, edición digital, 2015, p. s/n.

7 Juan de Dios Peza, *Leyendas de las calles de la ciudad de México*, México, Editores Mexicanos Unidos, 2003, p. 33

8 Emilio Rabasa, *La bola*, México, Océano, 1986, p. 26.

9 Carlos González Peña, *La fuga de la quimera*, en Christopher Domínguez Michael, *Antología de la narrativa mexicana del siglo XX*, México, Fondo de Cultura Económica, 1989, tomo I, pp. 138-139.

10 Mariano Azuela, *Los de abajo*, en *ibid.*, pp. 239-240.

11 Nellie Campobello, *Las manos de mamá*, en *ibid.*, p. 347.

12 Rubén Salazar Mallén, conferencia, Librería Gandhi, 8 de agosto de 1981.

13 Salvador Novo en José Joaquín Blanco, *Crónica de la poesía mexicana*, México, Universidad Autónoma de Sinaloa, 1978, p. 160.

14 Mariano Azuela, *Nueva burguesía*, México, Fondo de Cultura Económica/Secretaría de Educación Pública, 1992, p. 12.

15 Jorge Hernández Campos, "El presidente", en Octavio Paz, *et al.*, *Poesía en movimiento*, México, Siglo XXI, 1966, p. 204.

16 Luis Spota, *Murieron a mitad del río*, México, Costa Amic, 1981, pp. 100-101.

17 Hernández Campos, "El presidente", *op. cit.*, p. 207.

18 José Emilio Pacheco, *Las batallas en el desierto*, México, Era, 1981, p. 19.

19 María Luisa Mendoza, *Con él, conmigo, con nosotros tres*, México, Joaquín Mortiz, 1971, pp. 11-12.

20 Carlos Montemayor, *Guerra en el paraíso*, México, Diana Literaria, 1991, p. 74.

21 Sealtiel Alatriste, *Por vivir en quinto patio*, México, Joaquín Mortiz, 1985, p. 11.

22 Octavio Paz, *Sor Juana Inés de la Cruz o las trampas de la fe*, México, Fondo de Cultura Económica, 1982, p. 24.

23 Lucas Alamán citado en Luis González, *Galería de la Reforma*, México, Secretaría de Educación Pública, 1986, p. 86.

24 Ramón López Velarde, "Novedad de la patria", en José Luis Martínez, *El ensayo mexicano moderno*, México, Fondo de Cultura Económica, 1984, p. 239.

25 Jesús Silva Herzog, "Recordación geográfica. Meditaciones sobre México", en *ibid.*, pp. 363-364.

26 Pablo González Casanova, "El desarrollo más probable", en Pablo González Casanova y Enrique Florescano (coords.), *México hoy*, México, Siglo XXI, 1979, p. 407.

27 Carlos Fuentes, *Tiempo mexicano*, México, Joaquín Mortiz, 1979, pp. 78 y 92.

28 Enrique Krauze, *Caras de la historia*, México, Joaquín Mortiz, 1983, p. 150.

29 José Agustín, "El rock del Apando", en *Contra la corriente*, México, Diana, 1991, p. 53.

30 Enrique Serna, "El naco en el país de las castas", en John S. Brushwood, Evodio Escalante, Hernán Lara Zavala y Federico Patán (comps.), *Ensayo literario mexicano*, México, Universidad Nacional Autónoma de México/Universidad Veracruzana/Aldus, 2001, pp. 747 y 749.

31 Humberto Beck, "Nostalgia de la moda", en Verónica Murguía y Geney Beltrán Félix (comps.), *El hacha puesta en la raíz. Ensayistas mexicanos para el siglo XXI*, México, Tierra Adentro/Fondo Nacional para la Cultura y las Artes, 2006, p. 35.

32 Adolfo Castañón, "Y tus hombres, Babel… se envenenarán de incomprensión", en Aurora Ocampo, *La crítica de la novela mexicana contemporánea*, México, Universidad Nacional Autónoma de México, 1981, p. 266.

33 Carmen Boullosa, *Mejor desaparece*, en *Prosa rota*, México, Plaza y Janés, 2000, pp. 13-14.

34 Coral Bracho, "Sus brillos graves y apacibles", en *Antología general de la poesía mexicana. Poesía del México actual. De la época prehispánica a nuestros días*, selección, prólogo y notas de Juan Domingo Argüelles, México, Océano, 2012, p. 55.

35 Eduardo Antonio Parra dice que no es cierto: "Los escritores del norte hemos señalado que ninguno de nosotros ha abordado el narcotráfico como tema. En la mayor parte

de la obra de los narradores del norte el narcotráfico no tiene presencia ni siquiera como situación". "Norte, narcotráfico y literatura", *Letras Libres*, 31 de octubre de 2005; y de nuevo Eduardo Antonio Parra opina lo contrario: "La mayoría de los narradores mexicanos que han escrito sobre el tema lo han enfocado oblicuamente, como complemento de sus historias o soporte circunstancial en la caracterización de sus personajes. Pocos lo han narrado de manera directa". Sin embargo, aunque dice esto, luego afirma que el libro que reseña "construye un universo completo en torno a los capos, los sicarios, las cortesanas y los conflictos y rivalidades internas". *"Trabajos del reino* de Yuri Herrera", *Letras Libres*, 30 de noviembre de 2005.

[36] Ejemplo de la amplitud de la nómina: los autores reunidos en *Confabulario*, suplemento de *El Universal*, 28 de mayo de 2017.

[37] Élmer Mendoza, *Balas de plata*, México, Tusquets, 2008, p. 1.

[38] Jennifer Clement, *Ladydi*, México, Lumen, 2014, p. 9.

[39] Fernanda Melchor, *Temporada de huracanes*, México, Literatura Random House, 2017.

[40] Emiliano Monge, *Las tierras arrasadas*, México, Literatura Random House, 2015, p. 3.

[41] Carolina Ethel, "La invención de la realidad", *Babelia*, suplemento de *El País*, 10 de junio de 2008. Yo digo que, en ciertos casos, es más bien su exageración.

[42] Pierre Bourdieu, entrevista con Beate Krais en Jean-Claude Chamboredon y Jean-Claude Passeron, *El oficio de sociólogo*, México, Siglo XXI, 2008, p. 370.

[43] Emiliano Monge, entrevista con Paula Chouza, *El País,* 3 de diciembre de 2015.

[44] Novela citada por Roberto Pliego, "Las novelas que el narco ha dejado", *Nexos*, enero de 2017.

[45] Parra, "Norte, narcotráfico y literatura", *art. cit.*

[46] Orlando Ortiz en *Narrativa de hoy. Técnica e identidad*, México, Universidad Nacional Autónoma de México, 1979, p. 79.

[47] Nicolás Alvarado, "El (no) evangelio según Lipovetsky", *Milenio Diario*, 29 de septiembre de 2015.

[48] Luis Chumacero en *Narrativa de hoy. Técnica e identidad, op. cit.*, p. 43.

[49] Salvador Elizondo, citado en Jorge Ruffinelli, *El lugar de Rulfo*, Xalapa, Universidad Veracruzana, 1980, p. 129.

[50] Ivonne Sánchez Becerril, "Factualidad y ficcionalidad: *Canción de tumba* de Julián Herbert", *Les Ateliers du SAL*, núm. 3, 2013, p. 110.

[51] Según decía Isabelle Eberhardt, citada en Eglal Errera, *Isabelle Eberhardt*, Barcelona, Circe, 1988, p. 255.

[52] Jacques Derrida citado en Umberto Eco, *Los límites de la interpretación*, Barcelona, Lumen, 1998, p. 39.

[53] Danilo Martuccelli, entrevista con Hugo José Suárez, *Tertulia sociológica*, México, Universidad Nacional Autónoma de México-Instituto de Investigaciones Sociales/Bonilla Artigas, 2009, p. 123.

[54] Carlos Monsiváis, *Los rituales del caos,* México, Era, 1995, p. 17.

[55] Slavoj Žižek, *Sobre la violencia. Seis reflexiones marginales*, Barcelona, Paidós, 2013, p. 75.

[56] Sara Sefchovich, *México: país de ideas, país de novelas*, México, Grijalbo, 1987, pp. 226 y 222.

[57] Guillermo Bonfil Batalla, "Introducción" a *Pensar nuestra cultura*, México, Alianza, 1992, p. 9.

[58] Álvaro Enrigue, *Virtudes capitales*, México, Joaquín Mortiz, 1998, p. 9.

[59] José Joaquín Blanco, "Plaza Satélite", en Carlos Monsiváis, *A ustedes les consta. Antología de la crónica en México*, México, Universidad Nacional Autónoma de México, 1979; edición corregida y aumentada, México, Era, 2006, p. 322.

[60] Michel Leiris, "De la literatura considerada como una tauromaquia", *Revista de la Universidad de México*, Universidad Nacional Autónoma de México, junio de 2017, p. 24.

[61] Héctor Manjarrez, "El bosque en la ciudad", *Letras Libres*, agosto de 2002, p. 38.

[62] Mónica Lavín, "Cruzan la plaza", en *Pasarse de la raya*, México, De Bolsillo, 2010, p. 139.

[63] Mario Bellatin, "Mutantes", *Cortos Chilangos*, *Letras Libres*, agosto de 2002, p. 45.

[64] Alvarado, "El (no) evangelio según Lipovetsky", *art. cit.*

[65] Alfonso Nava, "Repoblar el despojo", *Confabulario*, suplemento de *El Universal*, 3 de agosto de 2014.

[66] Guadalupe Nettel, *El cuerpo en que nací*, Barcelona, Anagrama, 2011, p. 77.

[67] Luigi Amara, "El parásito", en Juan Domingo Argüelles, *Antología general de la poesía mexicana. Poesía del México actual. De la segunda mitad del siglo XX a nuestros días*, México, Océano, 2014, p. 688.

[68] Rocío Cerón, "Habitación 413", en *20 poetas mexicanos*, selección de Marco Meléndez, online.

[69] Juan Pablo Villalobos, "Memoria fantasma", *Revista de la Universidad de México*, Universidad Nacional Autónoma de México, mayo de 2017, pp. 13 y 21.

[70] Eduardo Huchín Sosa, "Signos vitales", en Murguía y Beltrán Félix, *El hacha puesta en la raíz. Ensayistas mexicanos para el siglo XXI, op. cit.*, p. 527.

[71] Luciano Concheiro, *Contra el tiempo. Filosofía práctica del instante*, Barcelona, Anagrama, 2016.

[72] Luciano Concheiro, entrevista con María Scherer Ibarra, *El Financiero*, 10 de septiembre de 2016, y entrevista con Javier Villuendas, *ABC*, 28 de enero de 2017.

[73] Rafael Pérez Gay, "Visitas nocturnas", *Milenio Diario*, 26 de junio de 2017.

[74] Verónica Murguía, "Hacer adobes", *La Jornada Semanal*, suplemento de *La Jornada*, 18 de junio de 2017.

[75] Verónica Maza Bustamante, "Los escritores duros sí bailan" y "Punto final", en *Filias*, suplemento de *Milenio Diario*, 2 y 4 de diciembre de 2016.

## ¿Para qué la crónica?

[1] Salvador Elizondo, *Farabeuf o la crónica de un instante*, México, Joaquín Mortiz, 1965, p. 93.

[2] Gustavo Villanueva, carta al Correo Ilustrado de *La Jornada*, 23 de junio de 2010.

[3] Dolores M. Koch, "El microrrelato en México: Torri, Arreola, Monterroso", en Merlin H. Forster y Julio Ortega, *De la crónica a la nueva narrativa mexicana*, México, Oasis, 1985, pp. 161-178.

[4] Eduardo Lizalde, entrevista con José Ángel Leyva y Begoña Pulido, *La Jornada Semanal*, suplemento de *La Jornada*, 21 de julio de 2002. Según la *Encuesta nacional de hábitos, prácticas y consumo culturales* del Consejo Nacional para la Cultura y las Artes, 2012, en México, entre los que son analfabetas y los que simplemente no quieren leer suman 82 millones.

[5] George Yúdice citado en Anadeli Bencomo, *Voces y voceros de la megalópolis. La crónica periodístico-literaria en México*, Madrid, Iberoamericana, 2002, p. 84.

[6] Elena Poniatowska citada en Geney Beltrán Félix, "Los rostros de la intemperie", *Confabulario*, suplemento de *El Universal*, 9 de enero de 2016.

[7] Elena Poniatowska lo dice también, aunque ella, a diferencia de Gutiérrez Nájera, siente culpa: "Ganamos dinero con nuestros libros sobre los mexicanos que viven en vecindades", citada en Eva Cruz Yáñez, reseña a *Luz y Luna, las lunitas*, *Revista de la Facultad de Filosofía y Letras*, Universidad Nacional Autónoma de México, online.

[8] Rosa Beltrán, "Vértigo narrativo", *Revista de la Universidad de México*, agosto de 2012, p. 23.

[9] Karl Schlögel, *Terror y utopía. Moscú en 1937*, Barcelona, Acantilado, 2014, p. 11.

[10] Sigmund Freud, *Esquema del psicoanálisis*, México, Paidós, 1986, p. 89.

[11] Fernando Escalante Gonzalbo, *La mirada de Dios. Estudio sobre la cultura del sufrimiento*, México, Paidós, 2000, p. 56.

[12] Martín Caparrós, *El hambre*, Barcelona, Planeta, 2014, p. 11.

[13] Vilma Fuentes, "Carlo Perugini o el amor de la pintura", *La Jornada Semanal*, suplemento de *La Jornada*, 15 de enero de 2017. Por eso Darío Jaramillo Agudelo asegura que "Uno de los mandamentos de la crónica es no mentir deliberadamente". Entrevista con José Pablo Salas, *Laberinto*, suplemento de *Milenio Diario*, 15 de diciembre de 2012.

[14] José Emilio Pacheco a Sara Sefchovich, 19 de agosto de 1990.

[15] Jezreel Salazar, "La crítica literaria como crítica cultural", reseña a Carlos Monsiváis, *Aproximaciones y reintegros*, tierraadentro.cultura.gob.mx

[16] Mónica Maristain sobre un libro de Fernanda Melchor, en *Sin embargo*, 18 de mayo de 2013.

[17] Lilián López Camberos sobre el mismo libro, *La otra isla*, 18 de junio de 2017, online.

[18] Pablo Espinosa, "El mejor concierto de nuestras vidas", *Revista de la Universidad de México*, agosto de 2012, p. 110.

[19] Paula Sibilia, *La intimidad como espectáculo*, Buenos Aires, Fondo de Cultura Económica, 2012, p. 35.

[20] Umberto Eco, *Apocalípticos e integrados ante la cultura de masas*, Barcelona, Lumen, 1975, pp. 107 y 110.

21 Christopher Domínguez Michael, "La interrogación realista", *Confabulario,* suplemento de *El Universal,* 2 de julio de 2017.

22 George Yúdice citado en Bencomo, *Voces y voceros de la megalópolis. La crónica periodístico-literaria en México, op. cit.,* p. 84.

23 José Joaquín Blanco, "Mann: el fuego helado", en *Retratos con paisaje,* México, Universidad Autónoma de Puebla, 1979, p. 74.

24 Fuentes, "Carlo Perugini o el amor de la pintura", *art. cit.*

25 Carlos Pardo, "Mucho dolor anestesia", *Babelia,* suplemento de *El País,* 13 de febrero de 2016.

26 Max Aub según Max Krongold a Sara Sefchovich, 20 de marzo de 1972. Tal vez por eso Rodolfo Walsh decía que "la denuncia traducida al arte de la novela se vuelve inofensiva, porque el libro se sacraliza como arte", entrevistado por Ricardo Piglia, citado en Leila Guerriero, "Del arte de contar historias reales", *Babelia,* suplemento de *El País,* 27 de febrero de 2010.

27 Iker Seisdedos, reseña del Festival Centroamérica Cuenta, *El País,* 27 de mayo de 2017.

28 Svetlana Alexievich, *El fin del "Homo sovieticus",* Barcelona, Acantilado, 2015.

29 Marco Antonio Campos, "Odioso caballo: un libro despiadado", *La Jornada Semanal,* suplemento de *La* Jornada, 3 de julio de 2016.

30 Caparrós, *El hambre, op. cit.,* p. 11.

## Elogio de la crónica

1 Esto lo dijo (no sé si antes o después de Villoro) Julio Villanueva Chang en un texto que precisamente tituló "El que enciende la luz. Apuntes sobre el oficio de un cronista", *Letras Libres,* diciembre de 2005, p. 14.

2 Michael Coffey citado por Lev Grossman en "El problema con las memorias", *Time,* 22 de enero de 2006, p. 60.

3 Jean Franco a Sara Sefchovich, 18 de abril de 1999.

4 Esto, según John Brushwood, lo dijo Patrick Romanell. Brushwood a Sara Sefchovich, 17 de agosto de 1992.

5 Citada en Raimundo Lazo, *Historia de la literatura hispanoamericana. El periodo colonial 1492-1780,* México, Porrúa, 1965, p. 185.

6 Rosario Castellanos, "La novela mexicana y su valor testimonial", en *Obras,* México, Fondo de Cultura Económica, 1986, vol. ii, p. 522.

7 Jorge Cuesta citado en Guillermo Sheridan, "México, Los Contemporáneos y el nacionalismo", mimeo., s f.

8 José Joaquín Blanco, entrevista sin nombre de entrevistador, "Hacia una literatura posible", *Nexos,* 1 de enero de 1982.

9 Wolfgang Iser, "El acto de la lectura: consideraciones previas sobre una teoría del efecto estético", en Dieter Rall (comp.), *En busca del texto. Teoría de la recepción literaria*, México, Universidad Nacional Autónoma de México/Instituto de Investigaciones Sociales, 1987, p. 123.

10 Hayden White, "La poética de la historia", en *Metahistoria. La imaginación histórica en la Europa del siglo XIX*, México, Fondo de Cultura Económica, 1992, pp. 9 y 18.

11 Eso no significa que no puedan servir para mostrarla, algo que hemos sostenido en este texto. David Shields citado en Tom Perotta, "Fall from Grace", *The New York Book Review,* 10 de mayo de 2015, p. 1.

12 Roland Barthes citado en Sandra Lorenzano, *Escrituras de sobrevivencia. Narrativa argentina y dictadura*, México, Universidad Autónoma Metropolitana/Beatriz Viterbo/Miguel Ángel Porrúa, 2001, p. 153.

13 Rachel Cusk citada en Perotta, "Fall from Grace", *art. cit.*, p. 1.

14 Vilma Fuentes, "Carlo Perugini o el amor de la pintura", *La Jornada Semanal,* suplemento de *La Jornada,* 15 de enero de 2017. Por eso Darío Jaramillo Agudelo asegura que "uno de los mandamientos de la crónica es no mentir deliberadamente". Entrevista con José Pablo Salas, *Laberinto*, suplemento de *Milenio Diario*, 15 de diciembre de 2012.

15 Blanco, entrevista citada.

16 Herta Müller, "La mentira histórica es lo común" entrevista con Cecilia Dreymüller, *Babelia*, suplemento de *El País*, 8 de agosto de 2015.

17 Jordi Gracia, "La sociedad literaria contra las cuerdas", *Babelia*, suplemento de *El País*, 26 de abril de 2014.

18 Martín Caparrós, "El periodismo y yo", entrevista con Jesús Ruiz Mantilla, *Revista Interjet*, núm. 115, julio de 2016, p. 34.

19 Haruki Murakami citado en Tim Parks, reseña a las novelas de Haruki Murakami, *The New York Review of Books*, octubre-noviembre de 2014.

20 Jordi Gracia, "La sociedad literaria contra las cuerdas", *art. cit.*

21 Fabrizio Andreella, "La interioridad o la paradójica edificación de un hueco", *La Jornada Semanal*, suplemento de *La Jornada*, 6 de septiembre de 2015.

22 Hermann Bellinghausen, "Una grieta en el corazón de las tinieblas", *La Jornada*, 17 de julio de 2017.

23 Jezreel Salazar, "Trances y trasiegos de la crónica mexicana reciente", *La Jornada Semanal*, suplemento de *La Jornada*, 19 de marzo de 2017, p. 10.

24 Frase en homenaje a Carlos Monsiváis por su antología *A ustedes les consta. Antología de la crónica en México*, México, Universidad Nacional Autónoma de México, 1979; edición corregida y aumentada, México, Era, 2006. Hice esta investigación en el Instituto de Investigaciones Sociales de la Universidad Nacional Autónoma de México, donde trabajo desde hace muchos años y cuento con todo el apoyo para ello, mismo que agradezco. Es un privilegio formar parte de esta gran institución.

# ÍNDICE DE NOMBRES

269

Esta obra se imprimió y encuadernó
en el mes de octubre de 2017,
en los talleres de Impregráfica Digital, S.A. de C.V.,
Calle España 385, Col. San Nicolás Tolentino,
C.P. 09850, Iztapalapa, Ciudad de México.